郭文貴事件背後
王岐山擊退政變

作者／王淨文　季達

郭文貴事件背後　王岐山擊退政變

序言

從 2012 年以來，習近平就遭遇了一系列政變陰謀：江派企圖用各種方式讓習在最高位置上坐不穩。儘管官方羞於曝光並一直回避黨內「政變」一詞，但從習近平、王岐山的講話中，人們能確信中共高層發生了政變。

最早是王立軍事件曝光薄熙來野心。自負極高的薄熙來，既然把「日薄西山」解讀為自己是「真命天子」，在江派大佬江澤民和曾慶紅的安排上，薄熙來對自己接班周永康早就精心布署，並摩拳擦掌地準備 2017 年十九大前後取代習近平。

在薄熙來、周永康、令計劃等人被判處無期徒刑後，2015 年夏天的股災，就是江派對習陣營的報復，妄圖以經濟政變的方式想搞垮中國經濟，從而讓習近平黯然下台。

《新紀元》周刊早在 2012 年 2 月就曝光江派的政變陰謀，但官方一直等到 2016 年 5 月 3 日才在習近平 18 屆中紀委第六次會議的講話中暗示一點。習近平指出中共黨內存在政治上的野心家和陰謀家，要「除惡務盡」，「不能投鼠忌器」。這無疑是給中紀委下了一道反腐衝鋒令。

緊接著是 2016 年 11 月，習近平在六中全會上再次強調中共黨內「高級幹部中極少數人政治野心膨脹、權欲薰心，……謀取權位等政治陰謀活動。」王岐山也說，「一場更激烈的戰鬥可能在 2017 年稍後及十九大前夕發生。」

《新紀元》周刊當時分析說，反腐將「直指江派終極大老虎」。等到了 2017 年 1 月，習近平在新年講話匯總，列數了中

共黨內存在的亂象及嚴重問題：搞任人唯親、排斥異己的有之，搞團團伙伙、拉幫結派的有之，搞匿名誣告、製造謠言的有之，搞收買人心、拉動選票的有之，搞封官許願、彈冠相慶的有之，搞自行其是、陽奉陰違的有之，搞尾大不掉、妄議中央的也有之，如此等等。有的人已經到了肆無忌憚、膽大妄為的地步！習近平還說，中共十八大以來，隨著當局反腐「打虎」的推進，中共黨內存在的突出矛盾和問題暴露得越來越充分。周永康、薄熙來、郭伯雄、徐才厚、令計劃等人，不僅經濟上貪婪、生活上腐化，而且政治上野心膨脹，大搞陽奉陰違、結黨營私、拉幫結派等政治陰謀活動。「他們在政治上暴露出來的嚴重問題，引起我深入思考。」

在薄、周、郭、徐、令這「五虎」被判刑後，北京當局對他們的罪名卻在不斷升級。習近平在新年講話中把反腐再次提到「正義之戰」的高度，這暗示了未來習當局不但要以政變罪名懲治陰謀家，還將以正義的名義拿下江澤民集團中欠下百萬人血債的邪惡之徒。

就在王岐山啟動專案拿下曾慶紅時，郭文貴跳出來爆料了。郭文貴是一個因涉嫌命案、詐騙、非法貸款 32 億、欠債數百億、被紅色通緝令追捕的商人，逃到美國後，他不是像其他紅通對象一樣躲起來，反而高調對抗王岐山，其目的就是想通過阻擊王岐山，動搖習近平的反腐根基，進而在十九大上否定習。

郭文貴的真實身份不是一個普通的商人，他從國安部副部長馬建那裡早就獲得了「商幹特工」頭銜，跟中共特務頭子曾慶紅家族關係密切。郭文貴自吹在國安的級別相當於少將。

不難看出，郭文貴對王岐山的攻擊，是受命於曾慶紅，得到

江派掌控的國安、司法、公安和外交部的暗中支持。郭文貴事件實質就是江派對習陣營的新一輪政變。

6月27日有消息說，薄熙來因患肝癌，不久前已獲保外就醫，入住遼寧省大連棒棰島接受治療。不過很多分析認為，棒棰島是高官療養的地方，不可能讓一個囚犯入住。然而從這消息中也能看出，江派一直在圖謀取代習。

目錄

第一章

習王要動公安部
郭文貴爆料傅政華

2017 年初，中共公安高層指習近平擬對公安部「動手術」，在公安部內部籌建一個新的反貪局，清除公安部內部抵制執行習近平政策的勢力。此敏感時刻，郭文貴突然跳出來揭發公安部副部長傅政華，替曾慶紅的表外甥、江派公安部長郭聲琨頂缸。

在習當局計畫清洗政法系統的敏感時刻，郭文貴跳出來猛攻傅政華（圖），或有內情。（新紀元合成圖）

第一節

舉報郭文貴
豫商通緝令獲解除

河南商人謝建升是中共國安部副部長馬建（小圖左）和中共河北省政法委書記張越（小圖右）案的重要舉報人。（新紀元合成圖）

　　2017年1月，曾因中共國家安全部副部長馬建、河北省政法委書記張越包庇河南商人郭文貴而遭受陷害的河南焦作凱萊大酒店董事長謝建升，在逃亡加拿大兩年多後，有消息說，其通緝令已被公安部撤銷，他將結束流亡回國。

　　謝建升是郭文貴、馬建和張越案的重要舉報人。通過與商業對手、北京「政泉控股」幕後老闆郭文貴的較量，謝建升「意外」地舉報成功，扳倒了兩個中共情報系統和政法系統的副部級高官，拉響了習近平對中共國安、政法系統大清洗的導火索。

郭文貴搞欺詐　道出官商勾結的瘋狂

　　2012年，謝建升因遭遇郭文貴等人合同詐騙，向河南焦作市

公安局報案，為此，焦作市公安局成立專案小組。不料郭文貴通過時任中共國安部副部長馬建，下令焦作市撤案，並殃及謝建升，使他開始了漫長的上訪之路。

2014 年 6 月，該案件得以重新啟動，殊不料，三個月後，專案組長、焦作市公安局副局長王紹政被調查，謝也因涉嫌行賄王而遭通緝，此後逃往海外。

2015 年 1 月，躲到美國的郭文貴通過江派媒體發表聲明，指責河南焦作商人謝建升夥同方正證券李友等人，誣陷郭文貴偽造司法文件。為此在加拿大的謝建升接受媒體採訪，講述了他交往了 20 多年的「好友」郭文貴的真實情況。

謝建升說：「郭文貴是個毫無道德底線的奸商，他夥同趙雲安、曲龍侵吞華泰控股的數億財產，將我借錢給環渤海集團的抵押物津濱發展股票，賣出後轉入郭文貴的公司帳上。為此我已經在 2012 年在焦作市公安局報案，現在焦作公安局已經對郭文貴立案偵查，郭文貴 2013 年潛逃到境外，一直不敢接受司法機構的調查。郭文貴是個無賴，經常使用語言暴力威脅他人，最近我看到他用短信威脅方正證券高官，這個郭文貴也採用同樣方法來威脅我。」

於是謝建升向記者展示了郭文貴發給他的手機信息：

「建升兄：你就這點本事？什麼事也跳不出我的手掌心，李友他死定了，你能跟著他去死逼？⋯⋯我的關係網不是你能想得到的，就這麼幾下子，媒體就要聽我的，你有這本事嗎？憑我那幾個部級弟兄們對你的『關心』，你也知道我在京城的勢力了吧？⋯⋯建升，我早告訴過你，順我者昌，現在知道什麼是政泉嗎？我就是政權！⋯⋯趕緊給我去焦作公安局把案子撤了，我就

給你一條活路，不然的話自己準備好輪椅吧！好自為之吧。」

張越幫郭文貴抓人　四次求謝建升

哪知謝建升並沒有屈服，而是堅持不懈的向中紀委舉報郭文貴背後的高官後台。2015 年 1 月 16 日，中紀委宣布馬建「因嚴重違紀違法，接受組織調查」，十多天後，馬建被撤銷全國政協委員的資格。然而直到 2016 年聖誕節，官方也還沒對馬建進行審判。

馬建落馬後，張越非常緊張，曾先後四次直接或間接找到在海外的謝建升談判，希望和解，答應支付一筆不小的費用，以及解除謝的通緝等事宜。但是謝拒絕妥協，最終把張越也送進了監獄。

有關張越與郭文貴的關係，《新紀元》周刊此前報導，郭文貴曾對朋友說，只要一個電話，張越這個副部級官員馬上就會迅速在郭文貴面前聽候調遣，朋友不信，果然郭文貴一個電話打過去，一會氣喘吁吁的張越就出現在郭文貴的辦公室裡。

有關張越具體是如何幫郭文貴，大陸《棱鏡》曾發表文章《河北王張越落馬！郭文貴盤古會又一幹將倒下》，介紹了張越、郭文貴如何為非作歹的細節。

「2011 年 3 月 31 日傍晚，北京東四環邊上，一輛轎車被團團圍住，車窗被暴力砸開，駕駛員被強行帶走。此人便是已經和郭文貴鬧翻的曲龍。執行者當中，既有郭文貴的保鏢趙廣東、馬建的下屬高輝，也有張越的下屬郭東斌。雙方的矛盾，以此種激烈方式到達一個高潮。

　　實施抓人後，張越首次直接干預曲龍案，事情發生在 2011 年 4 月底。在曲龍被押至承德某看守所後，承德市檢察院批捕科以證據不足並未做出批捕的決定。出乎意料的是，在批捕科做出建議不批捕決定的第二天，據上述批捕科人士透露，張越親自電話要求必須立即批捕。4 月底，曲龍被以涉職務侵占罪正式批捕，有別於當初被抓時的非法持有槍枝罪名。當時，承德公安的工作人員大多覺得困惑，不知貴為省政法委書記的張越，為何親自盯一個市局經偵支隊的案子。

　　一年後，曲龍於 2012 年被以職務侵占 8.55 億元罪名，判處 15 年有期徒刑。曲龍曾對謝建升透露，審判前夕，張越通過下屬與其談判，稱若是願意和解，可與張越再「商量量刑」。

　　控制曲龍之外，張越還幫助郭文貴擊退了另一位「仇敵」——謝建升。

　　文章說：「此次擊退謝建升，張越出力不少。雙方首先爆發了一場『搶人』大戰：爭奪曲龍的控制權。」因為謝建升在河南焦作成功立案，2014 年 8 月 12 日，歷經公安部、司法部、河北省監獄管理局等相關部門審批後，曲龍被從河北押解至焦作。

　　因為擔心曲龍供出民族證券收購事宜，張越利用自己的權力，責成河北省司法廳副廳長兼監獄管理局長許新軍、省監獄管理局副局長宋國軍，趕至焦作市公安局再度押回曲龍。

　　故事並未結束。張越、郭文貴等利益集團，對負責曲龍在焦作的經濟糾紛案的專案組長、焦作市公安局副局長王紹政進行監聽。半個月後，王紹政被立案調查。謝建升也遭立案，因而遠逃海外。

　　2015 年馬建落馬後，張越提出與謝建升和解，在談和的過程

中，張越方並未否認因涉及曲龍案而「做局」將王紹政逮捕。

郭文貴亂咬胡舒立 涉命案被通緝

從 2015 年 3 月 24 日開始，大陸媒體特別是財新網連續發表長篇深度報導，揭祕郭文貴與曾慶紅心腹馬建的密切關係，以及他們結盟動用公權力打壓政商對手、撈取巨額財富等驚人內幕，包括聯手扳倒北京副市長劉志華。

之後，郭文貴在海外向財新傳媒總編胡舒立叫板，並對胡作出人身攻擊。有消息人士稱，郭文貴、胡舒立紛爭涉及政局背後的博弈，同時也折射出了郭文貴、包括隱蔽在他身後的後台靠山們的集體焦慮。

2015 年 3 月 31 日，謝建升接受採訪時說，他與郭文貴認識將近 20 年了。郭文貴做人沒有底線，他說話信口雌黃，沒有一句真話，郭文貴一貫如此。

謝建升還說，郭文貴對胡舒立的攻擊更顯得無恥，捕風捉影的人身攻擊完全沒有任何道德底線。

2016 年 10 月，有北京消息人士說，郭文貴因涉嫌重大國際命案，一名日本人被殺害，中共公安部已掌握郭文貴涉案的證據。因此，中方準備通過國際刑警組織緝拿郭文貴回國受審，並要求美方協助遣返郭文貴。

消息人士還說，自從 2016 年中紀委拿下馬建和張越，對郭文貴的「緝捕」就已成為中紀委書記王岐山案頭「待辦」文件，因為將郭文貴抓捕歸案，馬建、張越等眾多有關案件，才有利於獲得突破。

　　不過，如今謝建升被取消通緝令後將回國作證，這對馬建、張越的審判非常有利。

　　對於即將返國，謝建升十分興奮，不過他對媒體表示，他只是一個普通的民營企業家，只是一個正常的追債行為，並不想牽扯政治，但沒想到牽連了這麼大的事情。現在他只想追回自己的債權，打理好自己的生意就可以了。

第二節

《大紀元》報導習要對公安部「動手術」

消息人士指出，習近平將在 2017 年從內部來整肅公安部。（AFP）

消息人士：公安部內部新建反貪局

　　2017 年 1 月，據來自公安部高層的消息人士透露，習近平正在公安部內部籌建一個新的反貪局，最快在中共「兩會」前完成編制和劃撥預算。有習近平身邊非常親近的重要人物參與這件事。成立反貪局的用意是要清除公安部內部抵制執行習近平政策的勢力。消息人士表示，在籌建反貪局時，遇到了不少阻力，有四、五名新任命的副局長因不執行習近平的政策而被立即調離。

　　據公開的信息顯示，公安部下面有一個司局級的紀委監察局，2016 年 1 月，轉為中紀委的辦駐機構，紀委書記轉為紀檢組組長，與監察部派駐公安部的監察機構合署辦公，現任紀檢組組長是鄧衛平。

　　鄧衛平，62 歲，在福州從政超過 37 年。1990 年 11 月至

1998 年 9 月任福州區委書記、副書記時，習近平剛好在 1990 年至 1996 年任福州市委書記。也就是說，習近平與鄧衛平至少有六年比較密切的交集。2002 年，習近平調任浙江時，鄧衛平已任福州市國家安全局長、黨委書記近三年。

習近平上台時，鄧衛平已轉任福建省紀委副書記，之後獲得重用。2014 年 1 月升任廣西紀委書記；2015 年 3 月調入公安部任紀委書記、黨委委員，4 月再兼任督察長，6 月再擔任公安部黨建工作領導小組副組長。

不過，據消息人士所述，新建的反貪局，並非這個派駐的紀委監察局。

哥倫比亞政治博士、中國問題專家李天笑分析認為，習近平要在公安部成立一個新的反貪局是有這種可能和需要的。從習近平親自批示過的雷洋案結果看，公安系統一直在對抗習近平的依法治國，若再不對公安「動手術」，習在反腐中建立的一點民心就會失去。

時事評論員倫國智表示，習近平大力反腐對付的不只是貪官和江派的反對勢力，而是中共的整個官僚體制。目前，江派想發動軍事政變翻盤已經不可能，唯一能做的就是攪混水，利用各種事件，使其極端化，讓民眾對習近平失去信心。

李天笑分析說，習近平當局若是等監察委建立後，用外部力量來監察公安的話，阻力一定會很大，時間也會拖得很長。現在利用公安內部力量進行反貪的話，相對會比較容易。估計，新的反貪局是一個過渡時期解決燃眉之急的方案，將來時機合適時，應會併入監察委。

消息人士：公安部有高官被拿下

消息人士還透露說，2017 年初公安部有高官被拿下。不過，消息人士沒有透露出事官員的具體信息。

據公安部官網消息，2017 年 1 月 9 日，公安部召開黨委會議傳達學習中紀委七中全會精神時，公安部排名第二的常務副部長傅政華以及排名第六的副部長李偉沒有出席。

不過，數天後，傅政華、李偉在 1 月 14 日召開的全國公安廳局長會議上出現，公安部官方報導中稱，傅政華作了總結發言。

之前，2017 年 1 月 6 日至 8 日，中紀委七中全會在北京召開，習近平在會議上表示：「反腐敗鬥爭壓倒性態勢已經形成。」

時事評論員倫國智表示，在習近平這種「壓倒性」反腐態勢下，公安部若有高官被調查並不令人感到意外。

其實，中紀委七中全會前後，習近平當局也處理不少高官。

1 月 4 日，前天津市委代書記兼天津市長黃興國被開除黨籍、開除公職，並移送司法機關。1 月 9 日，中紀委官員證實，民政部前部長李立國、前副部長竇玉沛雙雙被中紀委審查。

再有，2016 年 10 月 15 日，中央巡視組向公安部黨委回饋公安部存在的問題中也有針對公安部高層的回饋。回饋中指，有的領導幹部政治敏銳性和政治鑒別力不夠強；落實政法工作主要任務存在薄弱環節，對有的工作統籌不夠有力。

《大紀元》之前多次報導分析說，公安部一直在跟習近平的「依憲治國」搞對抗，習近平一旦落實軍隊改革、穩固軍權後，必會對公安部進行清洗。

中國新年後或釋放部分信仰者

針對政法系統對抗習近平的依憲治國、依法治國的現狀，消息人士說，習近平當局打算在 2017 年中國黃曆新年後，釋放一批信仰者。不過，消息人士沒有說明信仰者是否指法輪功學員。

《大紀元》記者留意到，上述消息並非空穴來風。據海外明慧網的報導，2016 年，中國大陸多地至少有八名法輪功學員因檢察院不配合公安起訴而獲釋。

2016 年 12 月 23 日，重慶市巴南區法院對法輪功學員的一次非法開庭中，重慶律師作出無罪辯護，公訴人當庭承認：「我們沒有任何證據可以證明法輪功是『× 教』，也找不到任何法律法規說法輪功是『× 教』，就是沒有任何法律法規說法輪功是『× 教』。」公訴人這段話清楚地記錄在《庭審記錄》上，並有簽字確認。

2012 年 12 月，習近平一上台就提出了「依憲治國」、「依法治國」。2013 年 1 月提出廢除勞教，12 月正式廢除。2015 年 5 月出台「有案必立，有訴必應」，引發訴江大潮；9 月法院、檢察院出台辦錯案終身追究制。2016 年 3 月，公安部也出台終身追究制；4 月習當局召開最高級別宗教會議，要求政府部門依法管理宗教活動，與江澤民時代依法管理信仰者有明顯區別；7 月在法輪功發源地長春召開政法會議，提出糾正歷史冤假錯案。

在美國的時政評論員李天笑表示，最高法院、最高檢察院至今未對 20 多萬人控訴江澤民的案件進行立案處理，最高法院長周強剛在全國法院長會議上發表反對「西方憲政」、「三權分立」的言論，這都是在對抗習近平的「依憲治國」。

李天笑認為，習近平提出的「依憲治國」、「依法治國」，

並非是西方的憲政概念，周強是利用了中共專制的邪性，給習近平挖了一個坑，通過反對西方憲政的言論讓民眾對習近平的「依憲治國」失去信心。其實，即使按中共自己制定的憲法治國，包括周強在內的很多江派官員都會被追究。

李天笑說：「習近平當局若真釋放一批法輪功學員，就能有效破除江派給他下的套和捆綁，重獲民心。」

倫國智也認為，上述消息人士的消息若屬實，將會極大地警醒還處於觀望態度的官員，看清形勢，及早拋棄對江派的幻想，給自己留一條後路。

雖然，一些法輪功的個案出現鬆動跡象，但是中共對法輪功的迫害政策並沒有改變。據明慧網的不完全統計，2016 年中國大陸有 1162 名法輪功學員被非法判刑；至少有 103 名法輪功學員被迫害致死，他們生前或遭不明藥物迫害、或遭酷刑折磨、或長期遭騷擾、承受巨大精神壓力等多種形式虐待。

公安部清洗不足 習親信掃黃抓把柄

目前，公安部官網公開的領導信息中，一共有 12 人。公安部黨委成員、中央「610」辦公室副主任孫力軍，雖然多次出席公安部會議並排名在公安部黨委委員、部長助理王儉之前，卻沒有名列領導欄目中。若加上孫力軍，公安部的領導班子應為 13 人。

13 人中，鄧衛平、王小洪、孟慶豐三人是習近平在福建或是浙江的舊部，應屬習近平信任的人。其餘人等，或多或少都有江派官員的色彩。

公安部長郭聲琨是典型的江派官員，在 2012 年中共十八大升任公安部長前，完全沒有政法系統從政的經歷；他跟周永康一樣，從國企「一把手」轉入政界，再進入政法系統，是江派安插在公安系統繼續執行迫害政策的棋子。還有傳聞指，郭聲琨是曾慶紅的表外甥。

陳智敏、孫力軍都曾任公安部一局（國內安全保衛局）局長，在江澤民迫害法輪功初期，是執行迫害政策的主要部門之一。

江澤民主政、干政時期，積極參與迫害法輪功的官員都升遷很快，已落馬的河北省政法委書記張越就是一個典型的例子。

1999 年 7 月江澤民全面發動對法輪功迫害時，張越時任北京市公安局長助理、國內安全保衛處長，2001 年 4 月被升為北京市公安局副局長，2003 年 11 月被周永康提拔為公安部二十六局（即公安部「610」辦公室）局長，2007 年調任河北省公安廳黨委書記，2008 年即升至河北省委常委、政法委書記、省公安廳長、黨委書記。

也就是說，張越從處級升到副部級只用了八年多一點。

之前，《大紀元》記者梳理發現，31 省公安廳長在過去四年中雖然已更換了 24 省，其中，河南、寧夏、貴州更換了二次。經過分析，現任 31 省公安廳長中，至少有 19 人屬江派官員、有七人派別不明顯、四人是技術官僚，只有北京公安局長王小洪一人能確定是習的親信。

現任公安部領導班子				
姓名	年齡	職位	入職時間	公安部官網報導篇數
郭聲琨	63	部長	2012.12	64
傅政華	62	常務副部長	2016.05	2
黃明	60	副部長	2016.05	28
孟宏偉	64	副部長	2004.04	34
陳智敏	62	副部長、黨委員兼網信辦副主任	2009.08	9
李偉	61	副部長	不詳	20
夏崇源	58	政治部主任、黨委員	2013	23
鄧衛平	62	中紀委駐公安部紀檢組長、部黨委員	2016.01	12
王小洪	60	副部長	2016.05	15
孟慶豐	60	副部長	2015.06	7
劉躍進	58	反恐專員	2015.12	30
孫力軍	不詳	中央「610」副主任、部黨委員	不詳	無
王儉	60	部長助理、部黨委員	2014.10	14

　　王小洪長期在福建從事公安工作，1989 年開始在福州任職，歷任郊區分局長、市公安局副局長、公安局長、政法委副書記。

　　習近平在福建的時間是 1985 年至 2002 年，習任福州市委書記與福建省長時，與王小洪有交集。

習近平調任浙江主政前，王小洪於 2002 年 5 月升任福建省公安廳副廳長，並在這一職位上任職長達七年。2013 年 8 月，王小洪調任河南省任公安廳長，接替調任河南省人大副主任的秦玉海。

三個月後，王小洪端掉鄭州「皇家一號」夜總會名噪一時，接著不到一年秦玉海落馬。2015 年 3 月，王再上調北京。

2016 年 12 月 23 日，北京檢方決定不起訴雷洋案中的涉案警察，在社會上引起了軒然大波，不少人對習近平的「依法治國」產生了懷疑。

當晚，王小洪調動北京上千警力查封了三家涉黃的俱樂部，查獲涉案嫌疑人數百人。官方報導中特別強調：消費群體疑有大財團的 CEO。

時事評論員謝天奇認為，王小洪應是奉旨行動。這三家涉黃俱樂部背後的保護傘，不僅僅有北京各級公安官員，還有各級黨政官員乃至更高級別的中央高官。

另有傳聞說，習近平指示「依法公正公開處理」雷洋案後，北京警方有 4000 人提出辭職，甚至出現了「北京警方懷念傅政華」等聲音。這被視為對習近平的要脅。

公安部副部長傅政華成高危人物

現任公安部常務副部長傅政華，原是北京公安局搞刑偵出身的，2010 年 2 月官至北京公安局長、黨委書記。北京一直是江派的勢力地盤，傅政華也屬江派官員。

2012 年王立軍事件後，周永康發動的「3・19」政變未遂，

跟傅政華倒戈投向胡錦濤、習近平陣營有關。不過，這並不代表傅政華獲得習近平的真正信任。

2013 年 8 月，傅政華被提為公安部副部長、黨委委員；2015 年 1 月再獲中央政法委委員頭銜。兩個月後，傅政華順理成章地交出了北京公安局長的大權，由習近平的親信王小洪接任。

2015 年 9 月，傅政華再兼任中央「610」辦公室主任，2016 年 5 月升公安部常務副部長時交出了中央「610」辦公室主任一職，三個月後又被免去中央政法委委員的職務。

從中可以看到，傅政華任中央政法委委員只有一年八個月，任中央「610」辦公室主任不到八個月。

《大紀元》記者留意到，公安部排名第二的傅政華在公安部官網的個人重要活動報導中，2016 年只有兩篇，是公安部公開的領導信息中最少的一個。

美國華府中國問題專家石藏山認為，傅政華是虎狼之徒，為人陰險狠毒，習近平正是利用其為升官不擇手段的特點來對付江派官員，必定不會長期重用他。若傅政華真在雷洋案背後耍手段的話，其多數會被拿下。

按過往習近平、王岐山「打大老虎」的手法看，露面已不能代表安全。習近平對公安部要進行清洗是必然的，傅政華落馬只是時間問題。至於是否消息人士所透露的官員，還有待驗證。

第三節

郭文貴爆傅政華黑幕
替郭聲琨頂缸

搞亂局勢，混淆視聽，是江派對抗習陣營反腐的舉措之一。郭文貴猛攻傅政華，或試圖轉移視線，替公安部長郭聲琨（圖）頂缸。（新紀元合成圖）

郭文貴爆傅政華黑幕 替江派攬局前途未卜

2017 年 1 月 26 日，肖建華在香港被帶走幾小時後，一直藏身美國的政泉控股控制人郭文貴突然現身，接受中文電視的採訪，直播爆料中共高層貪腐黑幕。

外界評論說，對於經常替江澤民派系發聲的明鏡系列這次電視採訪因涉嫌謀殺一位日本人而遭官方通緝的郭文貴，並不感到意外，因為郭文貴一直在替江派發聲。意外的是，過去經常血口噴人、滿嘴跑火車、謊言連篇的郭文貴，這次不但衣冠楚楚、彬彬有禮，而且好像句句說的都是「實話」，不少人被他矇住了，沒有看清安排這次採訪的真實目的。

郭文貴出生在山東農村，初中畢業外出打工，後創辦河南大老闆家具廠掙到第一桶金，接著在河南鄭州進入房地產業。他憑

藉如簧之舌和高超手段，層層巴結政客，最終殺入首都北京發展。在胡潤百富中國富豪榜中，2013 年郭文貴以個人資產 58 億元位列第 323 名，2014 年以個人資產 155 億元升至第 74 位。

郭曝傅政華：兩邊通吃 野心勃勃

藏身美國、被財新網稱為「權力獵手」的富商郭文貴，在接受採訪的同時在網路上進行了直播，曝出他與北大方正前 CEO 李友的爭鬥內幕，以及中共公安部常務副部長傅政華大肆貪腐及「兩頭吃」的黑幕。

郭文貴稱，北大方正集團是一些中共高層家族的錢袋子，郭表示要曝光至少四個李友背後的中共高層官員，包括中共前任和現任政治局常委、委員，並稱令計劃、谷麗萍只是「小靠山」。不過他這次只曝光了傅政華，其他留到以後。

2014 年下半年開始，郭文貴與李友，為了爭奪方正證券的控制權，展開了鬧劇般的互相「舉報」，其中李友舉報了國安部副部長馬建利用職權為郭文貴謀利之事。2015 年初李友等人被帶走「協助調查」。2016 年 11 月 25 日，大連中級法院一審認定李友犯內幕交易罪、妨害公務罪，和隱匿會計憑證、會計帳簿、財務會計報告罪，數罪並罰，因李友舉報有功，最後輕判有期徒刑四年六個月，並處罰金人民幣 7.502 億元；違法所得予以沒收，上繳國庫。對此，郭文貴非常不滿，一口咬定大連法庭和北京專案組貪贓枉法。

郭文貴說，此前為了爭奪方正證券的控制權，他與李友有過激烈爭鬥。郭找到傅政華求助，李友則搬出一名中共退休常委和

一名現任常委的家人。

郭在直播中稱，傅政華捲入他和李友的爭鬥後，兩邊都有收錢，「吃了原告吃被告」，卻「拿錢不辦事」。傅政華兩邊通吃，為了掩蓋自己的罪行，不僅抓捕了李友，還抓捕了郭文貴在國內的 8 名家人及公司 30 多名高管。郭文貴在採訪中，詳細描述了傅政華如何無視法律，指揮專案組人員對被抓的政泉控股的員工實施酷刑折磨、性騷擾等。

郭文貴還稱傅政華是個邪惡之人，幹了很多壞事。傅的弟弟是其金主代表，被稱為傅老三，在北京極為狂妄，與傅政華合夥，想抓誰、想撈誰都是一句話。傅政華的胞弟還包養了多個情婦，有上百億元人民幣的黑錢，非常囂張。

傅政華除了接受郭文貴在國內的賄賂，還企圖在海外索要5000 萬美元。郭文貴還替馬建辯護，稱自己非常尊敬馬建副部長，還說有消息稱馬建有六個情婦等，都是誣陷，並說馬建身體不好，不可能有那麼多情婦等等。

郭文貴還表示，傅政華有野心，其企圖在十九大當公安部長或政法委書記。傅政華曾跟郭說：「未來五到十年是我的天下。」郭還透露，之前國內大量律師被抓並遭受迫害的 709 事件是傅政華一手策劃的。

傅政華心黑手辣 太多人想他死

2 月 2 日，親江派的中文網站報導了神祕人物在微信朋友圈的發文，進一步披露被郭文貴曝光黑幕的中共公安部常務副部長傅政華「不過是馬仔中的馬仔，隨時會被扔在大街上，只是當年

『3‧19』（指令計劃兒子車禍事件）他處理有功，所謂有功就是保密工作做得好，因而才晉升。」

至於除掉「天上人間」夜總會，傅政華不過是執行命令。實際上太多人想置傅政華於死地，至於他的前途那就看他還有沒有利用價值，目前看來價值不大。文章還強調，「未來肯定有大老虎，刑上大夫一定會發生」。

此前《新紀元》周刊報導過，大凡替專制強權充當打手的惡吏，無論是武則天時代的酷吏，還是文革時代的造反派，或當代的周永康之流，嚴酷殺人者必定下場悲慘。

傅政華是周永康的親信，曾出任中共江澤民集團鎮壓法輪功的專職機構——中央「610」辦公室主任。王立軍事件後，傅傅政華在周永康失勢後反水，把 2012 年「3‧19」政變時周永康曾給他的一個祕密手令，交給了胡、習，才有官至正部的機會。有消息說，重慶事件後，傅政華檢舉了周永康的若干問題，不過因傅政華心黑手辣，背負累累血債，且江派背景極深，難獲習近平信任。

傅政華為人凶殘 比王立軍還危險

自由亞洲電台評論說，傅政華是個狠角色，是中共鎮壓機器中的一條惡犬。傅政華與王立軍雖有相似之處，但仕途有重要差別。王立軍早年走的是刑警的路子，而傅政華可以說完全是靠做政治迫害的打手起家。因此，傅政華比王立軍的政治嗅覺更靈敏，膽子也更大。

從郭文貴的爆料可以看到，傅政華並非北京政權的忠實鷹

犬，而是這個政權最危險乃至最致命的病毒，他的基本路數就是藉中共政治迫害來謀私利，因此，他不僅不希望減少這個政權的敵人，反而是不斷製造更多敵人和仇恨，以此來綁架當權者，增加自己的謀私機會。

文章說，傅政華作為中共政治迫害的職業打手，從鎮壓法輪功起家，後又成為各種維權人士最凶殘的對頭。他一路升遷的過程，官場越來越腐敗，這不僅讓傅政華這樣的人勢力越來越大，而且膽子也越來越大，更重要的是，他有了介入高層政治、進入權力中心的機會。傅政華又將「凶殘打手」的對象擴大到了腰纏萬貫、有深厚權勢背景的人物和機構，讓更多人陷入恐懼當中。

文章說，習近平如果不處理傅政華，會給習帶來更大的政治威脅。傅政華案對中共的政治後果，可能會超過王立軍案。

郭爆料有因 公安部籌建反貪局

在近一個小時的訪談中，郭文貴介紹自己這次出來說話有三個目的：保命、保錢，而且還要報仇。不過他沒有講如何保命、保錢，只是講了對李友和傅政華的報仇。

郭文貴在視頻中多次提到「習近平總書記、王岐山書記、孟建柱書記」，認為傅政華的專案組、大連法庭，都違背了「習近平總書記、王岐山書記、孟建柱書記」的指示，表面上在擁習，實際是在批習王的治下一片黑暗，他們對李友等人的判決、對馬建的抓捕，都是錯的，都應該重審。

人們不禁要問，為何郭文貴要選在此時曝出傅政華的黑幕？他的目的是什麼呢？

時事評論員周曉輝認為，這可能是郭文貴在知曉習近平將動刀公安部後，一方面欲藉此機會除掉坑害自己的傅政華，一方面向習陣營示好，通過曝料減輕自己的罪責。但無論如何，郭文貴的曝料客觀上為習近平在公安部「打虎」做了輿論鋪墊。

目前高層知道公安部內部貪腐非常嚴重，已不是中紀委的派駐紀檢組和組長鄧衛平所能處理得了的。鄧衛平是習近平的舊部，2015 年 3 月調入公安部任紀委書記並兼任督察長。自其調入公安部近兩年來，公安部並無任何現任高官落馬，由此可見，其所面臨的貪腐問題極為複雜和嚴重，且在內部所遇到的阻力非常大。

周永康殘餘控制的公安部，內部抵制習近平政策的高官絕非少數，2016 年的雷洋案、遼寧抓捕法輪功學員案、709 律師被抓被酷刑折磨等引起輿論廣泛批評並明顯與習近平提出的「依法治國」理念背道而馳的大案，始作俑者都是公安部高官。上述消息人士亦透露，在 2017 年 1 月 9 日公安部傳達學習中央紀委七次全會精神會議前後，公安部將有高官被拿下。

外界普遍分析將要落馬的就是傅政華。公安部網站的「部領導重要活動和講話」信息顯示，公安部副部長黃明 2016 年共有 27 次「重要活動」；而作為公安部常務副部長的傅政華僅有 2 次「重要活動」，極不正常。1 月 9 日，公安部召開公安部黨委會議傳達學習中紀委七中全會精神，要求公安部深刻認識周永康野心家、陰謀家本質等。蹊蹺的是，作為公安部排名第二的常務副部長傅政華未出席該會議。由此看來，傅政華的落馬，只等公布時間了。

曾慶紅拋出傅政華 替郭聲琨頂缸

阿波羅網特約評論員龍嘯則認為，在習當局計畫著手清洗政法系統的敏感時刻，郭文貴突然跳出來揭發傅政華，可能是試圖製造輿論轉移視線，將傅政華拋出來替公安部長郭聲琨頂缸。大陸全國抓捕迫害維權律師，不可能是一個副部長能決定得了的。而郭聲琨被曝係曾慶紅表外甥，前不久剛剛結案的雷陽案，就是公安部和政法系統對抗習近平依法治國的典型例子。

2017 年 1 月 18 日，陳建剛律師發布了兩份《會見謝陽筆錄》，首次公開了會見 709 在案人謝陽律師的情況。謝陽在會見中說，他是 2015 年 7 月 11 日凌晨被抓後，兩個警察在審訊時聲稱他加入的「人權律師團」微信聊天群，已被公安部定性為反黨反社會主義，希望謝陽能認清形勢。

在之後的酷刑折磨中，國保對謝陽說：「你的案子是天字第一號的案子，如果我們做錯了，你到北京去告我們，你以為我們這樣整你，北京不知道嗎？我們想怎樣整就怎樣整。」

阿波羅網據此獨家解讀，主導 709 大抓捕的可能是公安部長郭聲琨。

2015 年 7 月，709 事件爆發，公安開始大規模抓捕大陸維權律師。2016 年新年伊始，15 名被抓的律師被以「煽動顛覆國家政權罪」批捕，其中 14 人被關押在天津。編輯部在北京的「海外」親習黨媒多維網曾披露，黃興國是浙江人，是前江派政治局常委黃菊的侄子，而郭聲琨則被爆料是曾慶紅的遠房表外甥。

2017 年 1 月底，海外多家中文媒體再次披露郭聲琨與趙樂際爭奪中組部長的敗北原因。知情人士透露，郭聲琨是曾慶紅的表外甥，郭聲琨妻子的祖母是曾慶紅母親鄧六金的親妹妹。因此，

曾慶紅想讓郭聲琨出任中組部長，但最後被習近平拒絕了。

《爭鳴》雜誌 2016 年 12 月號也刊發署名子鳴的評論文章認為，中共政法公安系又稱刀把子，從 1989 年鎮壓愛國民主運動後就一步步蛻變成權貴江系集團的家丁護衛，是江系重點長期精心經營布局的地盤，多年來罪孽深重，惡跡昭彰，已致天怒人怨，人神共憤。

文章指，中共十八大反腐以來，政法系雖然至今被拿下了周永康、周本順、李東生、馬建、張越等，但江派舊人還在。作為權貴嫡系的政法高官們對於十八大以來所發起的反腐運動從骨子裡是抵制的，他們結黨營私，宗派繁殖，蓄意製造社會動亂，是中國法治建設的最大路障。客觀上是軍隊之外對掀起反腐的新當政者存在最大威脅的對象。因此習近平當局接下來的反腐動向，將從槍桿子到刀把子。

2017 年 1 月 25 日，郭文貴爆料的前一天，中共最高法院、最高檢察院突然發布了一個所謂「司法解釋」，列舉了 12 種罪狀。這個《解釋》雖未直接提法輪功，但其所列舉所謂的罪狀都刻意與大陸法輪功學員講真相的情況相對應，明顯是有目的的構陷法輪功學員。

「兩高」迫不及待在相隔 16 年之後再次進行「司法解釋」有兩個主要原因。一個是，「兩高」兩個院長周強和曹建明，有強烈的犯罪被抓的恐懼感；另一個是，周曹看到了和利用了迫害法輪功與維持中共統治的相互關係。

這也算是江派控制的政法委系統，包括公安、法院、檢察院，集體對抗習陣營依法治國的一種抵制行動。由此看來，2012 年 12 月入京的郭聲琨，對近三年多來參與江派迫害民眾，具有不可

推卸的責任。

郭文貴、胡舒立背後是曾慶紅、王岐山

讓郭文貴全世界抱得大名的，還是 2015 年 3 月爆發的郭文貴和財新傳媒老總胡舒立的紛爭。《新紀元》周刊當時報導，郭文貴、胡舒立這場大戰的背後是王岐山和曾慶紅，被習王步步逼近的「慶親王」，不得不讓其馬仔郭文貴跳出來瘋狂攪局，什麼都敢說，甚至明顯是假話的，他也敢說。

比如郭文貴聲稱胡舒立與李友有私生子，後又稱胡舒立和王岐山有私生子。然而 2002 年時，年近 50 歲的胡舒立天天上班，從未有人見她懷孕與生子。郭文貴就是用這種下三濫的手法來攻擊對方名譽，混淆視聽。

郭文貴是個到處張口亂說的人。如在 2015 年 3 月 29 日的聲明中說，他不認識落馬的北京前副市長劉志華，但第二天又對《南華早報》說，他是經過中央最高層領導認識劉志華，而且承認是自己揭發劉志華的。據說那個中央最高層領導，就是江派二號人物曾慶紅，而具體幫郭文貴製造證據的，就是國安部的馬建。

這次郭文貴曝光他與李友、傅政華的恩怨，他沒有說的是，他想以控股的民族證券「以小吃大」，拿下方正證券，複製的正是民族證券的得手過程。這次不必像 2006 年那樣設計偷拍，據郭文貴前助手曲龍舉報，國安部方面以「國家安全工作需要」為名，多次開具公函，要求相關單位配合將民族證券股權低價轉讓給郭文貴的政泉控股。

駭人聽聞的不僅僅是優良的數十億國有資產流失，而是在於

國安方面為此介入的單位包括了河北省政法委、河北省銀監局、石家莊商業銀行、北京市國資委、北京產權交易所、首都機場集團（民族證券的第一大股）、民航總局等等。

僅憑郭文貴一人能讓馬建如此驅動國安力量？郭文貴潛逃後在海外接受外媒採訪時曾說，坊間對其背後大佬是曾慶紅的說法是空穴來風，同時話鋒一轉，說自己和王岐山倒是舊交。與此同時，網上廣為流傳一張面部馬賽克的照片，以此暗示與郭文貴合影的是王岐山或王岐山董姓大祕，其實那人是位北大教授，但郭文貴就是擅長這樣製造混亂。

攪局高手郭文貴前途未卜

郭文貴的發家史，與其他依靠權力發家的富豪並無二致，簡而言之就是官商勾結四個字。郭文貴曾多次對身邊人說，「與官員打交道的費用占到生意成本的一半」。郭文貴的「大方」迷倒了一些政治大佬，他一手創立的政泉控股成了這些大佬的利益共用平台。

但是郭文貴也有與眾不同之處，他不但攀附權力，更善於操縱權力、駕奴官員。與官員交往時，郭多留了證據，必要時進行反制。郭文貴是國內極少數能將官員幹翻的商人，而且不僅一次。他屢次挾公權力、公信力為其所用，上演了多場公然的圍獵，比如設局性賄賂扳倒劉志華、奪回盤古大觀；聯同中紀委人員勒索戴相龍女婿車鋒，讓車鋒乖乖掏出五個億；舉報北大方正李友；曝光天價日本豪宅，扯出令計劃、李源潮等。

不過仔細研究郭文貴的套路，他在後期更多的是聽命於其後

台老闆。比如這次電視直播訪談曝光傅政華的貪腐，其目的就是為馬建開脫、為郭聲琨解套，同時，這次的真話也是為下一次造謠攻擊做鋪墊的。搞亂局勢，混淆視聽，對江派來說，也是對抗習陣營反腐的舉措之一。

郭文貴舉報傅政華有野心，但他沒有公諸外界的是，他自己的公司取名「政權」的同音字政泉，目的就是掌控政權，而且他的盤古大觀放置在北京中軸線上，龍頭直衝中南海。在過去四年的行動中，人們看到了郭文貴扮演的角色，相信他會繼續撒潑打滾鬧下去，一直鬧到要麼其後台老闆垮台，要麼中共垮台：因為他手裡握有中共高官們見不得人的「核彈醜聞」。

郭文貴事件背後　王岐山擊退政變

第二章

抓肖建華 兩會前
王岐山盯住三常委

兩會前，習當局抓住江派高層錢袋子管家肖建華，欲牽出包括江澤民、曾慶紅及張德江等更多江派要員；習陣營公開釋放與江派高層決裂信號，盯住張德江、劉雲山、張高麗江派三常委；王岐山緊盯「回頭看」省市，或拋出更多省部級老虎。

2017 年中共兩會前夕，習陣營盯住了張德江、劉雲山、張高麗這江派三常委，習江鬥進入新一輪高潮。（新紀元合成圖）

第一節

金融大鱷肖建華被抓內幕

長期蟄居在香港四季酒店的肖建華被視為中共江派高層最重要的錢袋子「管家」，其被調查的目的是要牽出更多江派要員。（新紀元合成圖）

2017 年 1 月 27 日，大年三十（周五）凌晨 1 點左右，肖建華「受邀」與大陸「強力部門」六名人員同回大陸，非正式被捕。

據香港媒體報導，大陸有關部門早就潛入肖租住的四季匯，以掌握肖的行蹤，在時機成熟時便出面「邀請」肖返回大陸。

報導指，位於中環的四季匯，提供多間高級酒店式服務套房，肖建華近年主要入住在內。而負責「邀請」肖建華的「強力部門」早已入住四季匯，與肖建華「為鄰」，觀察他日常一舉一動。例如他經常在寬敞、觀景方便的四樓活動，隨行保鑣人數會隨著不同時段增減。

據了解，肖建華共有八名保鑣，其中二名外籍保鑣最近才增聘，日常最少有四名保鑣在身旁。按大陸「慣例」，在祕密行動中，若目標人物有五名或更多保鑣在旁，就不會輕舉妄動，因為面對太多保鑣勉強「行動」，可能把事情鬧大甚至失控。故「強

力部門」人員一直待到肖建華只有二名保鑣在身旁時，才現身「邀請」他。

消息人士透露，當時整個過程和平，並無動粗，肖建華與二名保鑣分坐二輛私家車，由中環四季匯直駛往落馬洲管制站，然後經皇崗口岸進入大陸。

《金融時報》引述消息指，這次行動時間為年三十凌晨一時左右，行動人員包括五至六名便衣。

《南華早報》（SCMP）2月4日援引來自大陸和香港知情人士的話報導，肖建華通過正常邊檢關口進入大陸，是為了配合一些案件調查。

《香港01》此前消息指，肖建華被羈押期間不斷接受問話，回答許多問題，有關部門意欲從他口中套取中共太子黨的一些商業活動會否涉嫌違規等重要信息，其中包括賄賂案，甚至可能涉及對股票市場的人為操縱。中央希望在十九大之前可以減低這方面的風險。目前暫沒有提出任何控罪。

當時有接近肖建華的消息人士指，肖每日可打電話外出，人身安全暫未有問題，甚至曾經囑咐下屬「明天系生意照做」。

《大紀元》2月3日引述接近中南海人士透露的消息說，肖建華案是目前中南海頭號大案，肖正被北京調查。肖被視為中共江派高層最重要的錢袋子「管家」、江派前常委曾慶紅之子曾偉的「白手套」，「江派透過肖等操盤手，將中國的國庫掏空。他本人涉及多宗金融詐騙和犯罪」。現今大陸銀行爛帳壞帳數目驚人，和他們都有不可分割的關係。所以習當局下決心要把他抓回去調查，以他為突破點，會清理一大批金融界的大佬。

據報導，調查的目的是要牽出更多江派要員，包括江澤民、

曾慶紅以及現任政治局常委張德江等。

2月22日，繼劉士余後，保監會主席項俊波也對「資本大鱷」發狠話，稱不允許其借道和藏身。同時，中共央行起草的跨行業資管新規出台。「一行三會」聯手圍獵「資本大鱷」的監管框架即將形成。

原大陸軍事院校的教授、軍事圖書出版社社長辛子陵介紹，公安部副部長都派去（香港）了，肖建華這個人物終於浮出水面。「因為肖建華是江曾的白手套，江曾又是肖建華的靠山。」肖建華個人資產據說是400個億元人民幣，他掌握的可動用資產是1萬億元人民幣，這足以在股票市場上翻江倒海、興風作浪。

他強調，現在這個問題終於理出頭緒了，出資人在這裡，「解決曾慶紅的問題就是一個很重要的進展」。而且據說肖建華也不是跟曾慶紅一個人有聯繫，他通過他們的子女跟許多政治局委員以上的人都有聯繫，例如梁軍（梁光烈的兒子）、李波潭（賈慶林的女婿）等。

辛子陵表示，曾慶紅、江澤民他們貪腐多少？這得有事實根據，得有人證、物證。肖建華已經被王岐山掌握在手裡面，這個事情就容易解決。「肖建華的出現就是起這個作用。」

2015年夏季，大陸發生嚴重股災，多家媒體報導，「救市主力」證監會和中信證券聯手做空股市。隨後不斷有報導披露，這次股災是針對習近平當局的一場「經濟政變」，江澤民、曾慶紅、劉雲山等很多江派高層的家族成員參與其中。辛子陵說：「很多小股民傾家蕩產，被這個大鱷（肖建華）吃掉了。」所以那時候的股市風波，不斷在經濟上給習近平、李克強政府造成非常大的困難。

　　法廣 3 月 6 日援引消息披露了北京最高層決策強制帶回肖建華的過程。2015 年股災之後，金融安全成為北京高層心患之一。2017 年在一次政治局常委會上，在俞正聲的提議下，習近平拍板，王岐山開始了對金融系統高官和金融大鱷的圍剿行動，肖建華的名字排在第一號。

　　據稱，2 月 10 日證監會主席劉士余說的「資本市場不允許大鱷呼風喚雨」、「要有計畫地把一批資本大鱷逮回來」等的話，透露的就是上述的高層決策消息。

　　肖建華被稱為中國資本市場大鱷，其明天系集團掌控著九家上市公司，及控股、參股了 30 家金融機構。他長期包住香港四季酒店，操縱中港兩地的生意。

　　之所以肖建華成為被抓「金融大鱷」一號，是因為他利用與權貴結合的發財模式，建立了與中共權貴聯盟的中國金融帝國和以亞洲為範圍的中國境外金融帝國。據稱，中共內部有人評估，肖建華實際在做著掏空中國和打造包圍中國的金融圈的事。這兩件事，對北京當局的金融安全造成很大威脅。因此，強制帶回肖建華對北京當下的反腐和十九大布局都很有價值。

第二節

兩會前抓反習勢力
王盯住三常委

證券日報社長落馬 肖藉報紙控股市

　　2017 年 2 月 11 日晚間，外界關注大年三十從香港被帶回大陸的明天系掌門人、百億級富豪肖建華的下落時，與王岐山密切的財新網刊登了題為《明天系掌控《證券日報》社長被查 報社整改》的報導。報導稱連串事件與肖建華涉案被要求協助調查有關，更點明這場風波只是「剛剛發端」。

　　報導說，明天系掌控的《證券日報》社長謝鎮江，因嚴重違紀已經被「雙開」，該報社因各類經濟問題被責令整改。受這些非正常事件的影響，證券傳媒以「重大信息難以保密」為由，於 2017 年 1 月 4 日起停牌至今。

　　然而兩天後，證券日報網站發布了「闢謠」聲明，題為《關於個別媒體相關報導失實的情況說明》。聲明稱，《證券日報》原社長謝鎮江已於 2016 年 3 月正式辦理退休，沒有再擔任《證

券日報》社任何職務；報導、經營不受其他股東干預，2017 年 1 月至今報導、經營一切運營正常等。

不過《大紀元》記者經網路檢索發現，《證券日報》網站曾於 2016 年 10 月 25 日報導了「明天創新大講堂」在天津濱海新區舉辦的消息。報導中，謝鎮江以《證券日報》董事長的身份露面發言。「明天創新大講堂」由《證券日報》主辦、明天控股資助。目前《證券日報》網站有關謝鎮江此次演講的報導已經被刪除，但還可以在投資者網等網站看到轉載的報導。

《證券日報》於 2000 年 10 月創刊，由中央直屬黨報《經濟日報》主管主辦，是證監會、保監會、銀監會三會指定的信息披露刊物之一。該報創辦之初即尋求經營方市場化的模式，成立了北京中恆盛證券報業發展有限公司，負責該報的經營。該公司後更名為證券傳媒，並於 2015 年 2 月在新三板上市。

據證券傳媒 2016 年半年報顯示，該公司的第一大股東和實際控制人為《證券日報》社，持股 23.06％。但據工商資料顯示，第二大股東、第三大股東以及第七大股東，均為明天系公司。據此計算，明天系明面上持有超過 36％的證券傳媒股份，為背後真正的實際控制人。

此次被查的謝鎮江，1982 年至 1989 年任《經濟日報》財貿部編輯、主任編輯。2008 年 7 月，謝鎮江任《證券日報》社長，在之前的 2008 年 1 月，他已出任證券傳媒的董事長。

《證券日報》一位消息人士向財新記者透露，明天系早已牢牢掌握了對該報從經營到內容的控制權，並以各種方式影響、控制該報的採編業務。明天系會定向找該報記者，要求採寫針對某些對立公司的負面稿；有時編輯部獨立採寫編發了某些上市公司

的負面新聞後，卻迫於來自「上面」的壓力，刊登致歉信；《證券日報》還收到明天系制定的白名單，規定絕不能負面報導的公司，名單中多為明天系的關聯公司。比如，2013 年 7 月，證監會領導在深圳開座談會，點名批評了明天系恆泰證券的資管業務，到場媒體都據此做了相應報導，唯有《證券日報》發出一篇肯定恆泰證券資管業務的表揚稿，頗令業界側目。

在不知情的普通民眾眼裡，肖建華是在資本市場翻雲覆雨的大鱷，而對知情者而言，肖建華是中共權貴的高級馬仔、白手套，他替曾慶紅、江澤民、劉雲山、賈慶林、戴相龍等眾多太子黨家族打理巨額資產，其名義上控制的明天系資本帝國的龐大，除了可量化的萬億資產，還控制著如銀行、證券、保險、燃煤、水泥、地產，乃至稀土礦的系列產融鏈，這些大多是國家占據主導地位的領域或行業。

有官商勾結背景的肖建華，可以比任何人都更早得到中央相關政策計畫，占盡先機，再加上面向全國各階層讀者、投資人的《證券日報》配合拉抬或打壓特定標的，明天系操縱股市股價易如反掌。2015 年股災期間，《證券日報》唱空或唱多的股票，都是按肖建華給出的黑白名單來操作，黑的打壓、白的吹捧，「效果極佳」。

從《證券日報》針對財新網的「闢謠」來看，明明財新網說的是事實，而《證券日報》卻要反撲，由此可見明天系自認為還有抗衡的實力，看來今後雙方的較量還會繼續，難怪財新網指出，這場風波僅僅「剛剛發端」。

證監會主席劉士余在 2017 年 2 月 10 日財新網公布謝鎮江被查消息的前一天公開表示，資本市場不允許大鱷呼風喚雨，對

散戶扒皮吸血，要有計畫地把一批資本大鱷逮回來，這就牽扯到 2015 年的 A 股股災時江派搞的「經濟政變」，其中江派常委劉雲山及其子、中信證券副董事長劉樂飛就是操盤手之一。

北京撒巨網 肖旗下 30 雇員被禁離境

受肖建華牽扯的還不只是謝鎮江，還包括他在大陸的 30 多名員工。

《紐約時報》2017 年 2 月 14 日援引知情人士的話說，現在北京撒開更大的網，正逼近肖的雇員，其人數就算沒有數百，也有數十人。其旗下至少 30 名雇員被禁離開大陸。

知情人士還透露，肖建華公司的一名負責管理計算機系統的雇員，2 月 12 日晚在香港機場被拘留，原因是其涉嫌違反護照規定，試圖飛往日本。這個名叫姚龍（音）的員工是肖建華一家公司的 IT 人員，在香港的工作是維護公司的網路。報導認為，這些舉措釋放出一個信號，肖建華陷入了嚴重的麻煩，他的公司也難以倖免。

另一個令人關注的是，2 月 13 日，大陸知名演員趙薇旗下的龍薇傳媒收購萬家文化控股權一事突然生變，其收購金額從 30 億元減至 5.29 億元，趙薇放棄控股萬家文化。財新網報導暗示，該事也與肖建華出事有關。之前，多家陸媒曾質疑其以 6000 萬撬動 50 倍槓桿的收購資金來自於明天系。

曾經在北大與肖建華同學的「六四」學生運動領袖封從德表示，當年他就知道跟學運對立的肖建華這個人，「『六四』之前他配合官方做一些動作。『六四』過後為太子黨做白手套，發財

去了。」他現在這個結局一點也不令人驚訝，因為這是高層權力傾軋的一個結果。

封從德說：「其實我覺得他是屬於那種可憐的人。」因為他從在「六四」時的表現到現在的作為，一直都是不斷地出賣靈魂，他即使沒有被抓，也是非常讓人鄙視和同情的。「可以說是蛀蟲，盜竊人民的資產來養肥自己的蛆蟲。」

2月18日，有消息說，隨著習近平、王岐山反腐打貪進一步深入，肖建華越來越感覺到香港已非太平之地，黨內內線也向他發出危險信號，加上香港媒體曝光了他在四季酒店的行蹤，肖建華決定過年後離開香港，逃往歐洲。不過，他的打算和具體行程已被大陸當局掌握，於是在2017年1月27日年三十晚發生了他「被回去」的事件。

習首提警惕「利益集團圍獵」

在財新網推進肖建華案的同時，2017年2月13日，習近平當局召開中共省部級高級官員學習18屆六中全會研討班，習近平、李克強、俞正聲、王岐山等七常委悉數參加。習近平首次要求中共高級官員注重防範被「利益集團『圍獵』」，以及高級官員要「自律」，要自覺同「特權思想和特權現象作鬥爭」等。

習近平此前也多次提到「利益集團」，如在2014年10月的一次大會上，習近平就曾要求中共官員「不允許搞利益集團、進行利益交換」。當時《人民日報》刊發的《習近平為何點名批評「利益集團」》文章說，圍繞利益結成的「圈子」就是利益集團，利益集團形態各異，這些所謂「集團」，實質上都是「權力做媒、

利益媾和」的團伙。

文章還列舉了 10 種利益集團的模式，如親屬借風型、屬地抱團型、行業壟斷型、祕書跟隨型、商業進貢型、臭味相投型、人身依附型等。周永康、徐才厚、令計劃等人，都結成了這種利益集團。

在省委幹部學習班上，習近平再次提到利益集團，不過措辭卻變了，說得很重，要提防被「利益集團圍獵」，貪腐利益集團能夠「圍獵」各級政府官員，可想而知它們多麼倡狂。也許從肖建華的案例中就能看出些端倪，一個毫無根基的窮孩子，通過勾結太子黨、紅二代們，能夠「圍獵」各級官員，挖空國庫，掌控 2 萬億人民幣，這比一般人想像的金融大鱷還厲害百倍。2008 年國際金融危機時，溫家寶啟動 4 萬億的國家投資，讓中國度過了難關，而肖建華一個人就掌控了一半的資金，不難想像，這些利益集團要「圍剿」習近平的股市，那不是輕而易舉的事嗎？

反過來說，在兩會前夕，習近平、王岐山能抓住肖建華，等於就是抓住了江派的「狐狸大尾巴」，讓妖精現形的日子就很快了。

時政評論員夏小強表示，在江澤民集團抵抗攪局和中共體制本身掣肘制約下的背景中，習近平首次提出了「警惕利益集團」，其釋放的信號很明確。

第一，用中共的話語系統，向省部級高官半公開地指出「利益集團」就是江澤民集團。「警惕利益集團」意味著習近平當局將繼續在金融、國企領域展開大動作，江澤民集團很多重要人物將首當其衝被清除，這也意味著反腐最終指向了江澤民。

第二，首次使用「警惕利益集團」這樣的政治語言，發出強烈的政治信號，這是向中共全體官員發出警告，讓他們選邊站隊，

遠離江澤民集團，這也預示著將要對江澤民集團重要成員動手。那麼，江澤民、曾慶紅、張德江和劉雲山等人的好日子不多了。

習盯住江派三常委 四元老露面支持

據港媒 2017 年 2 月號最新報導，2016 年底，習近平主持召開中共政治局一年一次的民主生活會，會上劉雲山在做「自我檢查」時，承認其存在多種問題，而其他政治局常委和委員們批評劉雲山在政治上存有不良動機，「沒有收斂個人政治野心」等。習近平則告誡劉雲山「要嚴格遵守政治紀律和政治規矩」，不要總是「別出心裁」地提出一些事情。

會後，劉雲山於 2017 年初在政治局會議上提出辭去「中央精神文明建設指導委員會主任」職務，請辭報告中承認，在擔任該職務期間存在嚴重失職，對道德文明嚴重墮落「負有政治責任」。

現任中共政治局常委張高麗也在會議上承認，擔任中共深圳市委書記、山東省委書記、天津市委書記期間存在嚴重失職、瀆職問題，使當地成為腐敗重災區等；對山東、天津官場腐敗和天津不良債務導致財政破產問題，均負有責任。

《新紀元》周刊第 519 期（2017 年 2 月 23 日出刊）報導了香港《成報》2 月 10 日炮轟張德江為「國妖」、「兩面人」，稱張南下深圳會見香港部分建制選委，下達指示支持林鄭月娥競選香港特首，是在耍手段、對抗習核心。自 2016 年 8 月 30 日起，《成報》多次在頭版刊登抨擊張德江、梁振英和中聯辦主任張曉明的文章。有消息稱，《成報》獲得了習陣營的支援，直接釋放「打

虎」張德江的信號。

由此看來，兩會前夕，習陣營已經公開釋放與江派高層決裂的信號，盯住了張德江、劉雲山、張高麗這江派三常委，習江鬥進入新一輪高潮。

在此敏感時刻，習陣營元老宋平、胡錦濤、朱鎔基與溫家寶集中露面，力挺習近平。

中國社科院前副院長江流在北京去世，2月7日上午，江流的遺體在八寶山火化。除習近平、李克強等九名政治局常委與委員外，胡錦濤、朱鎔基、溫家寶等退休高層向江流親屬表示慰問並送花圈，而江澤民、曾慶紅缺席悼念名單。

2月5日，將滿百歲的中共政治局原常委宋平，在海南會見了江蘇中遠助學幫老基金會發起人、原理事長徐中遠和基金會理事劉海林，聽取匯報。劉海林說，該項目是宋平等退休高層對習近平提出的「中國夢」的響應和支持。宋平向退休官員喊話，呼籲他們如果「有能力」的話，可以做些「公益事業」。

兩會前詭異爆炸 習開國安委會防範

值得關注的是，在中共兩會召開前夕，國內外發生多起詭異事件和重大安全事故。如2017年2月13日，朝鮮領導人金正恩的兄長金正男在馬來西亞遭暗殺，這令北京想以金正男代替金正恩來穩定朝鮮局勢的安排成為泡影。

2月14日，新疆和田地區皮山縣發生持刀砍人事件，造成五死五傷，三名襲擊者被擊斃。另外，英吉沙、葉城等地也相繼發生襲擊事件。

　　兩會前大陸多地爆炸、火災不斷，準確的說，是大陸官方報導出來的災禍不斷，以前很多都被中宣部屏蔽了。如 2 月 5 日，浙江天台縣足浴店發生火災，造成 18 人死亡、18 人受傷；2 月 7 日，山西省交城縣一金屬鎂廠發生爆炸，現場升起了蘑菇雲；2 月 8 日，安徽省銅陵市恆興化工廠高沸點溶劑罐發生巨大爆炸；2 月 15 日，山東濟南上源新材料有限公司發生爆炸並引發火災；上海虹口區一間餐館發生爆炸，三名員工死亡；2 月 17 日，河北承德市一家飯店的 KTV 突然發生爆炸，爆炸威力如火山噴發，現場濃煙滾滾。

　　另外，大陸多地機場發生不明飛行物入侵航道事件。2 月 2 日晚，四川綿陽機場上空發生不明飛行物入侵航道事件，導致三個航班備降；2 月 3 日下午，深圳機場有三個航班機組在起飛及落地過程中發現不明升空物；2 月 4 日晚，北京南苑機場一航班發動機吸入孔明燈，導致航班延誤；2 月 9 日晚，有斷線風箏侵入河南鄭州機場跑道上空，機場被迫暫停起降。

　　這些看似偶然的事件，不一定都是偶然的，這與近年來不斷傳出的江澤民集團策劃暴力恐怖活動、製造社會恐慌、進行另類政變的消息相吻合，特別是當習近平「打虎」目標指向中共特務頭子、江派二號人物曾慶紅時。肖建華就是曾慶紅兒子曾偉的頭號白手套。

　　在此背景下，2 月 17 日，習近平主持召開國家安全工作座談會並發表講話。習強調要抓好政治安全、經濟安全、國土安全、社會安全、網路安全等各方面安全工作；遏制重特大事故的發生；要求地方大佬「守土有責、守土盡責」。

　　中共央視《新聞聯播》對此播出了五分多鐘，中央國家安全

委員會（國安委）成員首次出鏡，習近平是國安委主席，李克強、張德江是副主席，栗戰書是國安委辦公室主任。

外界都感受到，接下來的兩會上，習江鬥可能會表現出更加激烈的狀態。

第三節

習王兩會下團　藏政治密碼

兩會伊始，習近平、李克強、王岐山
聯手行動，加速圍剿上海幫及江澤民
家族的信號明顯。（AFP）

　　2017年中共兩會召開期間，習近平先後到上海、遼寧、四川、新疆、軍隊代表團參加審議工作；中紀委書記王岐山則先後參加北京、湖南、雲南、甘肅代表團的審議。

　　習近平、王岐山下團的這八個省市均是典型的江派窩點省份，都曾被重點清洗過，或仍在清洗之中。王岐山下團的北京、湖南、雲南、甘肅四省市均被「回馬槍」巡視。

習近平施壓韓正與張春賢

　　中共十八大以來，習近平名義上在上海地區當選中共人大代表，每年都按慣例參加上海代表團的審議。3月5日下午，上海人大代表團成為習下團的第一站。習在發言中，對上海官員提出

四個要求，包括在反腐敗上有新作為、在深化自貿區改革上有新作為等；要求上海官員負起「主體責任和監督責任」。習的發言，對上海市委書記韓正等官員問責、施壓意味明顯。

3 月 10 日，習近平到新疆代表團參加審議。2013 年至 2015 年，連續三年參加新疆代表團審議的政治局常委都是政協主席俞正聲。2016 年兩會前夕，發生新疆無界新聞網攻擊習近平事件，隨後，國務院總理李克強破例參加新疆代表團審議。2016 年 8 月底，江派大佬、政治局委員張春賢被提前免去新疆書記職務。2017 年兩會，習近平親自坐鎮新疆代表團。

新疆曾經是江系鐵桿周永康盤踞多年的地盤，也是江派重要攪局窩點。參加新疆代表團審議的常委級別不斷提升，與近年來對新疆官場的清洗進度相呼應。

習近平在新疆代表團發言中，強調「圍繞社會穩定和長治久安總目標」，「推進新疆治理體系和治理能力」。這為進一步清洗新疆江派勢力的攪局行動定下基調。

3 月 12 日，新疆代表團的媒體開放日，新疆現任書記陳全國和前任書記張春賢皆罕見缺席；而 3 月 10 日習近平到新疆團時，他們都在場。新疆團更把提問媒體和回答人安排好。多位港媒抗議沒有提問機會，但數十名工作人員圍上媒體席，反覆催促記者趕快離開。

近年來，江派大佬張春賢調職、被查的傳聞一直不斷。隨著對新疆官場清洗行動的不斷推進，張春賢的仕途命運成為外界關注點，也成為習江鬥及十九大高層人事的風向標。

習李王聯手圍剿上海幫江家族

習近平下團施壓上海官場的當天上午，李克強作政府工作報告。李克強報告中宣布「年內全部取消手機國內長途和漫遊費、降低多種電信費用」；3 月 6 日，習李當局即公布，從 2017 年 10 月 1 日起，國內三大運營商將全部取消手機國內長途和漫遊費。

大陸手機漫遊費始於 1994 年原中共郵電部發布的《關於加強移動電話機管理和調整移動電話資費標準的通知》。而正是從 1994 年開始，中國電信市場利益落入江澤民之子江綿恆手中。

江澤民之子江綿恆被稱為「電信大王」，長期操控與壟斷中國電信業及電信費用，牟取暴利至今已逾 20 年。

十八大以來，江綿恆的「電信王國」如中國聯通、中國移動的高管紛紛被查，相關整改方案不斷推出、實施。

此次兩會，李克強高調在政府工作報告中宣布取消手機國內長途和漫遊費，降低多種電信費用，成為清洗江綿恆「電信王國」的又一個標誌性事件。

3 月 9 日，江綿恆馬仔、中國電信集團公司前董事長常小兵被提起公訴，被指控為他人謀取利益，非法收受他人巨額財物。常小兵曾主事中國聯通 11 年，而江綿恆被認為是中國聯通幕後的大老闆。

3 月 10 日，中紀委網站通報，中央第 12 輪巡視組已陸續進駐 29 所中管高校開展專項巡視以及對內蒙古、吉林、雲南、陝西等四個省區殺「回馬槍」等。其中李五四帶隊進駐上海交通大學和同濟大學。上海交大是江澤民的母校。2016 年，李五四曾揭中共團中央四大問題。

3 月 10 日，江澤民堂妹江澤慧接受陸媒採訪時稱，她將卸任

中共政協委員。

兩會前夕，3月1日，中共上海市檢察院原檢察長陳旭涉嫌「嚴重違紀」被審查。陳旭是繼艾寶俊之後，上海落馬的第二隻大老虎。因其長期任職上海法院、政法委、檢察院，被視為上海政法系統「首虎」。

陳旭曾任上海市政法委副書記，是時任上海政法委書記、江澤民侄子吳志明的第一副手。

兩會伊始，習近平、李克強、王岐山聯手行動，加速圍剿上海幫及江澤民家族的信號明顯。

習影射江澤民集團的陰謀活動

3月7日、8日，習近平先後參加遼寧代表團與四川代表團審議。習在發言中均強調政治生態問題，重提「權欲薰心、陽奉陰違、結黨營私、團團伙伙、拉幫結派等」亂象。習要求領導幹部這個「關鍵少數」帶頭執行六中全會通過的政治生活準則與監督條例。

遼寧是包括薄熙來、徐才厚、李長春等人在內的江派「遼寧幫」的老巢，四川是周永康的老巢，十八大以來，這兩地官場持續被清洗。尤其遼寧賄選窩案被引爆後，從2016年兩會至今，已有六名省部級官員落馬。

值得關注的是，這是習近平上位後第二次在兩會期間赴遼寧團參加審議，2013年習近平上位頭年，遼寧團就是他「下團」行程中的一站。

3月7日上午，習近平參加遼寧代表團審議時，批評經濟數

據造假風，並稱「必須堅決剎住」。

此前，1 月 17 日，中共遼寧省人大會議上，遼寧省長陳求發首次公開確認，遼寧省 2011 年到 2014 年存在經濟數據造假。而這段時間，正是王珉任書記主政遼寧；陳政高任省長，主管經濟工作。王珉已落馬；陳政高 2014 年 4 月被調任住建部部長後，要出事的傳聞就不斷。

此次習近平再度下團遼寧省，特別批評經濟數據造假風，或意味著「遼寧幫」漏網之「虎」陳政高在劫難逃。

甘肅震盪 施壓戴相龍大祕劉昌林

2017 年 3 月 10 日，中紀委書記王岐山在甘肅代表團參加審議。王岐山發言中，要求紀檢監察機關強化自我監督，防止燈下黑；對執紀違紀的堅決查處、失職失責的嚴肅問責。

2016 年 8 月，時任甘肅省紀委書記張曉蘭轉任中共婦聯副主席、書記處書記。2016 年 10 月，從無紀檢工作經驗的江西省副省長劉昌林調任甘肅紀委書記。

劉昌林，1992 年至 2001 年長期在財政部工作；2001 年至 2010 年在全國社會保障基金理事會任職長達十年，歷任理事會祕書處副祕書長、股權資產部副主任與主任、投資部主任、理事會祕書長兼辦公廳主任；2011 年至 2015 年歷任江西省景德鎮市長、市委書記；2015 年 7 月至 2016 年 10 月，任江西省副省長。

劉昌林在全國社會保障基金理事會任職期間，理事會理事長分別為劉仲藜（2000 年 12 月至 2003 年 3 月）、項懷誠（2003年 3 月至 2008 年 1 月）、戴相龍（2008 年 1 月至 2013 年 3 月）。

其中，2008 年 12 月至 2010 年 10 月，劉昌林任理事會祕書長兼辦公廳主任，是時任理事長戴相龍的大祕。

2015 年 6 月，戴相龍女婿車峰被抓。據媒體披露，車峰案不僅牽扯其岳父戴相龍、中共江派曾慶紅心腹的前國安部副部長馬建，及盤古氏投資實際控制人郭文貴，還涉江派兩大常委曾慶紅和劉雲山。

車峰被抓後，戴相龍也多次傳被調查。但戴相龍被抓消息官方未證實。

劉昌林長期在財政系統工作，並擔任過戴相龍的大祕，又在曾慶紅老家江西官場任職升至副省長，其江派背景色彩不可忽視。

比如，已落馬的中共政協副主席蘇榮曾任江西省委書記。蘇榮落馬後，媒體披露其妻與景德鎮陶瓷藝術圈及官場的勾結黑幕——其妻從景德鎮拉走難以數計的瓷器。而劉昌林 2011 年至 2015 年歷任景德鎮市長、市委書記。

2016 年甘肅省高層變動頻繁，除了紀委書記換人之外，2017 年 2 月，仕途與劉雲山關係密切的甘肅宣傳部長連輯被調離，習近平主掌黨校時的舊部梁言順「空降」接任。

3 月底，王岐山的舊部、時任遼寧省委常委、紀委書記林鐸轉任甘肅省委副書記，隨後任省長。江派大員吳官正的祕書、甘肅原省長劉偉平，轉任中科院黨組副書記、副院長。

6 月，甘肅常務副省長咸輝轉任寧夏自治區黨委副書記、代主席。

64 歲的甘肅省委書記王三運在十九大前面臨去職；據信，王岐山舊部林澤將接替王三運主政甘肅。和江派其他大員一樣，王三運也積極追隨江澤民、周永康，殘酷迫害法輪功。他也因此被

追查迫害法輪功國際組織追查。

　　甘肅官場大調整之際，王岐山要求甘肅紀檢系統強化自我監督，防止燈下黑；施壓現任甘肅紀委書記劉昌林的意味明顯。這或將促進甘肅官場清洗。

王岐山兩會下團 接連釋放打虎信號

　　此次中共兩會中，王岐山在參加甘肅代表團審議之前，已先後參加北京、湖南、雲南代表團的審議。

　　2017 年 3 月 5 日下午，王岐山在北京代表團會議上發言，主要談及國家監察體制改革。

　　3 月 7 日，王岐山在湖南代表團參加審議，強調「從嚴治黨」，並稱要害在黨員領導幹部這個「關鍵少數」。

　　3 月 9 日上午，王岐山參加了雲南人大代表團的審議會議。王岐山在會上指，巡視是政治體檢，「回頭看」是一次複查，檢查上次巡視整改情況，發現黨內政治生活存在的問題和以形式主義、官僚主義對待中央決策布署的行為。

　　值得關注的是，王岐山目前已參加審議的四個代表團所在省份：北京、湖南、雲南、甘肅，均是江派重要窩點，而且已被或正被巡視組殺「回馬槍」。

　　2016 年 2 月底，習近平、王岐山對遼寧、山東、湖南、安徽四省展開十八大以來的首次「回馬槍」巡視；6 月底至 8 月底，針對天津、江西、河南、湖北四省市「殺回馬槍」；11 月至 12 月，對北京、重慶、廣西、甘肅四省區市進行「回頭看」巡視。2017年 2 月 22 日，王岐山布署對內蒙古、吉林、雲南、陝西四省區

開展「回頭看」巡視。

「回頭看」巡視期間及之後，多名省部級高官落馬，如遼寧官場從 2016 年兩會至今，已有前省委書記王珉等六名省部級官員落馬；天津代書記黃興國及副市長尹海林落馬。但北京、湖南、雲南、甘肅在巡視期間及之後，迄今尚無省部級高官落馬。

王岐山緊盯「回頭看」省市，連環提出要求，施壓「打虎」，或意味著這些被「回頭看」省市將步遼寧、天津官場後塵，更多省部級「老虎」或將被拋出。

回馬槍或鎖定多名省部級「老虎」

諸多跡象顯示，2016 年以來四輪「回馬槍」巡視的省份中，包括北京、湖南、雲南、甘肅四省市，已有多名省部級高官處境不妙。

湖南省與雲南省都是江派的重要攪局窩點。2016 年首次「回馬槍」巡視，僅有湖南省沒有省部級「老虎」落馬。隨後官媒接連發文批湖南省委反腐不力。

2016 年 8 月底 9 月初，江派「江蘇幫」與「湖南幫」要員、63 歲的徐守盛被提前免職湖南省委書記。隨即有消息稱，徐守盛面臨被查處的命運。

2014 年中共兩會前夕，雲南昆明火車站發生砍殺血案。當年 10 月，時年 64 歲的秦光榮提前卸職雲南省委書記，調任人大閒職。當時即有報導稱，秦光榮很可能等待被調查。

在此前後，雲南前書記白恩培、雲南省副省長沈培平、雲南省副書記仇和先後落馬。據報，白恩培、秦光榮都曾向江派前常

委周永康輸送巨額利益。秦光榮還曾多次向習近平當局叫板。

　　這次，正當雲南省被殺「回馬槍」之際，王岐山在雲南代表團直接對「回頭看」巡視提要求，意味著對雲南官場的清洗還在深入。

　　對於北京官場而言，2016 年 10 月底，國安委辦公室專職副主任蔡奇任北京市副市長、代理市長，北京市長王安順卸任。隨後，王安順轉任中共國務院發展研究中心黨組書記。

　　海外中文媒體隨即報導，出身「石油幫」的王安順是「石油幫」大佬周永康、曾慶紅的親信；王隨時有被拿下的可能。早在 2016 年 1 月，有消息透露，因涉周永康案件，時任北京市長王安順曾被中紀委約談。

　　甘肅官場被習陣營人馬紛紛接管之際，江派人馬被清洗或為時不遠。吳官正的前祕書劉偉平 2016 年 3 月被免掉甘肅省長職務，調任中科院閒職後，2017 年 3 月 7 日又被免掉中國科學院大學黨委書記一職。

　　劉偉平 1986 年至 2001 年長期在江西官場任職，期間任江西省長吳官正的祕書；2001 年至 2006 歷任青海省副省長、省委祕書長、副書記，期間，蘇榮 2001 年至 2003 年任青海省書記，劉偉平獲提拔任省委祕書長，成為蘇榮的大祕。

　　劉偉平以正部級身份貶任中科院副職，這種人事安排在中共官場並不多見。其能否平安著陸還是未知數。

　　從 2014 年起，已經連續三年兩會期間「打虎」不停。2017年兩會期間，王岐山鎖定「回頭看」省市，接連釋放打虎信號。上述高危省部級高官會否在兩會期間及之後落馬，且拭目以待。另外，如同遼寧官場被連續清洗一樣，在這些「回頭看」省市，

除了上述正部級高危高官外，更多副部級「老虎」落馬，也不會
出人意外。

郭文貴事件背後　王岐山擊退政變

第三章

江派還手
兩高毒招反撲

習王打虎逼近江、曾。江派垂死反撲，操控政法系統在兩會上將 709 大抓捕黑鍋扣給習當局、發布《解釋》在迫害法輪功問題上捆綁習，並利用政治獻金操控澳議員，破壞《中澳引渡條約》。習陣營在兩會後迅速清洗政法系統高官，強硬回擊。

中共政法高官被密集查處之際，法輪功學員獲無罪釋放的消息頻傳。但迫害最嚴重的山東、黑龍江都是尚未被清洗的江派窩點。（AFP）

第一節

中紀委批兩高
周強曹建明反撲

肅清周永康流毒影響，首先要從曹建明（後左）、周強（後右）做起。（AFP）

2017 年兩會召開前，中紀委 2 月 21 日發布了第 11 輪巡視的最後一批 13 家單位的反饋結果。這是繼 2 月 13 日、17 日分別公布對北京、重慶、甘肅、廣西等四省市區的「回頭看」及 14 個單位的巡視情況後，中紀委官網再次通報中央巡視組對 13 個單位也是第 11 輪巡視最後一批的反饋情況。

未肅清周永康餘毒 周強曹建明挨批

與其他 11 家相比，最高檢察院、最高法院的反饋會議不僅規格高，而且反饋措辭亦不同。主持向最高檢察長曹建明反饋會議的是中央書記處書記、中央巡視工作領導小組副組長趙洪祝，

主持向最高法院院長周強反饋會議的是中央政治局委員、中央書記處書記、中央巡視工作領導小組副組長趙樂際，而主持其他 11 家反饋會議的，或為中央巡視工作領導小組成員，或為巡視辦負責人。

趙洪祝和趙樂際分別向最高檢、最高法闡述巡視整改的要求時，都提出了「要突出黨組（黨委）和領導幹部這個『關鍵少數』」，「巡視發現的問題表現在下面，根子在黨組」，這樣的表述在此輪巡視反饋中也極為少見。

巡視組對最高法院的反饋稱，其協調推進法院系統司法體制改革存在差距；「從嚴治黨」不力，執行「習八條」不夠嚴格，形式主義、官僚主義問題仍然存在，公款旅遊、濫發津貼補貼問題仍有發生；選人用人不夠規範，幹部管理不夠嚴等。

對最高檢察院的反饋稱，其落實中央重大決策布署一些措施不夠有力，執行不夠到位；有的單位或部門管理混亂，存在較高廉潔風險；有的幹部或工作人員濫用職權謀利；違反「習八條」問題比較突出；幹部管理監督不嚴，存在違規兼職等問題。

兩位巡視組長隨後分別提出的五點建議，除了強化「四個意識」，即向「習核心」看齊外，還提到了要「進一步肅清周永康流毒影響」。這樣的表述也不見於其他的巡視反饋，而這應該是明確針對曹建明、周強而言的。此外，對周強還有一個要求是，「正確處理堅持黨的領導和確保司法機關依法獨立公正行使職權的關係，採取有效措施深化司法體制改革」。

如此表述原因在於曹建明是周永康的馬仔，早年被江澤民看中，並在江澤民集團鎮壓法輪功的運動中，積極發表誹謗法輪功的言論而得以升遷，由學術界轉入政治圈。周強則曾追隨令計劃，

並在湖南參與迫害法輪功；而令計劃亦在 2012 年與周永康、薄熙來結成了政治同盟，從事陰謀活動。顯而易見，肅清周永康流毒影響，首先要從曹建明、周強做起。

周強反對司法獨立　兩高再幹荒謬事

為何中央巡視組如此高規格針對最高法、最高檢？為何要明確點出兩高根子上的問題在曹建明、周強？為何突出強調要他們肅清周永康的流毒影響？這還得從他們近兩個月的所為說起。

2017 年 1 月 14 日，恰逢習近平出訪瑞士，周強在出席全國高院院長座談會時稱，「要嚴懲煽動顛覆國家政權犯罪」及要抵制西方「憲政民主」、「三權分立」、「司法獨立」等思潮，不能落入西方思想和司法獨立的「陷阱」等；央視還有其批法輪功的言論。上述言論立即遭到各界的強烈譴責。

有分析指，這不僅與習近平所言的「依法治國」背道而馳，而且明顯是在給習近平挖坑，讓其出醜。也就是說，周強不僅沒有做到向習近平看齊，而且還違背政治紀律和政治規矩，向習挑釁，其背後的推手是誰非常耐人尋味。

1 月 25 日，中國傳統新年的前兩天，兩高突然發布《關於辦理組織、利用邪教組織破壞法律實施等刑事案件適用法律若干問題的解釋》。《解釋》列舉了 12 種情形，聲稱處三年以上七年以下有期徒刑；「情節特別嚴重」的，處七年以上有期徒刑或者無期徒刑。自 2017 年 2 月 1 日起施行。

雖然《解釋》中並未明確提到邪教名單，但其所列舉的判刑情形都與中國法輪功學員向大陸民眾講清法輪功受迫害真相的情

形對應，明顯將打壓矛頭指向法輪功學員，企圖升級對法輪功的迫害，阻止法輪功學員傳播真相。

同日，人民網刊登一則大同女子懸掛法輪功條幅而獲刑的消息，更是佐證兩高出爐《解釋》的目的何在。兩高之舉再次將中國政局的核心問題——迫害法輪功問題公開化。

2016 年 4 月，習近平在全國宗教工作會議上發表講話，強調尊重各宗教、信仰，用法律調節涉及宗教的各種社會關係等。外界視該講話是對江澤民宗教鎮壓政策的糾正，也是對鎮壓法輪功過程中全面破壞法制的糾正。

作為司法機關，沒有立法解釋權的兩高，卻通過《解釋》公開釋法，再現了 1999 年時的荒唐。大陸司法界專業人士多認為，兩高的《解釋》違法違憲，是司法界的奇恥大辱。同時，兩高的《解釋》也與習近平的觀點相反。

前軍事院校出版社社長辛子陵表示，兩高拋出司法解釋，是向習近平叫板。而習近平方面很可能在兩會前有一個大的動靜，給反對陣營一個打擊。他認為，中共最高檢察長曹建明是江澤民派系的人，不是那條線的上不來；周強也是走江澤民的路線，原來還看不太清楚，但他這次暴露了。

值得注意的是，在對兩高的巡視反饋中，均有「巡視組還收到一些涉及領導幹部的問題線索，已按有關規定轉中央紀委、中央組織部等有關方面處理」的表述，或許曹、周亦牽連其中，這意味著不久兩高將有高官被開刀，而看齊意識做得不夠且仍受周永康影響的曹、周二人，仕途還能持續多久呢？

遼寧省前司法廳長之子受賄獲刑

陸媒 2017 年 2 月 23 日報導，中共遼寧省司法廳前廳長張家成落馬後，2016 年 12 月底其子張源受賄案一審判決被以「受賄罪」判處有期徒刑三年，緩刑四年，並處罰金 50 萬元人民幣。

張家成曾是主管遼寧省監獄、勞教系統的最高官員。在遼寧對法輪功的迫害中，張家成執行中共 610 高官的迫害政策，對下提拔與培植一批靠迫害法輪功學員起家的監獄長、教養院長。如前遼寧省司法廳長張凡是張家成的得力助手。張凡是遼寧省司法、監獄系統迫害法輪功的負責人，身負累累血債。2015 年 7 月 30 日，張凡被免去遼寧省司法廳長職務。

2015 年 4 月落馬的前遼寧省監獄管理常委、盤錦監獄監獄長宋萬忠也是張家成一手提拔的。宋萬忠因殘酷迫害法輪功被海外明慧網多次曝光，並被海外追查迫害法輪功國際組織（簡稱追查國際）列入追查名單。宋萬忠任監獄長期間，驅使盤錦監獄獄警酷刑折磨法輪功學員，致該監有八名法輪功學員被迫害致死。

資深媒體人姜維平曾撰文表示，張家成作惡多端，並曾在 2013 年轟動世界的「馬三家勞教所」事件中花鉅款造假，在廢除勞教制度問題上，與習近平公開對抗。文章描述，張家成是個徇私枉法、貪污受賄、養黑販毒、強姦婦女、無惡不作的「黑老大」。

2013 年 4 月 7 日，大陸雜誌《Lens 視覺》刊登了《走出「馬三家」》2 萬多字的報導，披露了遼寧馬三家勞教所施行人間地獄般的酷刑：老虎凳、電擊、黑小號、綁死人床等，揭開中共體制下勞教所黑幕的冰山一角，同時也引發巨大的譴責聲浪以及對法輪功學員受迫害的關注。

姜維平表示，2013 年 4 月 19 日，遼寧省之所以敢於宣布假

的「調查結果」，稱《走出「馬三家」》嚴重失實，是因為張家成退而不休，江派「虎死餘威在」，張家成找了後台某高層，花了一筆鉅款化解了危機。

此外，這起轟動世界的事件被強壓平息，也與時任遼寧省委書記的王珉有關。王珉是江派要員，一直包庇張家成。據悉，張家成不僅在 2013 年「馬三家勞教所事件」中扮演了極其惡劣的角色，而在廢除勞教制度問題上，也一直與習近平公開對抗。

一周三人丟官 兩會政法委將被清洗

2017 年 2 月 24 日，就在巡視組通報最高檢、最高法存在問題的第三天，原司法部長吳愛英去職，而接替她的是王岐山的反腐幹將張軍。有分析說，張軍將大力清洗周永康在司法部的遺毒，估計將有大批江派官員落馬。

就在這一周，多位政法系統官員落馬。

2 月 23 日，四川省公安廳原副廳級偵察員何宗志，雖然退休兩年了，但因涉嫌「嚴重違紀」，目前正接受紀委調查。

此前 1 月 4 日，海外追查國際曾通告，何宗志擔任資陽市公安局長期間，該市公檢法等部門對法輪功學員進行非法綁架，並強行送至洗腦班迫害。何宗志作為主要責任人，被立案追查。

據不完全統計，2016 年 1 月以來，大陸至少有五個地級市的公安局長在任上落馬，他們是四川巴中市副市長、市公安局長左敬軍，和宜賓市副市長、市公安局長魏常平，以及河北保定市的潘靜蘇、安徽安慶市的范先漢，及河南商丘市的許大剛。

2 月 23 日，據陸媒報導，中共雲南省委常委張太原兼任雲南

政法委書記，其前任孟蘇鐵疑涉白恩培案被勒令提前退休。

習近平上台後，持續清洗政法系統，過去幾年來已更換了 20 多名省公安廳長，2017 年前半年來更拿下 11 名省級政法委書記或副書記以及公安廳長，等到了兩會召開時，習近平、王岐山針對政法系統的清理更加公開。

周強曹建明連番攪局 兩會出毒招

3 月 12 日，中共兩會上，中共最高法院院長周強、最高檢察院檢察長曹建明在工作報告中特別提到「709 大抓捕」事件，都將「起訴、審結周世鋒、胡石根等顛覆國家政權案」作為「維護國家安全，特別是政權安全、制度安全」的首要政績。

然而對引發海內外輿論震動的雷洋案、賈敬龍案卻隻字未提，引發輿論抨擊浪潮。

2015 年 7 月，中共公安部在全國布署對大陸維權律師和維權人士的 709 大抓捕震驚國際社會。709 大抓捕發生在 2015 年 7 月中共北戴河會議前，而北戴河會議歷來是中共爭奪人事、權力的重要會議。在此前後，習近平陣營與江澤民集團博弈空前激烈。

從 2015 年 5 月開始，習當局實行「有案必立、有訴必理」立案登記制，引發「訴江」（控告江澤民）大潮。到 2015 年 7 月 2 日，「訴江」人數超過 4.3 萬人；到 7 月 9 日，「訴江」人數超過 6 萬人；到 7 月 30 日，「訴江」人數超過 12 萬人。截至 2016 年下半年，「訴江」人數已達約 21 萬人。

2015 年 5 月 28 日、6 月 15 至 19 日、6 月底至 7 月上旬、7 月下旬，大陸 A 股接連四度暴跌。大陸股災隨後被披露是江澤民

集團針對習近平發動的「經濟政變」。7月底，傳出江澤民集團企圖發動「北戴河政變」的消息。8月12日更發生了震驚世界的天津特大爆炸案，當時就有消息指這是江澤民集團針對習近平等參加北戴河會議的中共高層進行的一次未遂暗殺。

期間，7月上旬，上百位中國大陸的律師、民間維權人士、上訪民眾及律師和維權人士之親屬，突然遭到中共公安大規模逮捕、傳喚、刑事拘留，部分人士則下落不明，涉及省份多達23個，其中包括不少曾為法輪功學員作無罪辯護的律師。有消息稱，709大抓捕是中共公安部天字號第一案。

中共公安系統發動的709大抓捕，很可能是江澤民集團經濟政變、北戴河政變、天津特大爆炸等系列反撲行動中的環節之一。

從中共公安部發動709大抓捕，再到最高法院院長周強與最高檢察院檢察長曹建明在中共兩會上將709大抓捕定性為「維護國家安全，特別是政權安全、制度安全」的首要政績，中共政法系統通過人大審議工作報告的方式，將709大抓捕同中共政權捆綁在一起，赤裸裸地展示中共獨裁統治真面目。

中共政法系統長期被江澤民集團操控。十八大以來，習近平大力清洗武警系統，但公安部、法院與檢察院系統尚未被深度清洗。

十九大前夕，習、江生死博弈之際，江派操控政法系統將兩年前蓄意發動的709大抓捕這個黑鍋扣給習當局。

如果結合周強、曹建明最近兩個月來的異常表現，可以發現，中共政法系統高調定性709大抓捕案，很可能是十九大前夕，江澤民集團以中共政權捆綁習近平當局的連環布署中的關鍵一步。

2017年1月14日，周強參加全國高院院長座談會，揚言「要

敢於向西方『憲政民主』、『三權分立』、『司法獨立』等錯誤思潮亮劍」；中共央視還報導稱，最高法院要求，要深化反「X教」鬥爭，加大對「X教組織」犯罪的懲處力度，防止「X教」成為影響政治安全的突出因素等。

　　江派常委劉雲山操控的文宣系統大肆炒作周強抵制「司法獨立」等言論，正值習近平 2017 年首次出訪之際。周強的講話引外界強烈反彈、國際輿論關注。中國知識界與律師界均聯署要求周強立即引咎辭職。

　　1 月 25 日，中共最高法院、最高檢察院發布《關於辦理組織、利用邪教組織破壞法律實施等刑事案件適用法律若干問題的解釋》。中共兩高《解釋》中未明確提到邪教名單，但其所列舉的判刑情形，都與法輪功學員在大陸講清法輪功遭迫害真相情形對應，明顯將打壓矛頭指向法輪功學員。

　　中共江澤民集團活摘法輪功學員器官，這件人神共憤的罪行也已在國際曝光逾十年。江派人馬操控的中共最高法院、最高檢察院發布《解釋》，在迫害法輪功問題上捆綁習近平當局，再次突顯中國政局的核心是迫害法輪功問題，也洩露江澤民集團面臨終極清算之際的末日恐慌心理與垂死反撲企圖。

第二節

習、王九大動作清洗政法系統

　　針對周強、曹建明為代表的江派政法系統的攪局與反撲，習陣營迅速展開清洗行動。從 2017 年 2 月初至 3 月初，大陸多省市政法系統均發生了人事變動。

　　從 2 月 26 日至 3 月 4 日的一周內，江派窩點雲南、海南、山西、新疆四省的公安廳長一把手被替換，七省的公安廳正副廳長共九人被免職，還有 13 位正副廳長、黨委書記履新。與此同時，中共監察部、最高檢察院，及數省的司法、檢察官員也有人事變動。與已經落馬的前政法委書記周永康沒有工作交集，成為地方政法系統新官員的一個特徵。

　　周強、曹建明在兩會上出毒招，將 709 大抓捕這個黑鍋扣給習當局之後，習當局在兩會後密集查處、審判政法系統高官，釋放強硬回擊信號。

1. 吳志明的副手鄭萬新被起訴 陳旭案發酵

3 月 22 日，《中國新聞周刊》發文披露，中共上海市檢察院原檢察長陳旭涉嫌「參與非法組織活動」，上海政法系統有逾百人涉陳旭案而被調查。

3 月 1 日，陳旭被「秒殺」，成為繼艾寶俊之後的上海「第二虎」。陳旭長期任職上海法院、政法委、檢察院，曾任上海市政法委副書記，是時任上海政法委書記、江澤民侄子吳志明的第一副手。

吳志明從 2000 年開始，操控上海政法武警黑勢力長達十餘年，主導上海政法系統對法輪功的迫害，並涉及多起腐敗大案，其被調查的傳聞不斷。

3 月 30 日，吳志明的另一副手、上海公安高等專科學校原黨委書記、常務副校長鄭萬新以涉嫌「貪污、受賄」等罪被起訴。2016 年中共六中全會前後，鄭萬新被調查後迅速被逮捕。

吳志明的兩個副手分別在中共六中全會及兩會前後被查處，逾百人涉陳旭案被調查，這意味著吳經營十多年的上海政法系統正被清洗。

2. 天津前公安局長武長順受審 貪腐 5 億元

3 月 29 日，天津市公安局前局長武長順貪腐案開庭審理，涉案金額超過 5 億元。武長順在天津公安系統混跡 44 年，歷任天津市公安局副局長、局長、天津市政法委副書記、天津市政協副主席，是周永康在政法系統的高級馬仔。2014 年 7 月 20 日，武長順落馬被調查。

據明慧網的不完全統計，武長順在天津公安系統任職期間至少有 51 位法輪功學員被迫害致死。武長順因此被海外「追查迫害法輪功國際組織」（簡稱「追查國際」）列入追查名單。

3. 重慶清除薄王遺毒 公安局長何挺被查

4 月 3 日，港媒援引兩位消息人士報導，中共重慶副市長、公安局長何挺目前正接受調查。報導稱，五年前發生王立軍事件後，何挺接任重慶市公安局長，未料步上王立軍後塵。何挺落馬的消息震驚山城政界。

重慶知情人士對港媒透露，何挺是 2017 年 3 月 31 日被中紀委帶走的。何挺自 2012 年 3 月從青海副省長兼公安廳長調重慶接替王立軍，就預兆其仕途凶險；因當時中共分管公安政法的常委是周永康，換言之何很大嫌疑是周欽點調重慶的。

值得關注的是，重慶引發海內外關注的「翻牆有罪」新規，來自於 2017 年 3 月 27 日發布的《重慶市公安機關網路監管行政處罰裁量基準》修訂版。重慶公安局長何挺或是挑起該事件的罪魁禍首。

何挺大學畢業後長期在公安部工作，隨著周永康任公安部長、中央政法委書記，仕途飛升，官居公安部刑偵局長，後外派甘肅、青海重用，直至轉赴重慶。

何挺因積極追隨中共江澤民集團迫害法輪功，多次被海外「追查國際」列入追查名單。

周永康倒台後，海外中文媒體曾報導，周永康向當局交代何挺向他行賄求官，送珠寶價值 3000 萬元人民幣。

4. 新疆前公安副廳長謝暉案內幕曝光

3 月 23 日，中紀委機關報《中國紀檢監察報》刊文詳細曝光新疆公安廳前副廳長謝暉的貪腐醜聞。在謝暉案中，新疆勞教、監獄系統，共有七人被移送司法處理、42 人受到處分。

謝暉擔任新疆勞教、監獄系統一把手達 17 年（1996 年至 2013 年）之久，原勞教局和監獄管理局成了其「獨立王國」，謝暉大肆斂財以權謀私。2013 年 6 月起，謝暉任新疆公安廳黨委委員、副廳長。2015 年 7 月 22 日，謝暉被調查。謝暉落馬之前，2014 年 12 月，新疆公安廳黨委委員李彥明也因受賄被查。

據海外明慧網報導，謝暉是新疆各勞教所、監獄迫害法輪功學員的主要責任人。在謝暉的指令下，新疆各地勞教所和監獄等對法輪功學員實施種種酷刑迫害。經民間調查核實，截至 2011 年，至少有 45 位法輪功學員在新疆被迫害致死。

謝暉因積極追隨中共江澤民集團迫害法輪功，被「追查國際」及明慧網列入涉嫌犯罪責任單位責任人名單。

2 月 26 日，新疆公安廳黨委書記與廳長被分別任命，形成罕見的「雙首長制」。同日，新疆有三位公安廳副廳長履新，其中兩人從來沒有公安工作的經驗。

5. 雲南政法系統大換血 國保總隊長劉黎波被調閒職

雲南官場被中央巡視組殺「回馬槍」之際，3 月 23 日，官方通報多則官員任免通知，雲南政法系統包括政法委書記、公安廳一把手、國保總隊長等敏感職位相繼換人。

56 歲的劉黎波由雲南國保總隊總隊長調任雲南警官學院院長，實際權力縮水。劉黎波長期在雲南政法公安系統任職，曾任職過的麻栗坡縣、文山州、昭通市都是迫害法輪功的重災區。

劉黎波先前任總隊長的雲南國保機構作為中共迫害法輪功的主要部門，多次被「追查國際」列為涉嫌犯罪責任單位；雲南國保總隊副總隊長張奇與副隊長張德生等人多次被列為涉嫌犯罪責任人。

劉黎波與已被免職的雲南政法委書記孟蘇鐵有著長期的上下級關係。劉黎波作為雲南國保總隊總隊長，在雲南迫害法輪功罪行中應負有不可推卸的責任。

雲南原政法委書記孟蘇鐵早在 2016 年 8 月中旬就被免職，當時他還未到退休年齡。據稱，孟蘇鐵與中共前政法委書記周永康案及雲南前省委書記白恩培案有關。

孟蘇鐵長期在雲南政法系統任職，曾任雲南省檢察院副檢察長、省公安廳副廳長與廳長等職務，2006 年 11 月起任省委政法委書記。孟蘇鐵、白恩培都曾因迫害法輪功被「追查國際」列入追查名單。

6. 內蒙古前公安廳長趙黎平案進入死刑覆核程序

3 月 29 日，大陸財新網報導，中共內蒙古自治區政協前副主席趙黎平因犯故意殺人、受賄、非法持有槍枝彈藥、非法儲存爆炸物四宗罪，一審、二審被判死刑立即執行，但趙黎平始終不認罪。

目前該案已進入最終的死刑覆核程序。

趙黎平在內蒙古公安系統浸淫 33 年，自 2005 年起擔任內蒙古自治區公安廳廳長，至 2012 年 7 月改任自治區政協副主席。

趙黎平是內蒙公安系統追隨江澤民、周永康迫害法輪功的主要責任人之一，多次在公開場合詆毀法輪功，在其治下，很多法輪功學員被非法勞教和遭受酷刑；他也在海外「追查國際」的追查名單上。

7. 遼寧前政法委書記蘇宏章受審

3 月 27 日，中共前遼寧省委常委、政法委書記蘇宏章，受賄、行賄案開庭審理。其被控受賄超 1996 萬元人民幣。蘇宏章被指控的罪狀中包括「賄選」。2016 年遼寧賄選案被大幅曝光，該案令中南海高層震怒。

遼寧是迫害法輪功最嚴重省份之一。薄熙來在大連和遼寧省任職期間，瘋狂迫害法輪功並涉嫌參與活摘法輪功學員器官的罪行。蘇宏章也跟隨中共江澤民集團迫害法輪功，被海外「追查國際」列為追查對象。「追查國際」曾多次對蘇宏章發出通告。

8. 廣東省前公安廳黨委副書記蔡廣遼獲刑八年

3 月 27 日，中共廣東省委辦公廳前副主任、省公安廳前黨委副書記、武警少將蔡廣遼，以受賄近 500 萬元一審被判刑八年。蔡廣遼因具有軍、政雙層背景，曾備受外界關注。蔡廣遼第一次受審時表示認罪悔罪，並以有自首行為請求從輕判處。

廣東省是江派的一大窩點。江派大員李長春、張德江曾長期

把持廣東官場。從簡歷看，蔡廣遼就是在李長春、張德江任廣東省委書記時被提拔。

3 月 13 日，廣東佛山市公安局前黨委副書記莫德富被調查。現年 64 歲的莫德富已退休四年，他長期任職廣東政法系統。莫德富在佛山和順德任職期間，順德區警察綁架、迫害法輪功學員，海外「追查國際」2011 年 2 月 14 日發出通告，立案追查其主要領導責任。

9. 湖南、四川公安廳高官落馬

4 月 1 日，湖南省公安廳禁毒總隊總隊長唐國棟被查。唐國棟長期在湖南政法系統任職，曾任湖南郴州市公安局長。

3 月 31 日，湖南懷化市靖州苗族侗族自治縣公安局副局長陳再安落馬。

湖南省官場是江澤民集團的一大窩點。江派「湖南幫」要員包括三任湖南省委書記張春賢、周強、徐守盛，以及曾任湖南政法委書記的周本順等人。

3 月 30 日，四川省公安廳原副廳級偵察員何宗志被開除黨籍並移送司法。2 月 23 日，已退休兩年的何宗志被調查。

現年 62 歲的何宗志在中共四川公安系統任職逾 36 年，曾任四川省公安廳交通管理局局長、資陽市公安局局長等職，2013 年 4 月任四川省公安廳副廳級偵察員。

大陸多地法輪功案撤訴 無罪釋放

中共政法系統是江澤民集團迫害法輪功的主要機構，也是江派政變陰謀中的關鍵勢力。就在中共政法高官被密集審判、查處之際，法輪功學員被無罪釋放的消息不斷傳出。

據明慧網 2017 年 3 月 29 日報導，由於檢察院撤訴，天津市南開區法輪功學員張君近期被釋放回家。由於檢察院退卷，江蘇省鎮江句容市法輪功學員曲背香於 3 月 24 日被無罪釋放，平安回家。

3 月 13 日，廣東省揭東縣法院以證據不足，無罪釋放被非法關押八個多月的法輪功學員黃燕芝。3 月 15 日，河南省新鄉市輝縣市檢察院決定不起訴被非法綁架的法輪功學員侯貴花。3 月 18 日，明慧網報導河北廊坊文安縣檢察院拒絕批捕法輪功學員劉英傑。

此外，據明慧網統計，2 月有 16 位法輪功學員被公安、檢察院、法院無罪釋放。他們分別是：河北的巢冬梅、酒長迎，安徽的伍靜青、黃玉晴，遼寧的任平、紀麗君、李士棉、林有豔，四川的景歡、周小莉，江蘇的宣小妹，另外山西省有五位法輪功學員獲釋。

但是中共對法輪功的迫害仍在繼續。明慧網報導，2 月，中共非法綁架 255 位法輪功學員，其中 106 人被非法抄家、因控告江澤民被綁架的有八人、七人在被迫害中含冤離世、有 72 人已經回家。綁架案涉及 24 個省市、自治區和直轄市。

迫害最嚴重的省份依次為：山東 35 人、河北 35 人、黑龍江 31 人、江蘇 23 人、四川 22 人。

值得關注的是，迫害法輪功最嚴重的省份如山東省、黑龍江省都是尚未被清洗的重要江派窩點；而較多法輪功學員被無罪釋放的省份如遼寧省與山西省都是當地官場已被深度清洗的江派窩

點。這一現象也折射出習近平陣營與江澤民集團博弈背後的中國政局核心問題——迫害法輪功問題。

時政評論員謝天奇認為，時至今日，中共迫害法輪功學員的政策仍沒有改變，迫害仍在繼續，這是江澤民集團與中共這個邪惡的政權捆綁在一起造成的。但大陸多地區出現無罪釋放法輪功學員的現象說明，越來越多明白了真相的公檢法人員不願意再替中共背黑鍋，中共江澤民集團對法輪功的迫害已經窮途末路。

江澤民集團活摘器官等迫害法輪功罪行已在國際全面曝光。2015 年 5 月以來，逾 20 萬法輪功學員及家屬向中共最高法院與最高檢察院控告江澤民。

2017 年 3 月 28 日，「追查迫害法輪功國際組織」發布公告，對已經或計畫出國的迫害法輪功人員名單進行全面收集，並呼籲公眾舉報。此前，「追查國際」已對參與迫害法輪功的 7 萬 6132 位涉嫌犯罪者和 3 萬 5551 個責任單位進行立案追查。

時政評論員謝天奇表示，中共十九大前夕習陣營加速清洗政法系統，多地區出現無罪釋放法輪功學員的現象，這觸及江澤民集團迫害法輪功罪行的這一死穴。這一敏感變化，與習陣營針對江澤民的「打虎」行動進展之間的關聯性令人關注。可預期的是，當江澤民集團的政法系統殘餘勢力被徹底清洗，迫害法輪功難以為繼之時，江澤民、曾慶紅等人被清算也就不遠了。

周強與曹建明處境不妙

中共政法系統面臨新一輪清洗之際，進行系列攪局動作的始

作俑者周強與曹建明的處境或不妙。

曹建明是周永康的黨羽，早年被江澤民看中，並在江澤民集團迫害法輪功運動中，積極發表誹謗法輪功的言論而得以升遷，由學術界轉入政治圈；其第三任妻子王小丫被指是前央視台長李東生的性賄賂之作。周永康落馬後，曾傳出曹建明被查的消息。

周強與令計劃都曾在中共共青團中央任職，其後又在江派重要攬局窩點湖南主政。2016 年底，大陸法學教授賀衛方透露，周強未能進入政治局，與令計劃有關。周強任共青團中央書記處第一書記及主政湖南省期間，都曾布署迫害法輪功。

近年來，中共團中央及江派湖南窩點都成了習、王的重點清洗目標。

進入 2017 年十九大換屆之年，習、王「打虎」行動，日益逼近江澤民、曾慶紅。江派勢力盤踞的政法系統與文宣系統聯手攬局，成為江澤民集團垂死反撲的最後依靠勢力。周強與曹建明的動作顯示他們已然成為江派此輪反撲行動的前台人物。

時政評論員謝天奇認為，十九大換屆對於習近平而言也是生死攸關，在習、江博弈中已掌握壓倒性態勢的習陣營料將強勢清洗江派殘存的反撲勢力。周強與曹建明在跟隨江澤民這條不歸路上愈走愈遠，將步薄熙來、周永康、李東生等人落馬後塵的可能性越來越大。

第三節

江派破壞《中澳引渡條約》

2017 年 3 月 23 日至 29 日,李克強訪問澳大利亞,簽訂了《中澳自由貿易協議》,一個月後的 4 月 22 至 29 日,李克強再度訪問澳大利亞。人們很奇怪,為什麼這麼頻繁的到澳大利亞呢?

原來,中國將與澳大利亞政府在 4 月 28 日簽訂《中澳引渡條約》。這對習近平、王岐山的反腐來說,是非常重要的一步,此後逃到澳大利亞的中共貪官和非法商人,就會被遣送回中國接受審判。這對海外獵狐行動來說,是非常關鍵的一步。

然而 28 日早上,「澳大利亞政府暫停在議會推動批准《中澳引渡條約》」的消息傳出,令世界震驚。該條約 10 年前由中澳兩國政府簽署,至今未獲得澳議會批准。

2007 年,時任澳大利亞總理霍華德領導的政府與中國簽署引渡條約,但幾周之後,霍華德政府在選舉中敗北,該協議之後被束之高閣。

資料顯示，截至 2016 年 7 月，中國已與外國締結引渡條約 46 項，其中 32 項生效，歐洲國家中有西班牙、法國、意大利、葡萄牙、俄羅斯等。中澳兩國 2007 年簽署引渡條約，中國全國人大常委會 2008 年批准這項條約，但一直沒有獲得澳議會批准。

2017 年 4 月 28 日澳大利亞新聞網稱，除了工黨反對，執政的自由黨 - 國家黨聯盟內也有一些議員反對批准該條約。特恩布爾領導下的本屆政府認為，《中澳引渡條約》中已經包括了足夠的保障機制，讓澳大利亞可以拒絕引渡那些可能在中國面臨死刑、酷刑或政治指控的個人。

路透社 28 日稱，《澳中引渡條約》在澳批准受阻，將對中國在海外追緝腐敗官員和商人的行動造成打擊。《新紀元》周刊在第 525 期（2017 年 4 月 6 日出刊）《有人在給習近平添亂？》一文中分析說，是江派國安故意搗亂，促使澳大利亞政府臨時改變了態度。

在澳大利亞居住長達 25 年，但仍持中國護照的馮崇義 3 月 4 日回國，4 月 24 和 25 日連續兩天準備返回悉尼都在廣州機場被天津國安以「危害國家安全」為由阻止出境。

文章說：「澳大利亞悉尼科技大學中國研究中心負責人馮崇義副教授，最近被中國有關部門『邊控』，禁止離開中國。持中國護照的馮崇義教授，在澳大利亞政治學者中，一直以來對中共採取批判態度，並十分關心近期中國發生的各種事情。他在天津、雲南等地旅行時，就已經被國安官員『約談』喝茶，結果在廣州準備離境回澳大利亞時，被告知不得離開。

這個問題的關鍵，恐怕不在於馮崇義教授的境遇，而是另有看點。中國總理李克強正在澳大利亞和新西蘭訪問，澳大利亞政

府原本準備將已經簽署多年的《中澳引渡條約》提交給國會討論通過，結果因馮崇義事件，不得不臨時暫停。

最近兩年，類似的事情不是第一次發生。2015 年習近平訪問印度，是中國有史以來第一個訪問印度的國家元首。然而就在他仍在新德里和印度領導人見面時，新疆軍區 1000 多人的『邊防軍』，跨越中印有爭議的邊界，向印度方面推進了一公里。經過印度媒體的大肆報導，習近平當然極為惱怒。

他從印度回國之後，立即對中國的中央軍事委員會制度進行改革，成立軍事委員會的指揮中心，免掉中國大批高階職業軍人的實際權力。其中影響最大的是前軍委副主席郭伯雄。西藏軍區雖然屬於成都軍區管轄，但西藏阿里地區，即發生中國軍隊進入印度控制區的地方，卻是由蘭州軍區下轄的新疆軍區代管。於是，習近平在印度的尷尬，最後由從蘭州軍區發家的郭伯雄買單。

《中澳引渡條約》是中國政府近年的『外交成就』，尤其是中國『反腐永遠在路上』的政策，中紀委不能容忍外逃官員和不法富豪輕易逃脫，和各國進行談判，作出了大幅度的實質讓步，才得以在引渡條約方面有所寸進。這次，引渡進展被『國安』官員輕易破了武功，是偶然的巧合，還是中共內部某種鬥爭的延續，有待未來的觀察。」

2017 年 6 月，《新紀元》周刊報導了江派國安特務利用大陸商人給澳大利亞工黨和執政黨捐款，利用政治獻金來操控澳大利亞議員的態度。

有關習近平在外交上被江派陷入被動的故事，請看《新紀元》「中國大變動」書籍《習近平大外交背後政治廝殺》。

第四章

王岐山啟動專案
瞄準曾慶紅

習王十九大前夕力推財產公示，啟動專案瞄準江派曾慶紅。自
2015 年以來，習當局三次約談曾慶紅與其胞弟曾慶淮，曾慶
紅家族斂財多少、持有多少資產，中紀委已掌握詳情。山東政
法與金融系統黑幕曝光，曾在山東的貪腐黑幕或將揭盅。

曾慶紅力阻財產公開，心中有鬼。（AFP）

第一節

擺脫派系妥協潛規則
王岐山能一票否決

　　2017 年 2 月，據港媒與海外中文媒體披露，習近平當局正緊鑼密鼓籌備十九大換屆工作。中共中央政治局已通過有關提名政治局常委、政治局委員、中央書記處書記、中紀委副書記等準候選人的四條規則：

　　其一，必須得到中央政治局委員 80％以上的贊成票；

　　其二，被提名的準候選人向政治局會議、政治局擴大會議陳述個人抱負；

　　其三，被提名的準候選人必須公開公示本人、配偶及家屬的經濟收入與財產，接受黨內外監督；

　　其四，被提名的準候選人必須接受配合組織審查、核查，並承擔相關法律責任。

公示財產堵死江派官員晉級之路

　　報導援引北京知情人士的說法稱，十九大將是一次完全由

「習核心」主導的會議；上述四條規則打破每次換屆都是黨內派系鬥爭妥協的潛規則，十九大或許將有很多讓外界側目的新變化。

不過知情人士也指，儘管「習核心」已經確立，但是十九大中共高層權力爭鬥仍然是主流，充滿了驚險。而且中國沒有新聞自由，沒有三權分立，任何政治改革都很艱難，或難以實施。

外界關注，習當局設立的晉升規則若屬實，僅僅公示財產「接受黨內外監督」一項就堵死了江派官員的晉級之路。

2015 年底，有港媒消息稱，中共十九大籌備工作領導小組已成立，習近平任組長，其搭檔李克強、王岐山任副組長，而江派三常委未能進入籌備工作領導小組。該小組以「絕對忠誠」、「絕對合格」以及在經歷和家屬及親戚等社會關係方面的「絕對安全」等五大原則，考慮十九大晉級的人選。

2017 年 1 月 19 日，中共官媒全文刊發年初王岐山在中紀委七次全會上的講話，其中在「2017 年工作布署」的第一點強調，王岐山領導的中紀委對中共中央委員、中紀委委員、省部級高官「政治上有問題的一票否決」。

自 2016 年 6 月底以來，習近平先後在 6 月 28 日政治局會議、「七一」講話、7 月 26 日政治局會議、9 月 27 日政治局會議，以及 10 月 27 日的六中全會公報中，至少五次直接點名現任政治局常委。六中全會通過的政治生活準則與監督條例，相當於在中共內部制度層面上廢除了「刑不上常委」的潛規則。

肖建華以及眾多金融大鱷被查後，上述跡象顯示，習陣營要對江派現任及離任常委動手的信號越來越強烈。

曾慶紅怕了 欲借刀殺王岐山

據香港《動向》雜誌 2015 年 8 月號刊文，當年「七一」前夕，王岐山、趙樂際代表中紀委和中組部找曾慶紅嚴肅性談話、交底。

報導稱，王岐山把曾慶紅的《自我檢查和認識書》退還他，還警告曾慶紅不要擺出老資格，不要自以為有什麼「大保護傘」就有恃無恐。當時曾慶紅竟然暴跳起來說：「我有什麼大的問題，為什麼上屆不搞，要這屆來搞來整？」

內幕報導有待證實，不過曾慶紅的「暴跳」似乎可以透過當時一連串的新聞得到某種印證。

2015 年 6 月初，與曾慶紅的兒子曾偉關係密切的戴相龍女婿車峰在北京落網。11 日，周永康一審判處無期徒刑，官媒隨即評論並重提「沒人能當『鐵帽子王』」。12 日，影射曾慶紅的《慶親王》一書高調出版。23 日，時任國電董事長劉振亞被曝遭「雙規」，曾偉侵吞國資的「魯能案」被擺上檯面。26 日，西藏人大副主任樂大克落馬，他是曾慶紅提拔在國安系統任職近 20 年。

報導還說，王岐山在 2015 年「七一」前夕那次約談中亮出底牌，直接問曾慶紅何時簽署關於財產公示的意見。

同樣外界可以看到，2016 年有關財產公示的消息被密集釋出。8 月 28 日政治局生活會上，王岐山立下軍令狀，最遲至 2017 年七中全會前實現官員公開財產。2016 年 12 月 26、27 日舉行的政治局民主生活會上，習近平要求政治局委員逐一申報個人財產。

在官方通告方面，2016 年 11 月 30 日習近平主持政治局會議後，隨即發布文件，要求已退休的國級官員，未來退休官員待遇「適當從低」，包括騰退住房、壓縮外地休假等。這份文件的出

台，首先棒喝了「十一」期間舉家遊西藏的前北京書記劉淇。

香港《爭鳴》2016年11月號報導，習王十九大前夕力推財產公示，準中央委員、準候補委員、準中紀委委員，必須向全國公開公示本人與配偶及家屬經濟來源、財產、境外居留權、國籍等。

所以，王岐山現在的處境，很像十八大前夕溫家寶的「財富事件」，因為溫家寶不僅是倒薄推手，還是中共黨內力主財產公布的代表人物。同樣地，外界多懷疑相隔五年的兩起事件，背後都是曾慶紅的指使。

曾慶紅力阻財產公開，心中有鬼。在《動向》2015年的這篇報導中，王岐山還警告曾慶紅說：「欠下帳是要算的，就算兩年多後我退下，這個案還是要查下去，要有個結論。」

王岐山兩年前這個攤牌無疑讓曾慶紅害怕了，十九大前搞郭文貴海外爆料，借刀殺人，挑撥習王互信，但這也顯示習近平確實查到曾慶紅、江澤民的頭上了。

第二節

王岐山啟動專案
曾慶紅不利信號雲集

金融大鱷肖建華「全盤招供」，中紀委掌握大批江派「大老虎」貪腐證據。中紀委「第二號專案」已瞄準江派第二號人物曾慶紅。（Getty Images）

中紀委啟動二號專案 瞄準曾慶紅

2017 年 3 月 17 日，《大紀元》獨家消息指，金融大鱷肖建華已「全盤招供」，中紀委「順藤摸瓜」掌握大批江派「大老虎」貪腐證據。目前，習當局正式啟動中紀委「第二號專案」，瞄準江派第二號人物、中共前國家副主席曾慶紅。

消息更指，曾家另一「白手套」，和曾慶紅胞弟曾慶淮關係密切的中國電影大亨、歡喜傳媒主席兼執行董事董平，已於 3 月 10 日在北京兩會期間被拘；曾慶淮處境高危。

與之呼應的是，港媒最新消息指，中共兩會結束不久，3 月 18 日，中紀委和中央書記處再次約談了前常委曾慶紅和曾的兄弟、前文化部特別巡視員、文化部駐香港特區特派員曾慶淮。

據稱，這是自 2015 年 1 月 7 日以來，習當局對他們進行的第三次約談，而且「情況已經發生變化」；當局明確告訴他們問題「很嚴重」，放棄「不切實際的幻想」。

消息稱，曾慶紅、曾慶淮兄弟及其家屬究竟斂財多少，現持有多少資產，中紀委已經掌握了詳情。據悉，曾氏兄弟的家屬在國內、港澳、外國持有 400 億至 450 億元人民幣資產，其中在香港 28 億至 30 億元、澳門 10 億元。在澳大利亞、新西蘭、新加坡、馬來西亞、泰國等持有 36 億美元至 40 億美元。曾慶紅兒子曾偉在澳大利亞、新西蘭開設公司都以中資名義，每年貿易額 25 億至 30 億美元。曾偉在澳大利亞、新西蘭持有物業 20 餘幢。

據知，曾慶紅之子曾偉已經四年未回國探親。在這次約談中，中紀委要求曾慶紅、曾慶淮自覺配合調查，動員境外親屬回國主動交代問題。

曾慶紅四次申報家屬財產不實

據港媒《爭鳴》2017 年 4 月報導，中共兩會結束後，3 月 18 日，中紀委副書記趙洪祝、中組部部長趙樂際，在北京玉泉山幹休所約談曾慶紅、曾慶淮，約談內容主要是曾慶紅家族在經濟領域和在境外社會活動的情況。

早前有港媒披露，在 2016 年北戴河會議前夕，習當局決定由中紀委書記王岐山等出面，約談曾慶紅等前常委，要求他們必須在規定的時間內申報個人、配偶及子女財產與經濟來源等，不得再拖延。

2014 年 8 月 15 日，中共國務院公布《不動產登記暫行條例（徵

求意見稿）》，試圖嘗試官員財產公開制度，但遭到既得利益集團阻撓而遲遲未能推行。

外媒曾報導說，中共 18 屆七常委要公布財產的消息傳出後，有前任政治局常委強烈反對，並有人誓言，如果七常委公布財產，就讓他們難堪，最終讓他們下台。

據稱，江派四位新老常委曾慶紅、周永康、張德江和張高麗等，曾多次阻撓、威脅「財產申報」。

港媒曾報導稱，中共十八大閉幕，曾慶紅在老幹部生活會上曾以「採取黨紀、立法執行申報制，會引發黨內、社會上大混亂、大動盪、大字報、網路大批判，誰能承擔？」為藉口，威脅「申報制」。

山東省委書記姜異康被免職

姜異康自 1985 年開始長期在中共中央辦公廳任職，歷任祕書局副局長、中直機關事務管理局常務副局長與局長；2000 年 10 月，升任中央辦公廳副主任，兼中央精神文明建設指導委員會委員、辦公室副主任。

姜異康在中辦任職期間，曾慶紅時任中辦主任，正是他的頂頭上司。

山東是江派重要窩點，江派前常委吳官正與現常委張高麗曾相繼主政山東。姜異康自 2008 年 3 月主政山東，長達九年，期間，除了迫害陳光誠事件外，還捲入了震驚全國的山東非法疫苗案。姜異康另一個官場醜聞是，2011 年香港亞視誤報江澤民死訊後，姜異康曾打算砸 8800 億為江「盡孝」。

山東作為被江派人馬長期掌控的窩點，不僅殘酷迫害法輪功學員，更成為江派策劃暗殺胡、習陣營人馬的據點。2006年至2009年，胡錦濤在山東青島兩次險遭暗殺，時任山東省委書記分別是張高麗與姜異康。

曾慶紅家族涉山東政商圈貪腐黑幕

曾慶紅家族涉山東政商圈貪腐黑幕，最為外界關注的是魯能事件。張高麗主政山東期間，2006年，曾慶紅兒子曾偉以30多億元人民幣鯨吞資產達738億人民幣的山東第一大企業魯能集團。

不僅如此，2017年，山東籍商人、政泉控股控制人郭文貴案再起波瀾，明天控股集團掌門人肖建華案被引爆。郭文貴案與肖建華案均與山東政商圈密切關聯，背後牽連江派前後任常委曾慶紅、吳官正、張高麗等人。

姜異康被免職之前，山東省長郭樹清離任，接替尚福林出任銀監會主席；山東本土官員、副省長張務鋒，已調任國家糧食局黨組書記、局長；吳邦國大祕、山東常務副省長孫偉被調離老家，轉任甘肅省委副書記。

姜異康卸任後的山東省委書記一職，罕見由國家審計署黨組書記、審計長劉家義接任。山東官場重洗牌之際，山東政法系統與金融系統黑幕曝光，為山東政商圈大清洗埋下伏筆，這也意味著曾慶紅、吳官正、張高麗等江派高官在山東的貪腐黑幕或將揭盅。

債留山東　姜異康盡得張高麗「真傳」

時政評論員陳思敏指出，姜異康十年主政若以四字寫照，可謂「債留山東」。

在姜異康卸任之際，山東範本的債務崩盤也來到臨界點。民間高利貸方面，特別是官黑勾結的高利貸，背後是民營中小實體企業靠此強撐的殘酷現況。區域金融風險方面，特別是大集團深陷債務泥潭，如齊星集團欠債上百億；天信集團進入破產重整，百億債權醞釀打包轉讓。這些反映出的是山東有多少知名企業其實都是靠官方硬撐。不僅如此，據稱，接下來可能也要全線崩盤的還有山東的煤礦和焦化產業。

陳思敏說，2011 年 5 月，姜異康親赴香港華潤總部，雙方共同簽約，總涉資約 345 億元人民幣，時任董事長宋林向姜異康表示，華潤五年內擬再投資逾千億。只是後來宋林等江派央企高管紛紛落馬，無法再為姜異康「人造 GDP」。

姜異康在山東延續前任張高麗主政以來的官場腐敗。對於手下這麼多高級幹部紛紛落馬，姜異康曾在會議上表示「十分痛心」。民眾諷言，正是因為姜異康對實名舉報不過問、不按規定處理，非要等到中紀委出手。

2014 年 12 月，濟南市委書記王敏落馬。2016 年 2 月，山東成為王岐山首批「回頭看」的四省份之一。在這次「回頭看」行動中，山東第一個落馬高官是 2016 年 4 月的濟南市市長，也就是與王敏同年分任濟南市黨、政一把手的楊魯豫。到了 2016 年上半年，山東約有 16 位省管幹部被通報查處。

換言之，王岐山在山東反腐的突破口王敏，曾任省委副祕書長、祕書長，是張高麗主政山東時的主要祕書。

張高麗遠傳國際的山東醜聞之一，是 2006 年為已退休的江澤民「抬轎」遊泰山。類似事情，姜異康也炮製過。2011 年江澤民遭誤報死訊，山東省委馬上在官網首頁悼念，同時姜異康連夜召開會議，並立即著手在泰山打造一座豪華墓園「江陵」，整個工程預計耗資 8800 億元人民幣，將在 188 天內完工。結果姜異康臭名遠揚，招來海內外的一片嘲諷。

江派鐵桿、黑省委書記王憲魁被免職

剛卸職的黑龍江省委書記王憲魁是江派鐵桿，與已經落馬的中共政協前副主席蘇榮曾在甘肅省、江西省官場有長期仕途交集，關係密切。2014 年蘇榮落馬後，被陸續揭出驚人貪腐罪行，最大的幾筆都集中於江西省委書記任內，其時王憲魁就是蘇榮的副手。

蘇榮是江派二號人物曾慶紅的心腹。據報，王憲魁當年調升中共黑龍江省長，是蘇榮向曾慶紅力薦的結果。

姜異康與王憲魁被免職、山東等江派窩點被清洗，是習陣營圍剿曾慶紅及其家族的最新動作。這之前，中國新年前後，習近平拒絕曾慶紅馬仔梁振英連任香港特首；曾慶紅家族的錢袋子、明天系掌門人肖建華被習當局由香港帶回大陸；粵港澳三地警方展開為期半年的「雷霆行動」，清洗曾慶紅操控的黑幫勢力。曾慶紅老家江西官場則在十八大以後被多番清洗。

第三節

江曾海外建「黨校」
肖建華捐款哈佛

肖建華被曝三年前曾夥同保利集團向
美國哈佛大學甘迺迪學院捐獻 2000 萬
美元，引外界關注。（新紀元合成圖）

　　哈佛大學堪稱全球最富有的院校，2016 年籌得 12 億美元（約
82.7 億人民幣）的捐款，金額為有紀錄以來最高。儘管哈佛從未
披露來自中國的捐款數額，不過有紀錄顯示，越來越多的中國富
豪熱中給美國名校捐款。

　　如哈佛最大一筆捐款來自香港地產富豪、哈佛學子陳啟宗，
2014 年他以旗下基金會名義捐出 3.5 億美元（約 24.1 億人民幣），
備受關注。陳稱，此舉是為紀念他已故父親。此外，大陸地產富
豪潘石屹夫婦也捐給哈佛 1500 萬美元（約 1 億人民幣）。

　　除實名捐贈外，還有眾多沒有被披露的神祕捐款，來自肖建
華的捐款就是其中一例。

　　和之前高調捐款給北京大學、香港中文大學不同的是，這名

與中共太子黨關係密切的億萬富豪，選擇透過協力廠商捐款給哈佛大學，以致媒體之前從未報導過此筆捐款。

肖建華以協力廠商捐款哈佛內幕

據《華爾街日報》報導，哈佛對肖建華這筆捐款從來沒有公開的紀錄，但在 2014 年春季的通訊錄中提到收到嘉泰新興（JT Capital Management）一筆「1000 萬美元的高額捐獻」。

嘉泰新興是有中共軍方背景的保利集團旗下的企業，該企業支持一項肖建華提議的中國治理項目，項目提名的研究人員包括中共官員以及明天系部分掌控的銀行高層主管。

《華爾街日報》披露，肖建華捐款的對象是哈佛大學甘迺迪學院旗下的艾什民主治理與創新中心。究竟這個學院有何特別？以致這個神祕富豪要「低調捐款」？

據報導，哈佛大學甘迺迪學院背景不簡單，和中共官方，尤其是江澤民派系關係密切。已落馬的江派高官薄熙來的兒子薄瓜瓜，曾自費入學此校。

然而有很多共產黨官員是由中共派往哈佛的，因此該院有「中共海外第一黨校」之稱。

哈佛為中共培訓千名官員

在過去近 20 年裡，甘迺迪學院為中共培訓了上千名官員、軍隊將領。此外，哈佛也有專門針對中國商人的各種培訓課程。哈佛全體教職員中至少有 200 人從事與中國有關的項目。

　　哈佛為中共培訓高官源於 1998 年。香港富商鄭家純旗下的新世界發展與中共政府簽訂《新世界哈佛中國高級公務員培訓計畫》，支持北京向美國哈佛大學派送人才培訓，每年開始接納 12 名中共高級官員參加為期二至四周的管理培訓，這也是中共組織的首個高級官員培訓項目；每培訓一個學員需要 20 萬元人民幣，一年平均花費 200 萬元，最多達到 500 萬元。這筆昂貴的學費皆由鄭家純買單。2008 年名額增加到 20 人。

　　該培訓機構是甘迺迪學院艾什中心，即肖建華捐款的中心。現任國家副主席李源潮是政治局當中第一個在哈佛受訓的成員，還有天津市委書記李鴻忠等。

　　在中共政府的哈佛培訓計畫中，較受關注的學員有中共四川省委副書記鄧小剛（參訓時任北京市豐台區副區長）、安徽省副省長唐承沛（參訓時任安徽省科技廳長）、中共雲南省委副書記仇和（參訓時任宿遷市委書記）、江蘇省委常委、南京市委書記楊衛澤（參訓時任蘇州市長）等。

　　不過，以上多人已落馬。如仇和 2016 年 12 月 15 日以受賄罪被判處有期徒刑 14 年半，被指控受賄 2433 萬元人民幣。仇和被指是「江蘇幫」成員之一，疑涉江派大員薄熙來案。他的同學楊衛澤，在前一天同樣被以受賄罪判處有期徒刑 12 年半。

江派授意 鄭家純出資培養高官

　　據《鳳凰周刊》披露，被稱為江澤民恩師、助江上台有功的已故海峽兩岸關係協會會長汪道涵，建議鄭家純出資培養中共官員，並由中共人事部副部長萬學遠具體操作。

此外，2001 年，甘迺迪學院、清華大學和中國發展與改革委員會共同發起「中國公共管理高級培訓班」，每年由中共政府選拔 60 名左右副廳級以上的中央和地方官員，赴哈佛進行公共管理課程培訓。該項目由與中國關係良好的安利集團贊助。

美國著名網路雜誌「石板」（Slate）2012 年曾著文形容，哈佛大學因此成為中共中組部的官員培訓基地。今天，中共當局已經擴張了這個項目到斯坦福、牛津、劍橋、東京大學和其他地方。《鳳凰周刊》披露，中共迄今派出的官員已超過十萬名。

江澤民去哈佛 曾被美國學者反對

事實上，作為西方社會最高學府之一的哈佛大學，和中共官方交往源於江澤民時期。

1997 年 11 月，時任哈佛大學東亞研究中心主任傅高義，代表哈佛邀請時任中共黨魁江澤民到哈佛演講。而此舉備受爭議，包括校內也有很多反對意見，哈佛一些右翼學者因為「六四」的緣故，不願讓中共領導人去。傅聲稱頂住了壓力，也因此得到江的肯定。

哈佛大學法學院高級研究員郭羅基曾在《枉費心機的一場雙簧》一文中披露，江澤民到哈佛演講，不是應校長邀請，而是由東亞研究中心主任傅高義張羅，規格不高，與其中共國家主席的身份並不相稱。

文章稱，當時會場外站滿了抗議的人，傅高義主持會議，校長魯登斯基根本沒有露面。據說，江澤民是想到哈佛去得個榮譽博士學位，最後也沒有拿到。傅高義想撈個美國駐京大使一職，

因此巴結江澤民，但最後也沒有得到大使的職位。

新加坡南大 曾慶紅發起的海外黨校

此外，過去 20 年，新加坡南洋理工大學培訓了超過 1.3 萬名中共高官，被稱作美國哈佛大學之外，中共的第二個「海外黨校」。

中共組織部幹部教育局局長李培元曾向媒體表示，中國有兩個海外官員培訓基地，一個是哈佛，一個是南洋理工。哈佛主要以短期培訓為主，南洋則以學位培訓為主。

2001 年，時任中共組織部部長的曾慶紅和時任新加坡副總理的李顯龍，簽訂了兩國幹部培訓合作協定，每五年簽一次，由新加坡外交部資助或學院找資源，參與培養的多數是中共江派官員。

如曾慶紅的表外甥、時任廣西壯族自治區區委書記郭聲琨，2010 年 1 月份訪問南洋理工時就表示，要把他所有的 260 多位市委書記、市長送過來。

兩個月後這些人就分六批去了新加坡，還順帶了一些縣委書記一起參與「學習新加坡」。

專家：中共海外設黨校方便統戰

中共每年海外培訓官員耗費資金驚人。據國家外專局培訓司方面向媒體披露，2010 年全國黨政幹部和企事業單位人員出國（境）培訓約 7 萬人。2009 年共計 7 萬 6467 人，其中執行審批

類 646 項，涉及 1 萬 505 人，國家資助 1.2 億元人民幣；審核類 3171 項，涉及 6 萬 5962 人。

為何中共熱中於耗費巨資搞海外黨校？美國華府中國問題專家石藏山稱，這是因為中共前黨魁江澤民崇洋媚外，熱中於外訪，希望從國外鍍金回來，方便愚弄國民，同時也是中共金錢外交的一部分，故大力推動海外培訓中共官員，同時在海外搞統戰，收買西方學者。

比如這些名牌大學的教授、所謂的「中國通」越來越親共，「他們不敢談敏感問題，比如活摘器官等議題，一談及這些就會受到學校某方面打招呼，因為對中共持批評態度的時候，可能經費就會受到影響。」但石藏山指，這些曾是江澤民座上客的「中國通」，隨著中共領導層更替，現在也逐漸失去市場，影響力大減。

石藏山指出，中共海外黨校還有其政治任務，包括在海外搞情報等等。比如中共對哈佛大學等大批海外名校捐款，輸送學生到海外，替中共蒐集情報。

2016 年被美國聯邦調查局（FBI）調查的遼寧富豪王文良，就曾以個人名義向紐約大學捐款 2500 萬美元（約 1.724 億人民幣），還給哈佛大學捐款，換取推薦學生的權力，變相為「中共外交部」做事。

耶魯大學、哈佛大學、哥倫比亞大學及賓州大學等學術機構透露說，中共在美國校園非常活躍，中共領事館的特務主要透過在校學生，來阻止學術界對中共的批評，並努力將中共營造為和平、積極且是世界舞台上重要夥伴的形象。

日本《朝日新聞》報導，2009 年秋天，哈佛大學附近一間酒

店舉辦晚宴，來自約翰·甘迺迪政府學院的學生和學者共 450 人參加了這個晚宴並高唱中共國歌。被共產黨派往甘迺迪學院的訪問學者、商務部副部長蔣耀平，向波士頓地區的中共領館官員和中國僑民做了有關中國經濟發展的演講。

　　石藏山稱，共產主義宣揚恐怖、暴力和獨裁，與西方民主制度水火不容。因此，呼籲各國政府調查中共滲透海外的資金來源和背景，包括對各大名牌大學的捐款，是否涉及紅色不明資金，同時警惕中共藉此在海外煽動仇恨，蒐集情報，破壞自由社會秩序。

第四節

王岐山金融反腐 老虎連落馬

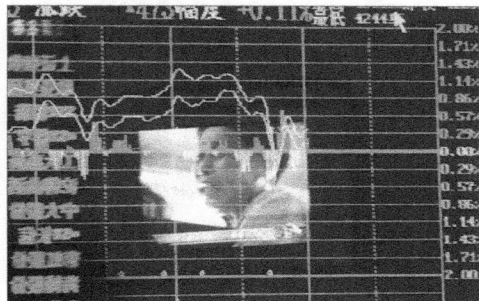

2017年是金融反腐大年，「大鱷」落馬，拭目以待。（Getty Images）

2017年4月10日，中共黨媒《人民日報》微信公號「俠客島」以題為《項俊波落馬！別急，好戲還在後頭》發文。文章開篇說，2017年，金融反腐大年！

文章表示，項被查當晚，李克強在3月21日的工作會議上講話被刊登。李在講話中怒斥，「個別監管人員監守自盜、與金融大鱷內外勾結」。文章特別提到，這或許是個巧合，但亦可解讀為一種巧妙的暗示——好戲還在後頭。

文章說，在2015年的股災中，中信證券等機構表面上打著「國家隊」的大旗，私底下卻先救自身被套的資金，還幹著高拋低吸的勾當。以中信證券原總經理程博明為首的部分高管團隊與「私募一哥」徐翔狼狼為奸。負責救市的證監會副主席姚剛、主席助理張育軍、監管處長、發行處長、發審委員、投資者保護局局長、稽查總隊副隊長等前「腐」後繼。

李克強還發重話稱，對金融領域的腐敗要堅決查處、嚴懲不貸。

上述文章還提到，項俊波落馬的原因之一就是在其掌舵農業銀行時曾幫助已逃亡海外的「大鱷」郭文貴獲取 32 億元貸款。並點到中共國安部原副部長馬建、河北原政法委書記張越等人的名字。

4 月 10 日，大陸《財經》雜誌也報導，對於此次項俊波受到審查，有消息稱，可能與項俊波在農行期間某些貸款涉嫌違法違規的事項有關。除了楊琨案所涉及的北京藍色港灣項目，亦有媒體稱，可能與北京政泉控股實際控制人郭文貴的盤古大觀項目有關，但郭文貴隨即通過海外社交媒體平台發聲予以否認。

報導引述多名金融資深人士的分析指，此次被查，可能涉及其執掌農行期間的相關違紀事項問責；最近兩年保險資金攻城掠地所引發的爭議，以及可能存在的監管失當。

據大陸《新京報》不完全統計，截至目前，包括項俊波、姚剛、張育軍在內，約有 20 名監管層人員被查，銀行和證券公司近四年間合計被查 40 餘名高管。金融系統近年被查的高管和官員超過 60 人。

中共紀檢監察學院原副院長李永忠表示，金融反腐進入深水區，有向縱深發展的趨勢和信號。項俊波的落馬，就與深層次的問題有關係，以及和金融大鱷交往有關係。

有港媒評論文章表示，李克強曾直斥有人為製造的資金外流漏洞、大洞、深洞，「有扮兩面人，也有有恃無恐的，有的內鬼就在會議室內。」項俊波今次被查，看來只是前奏而已，重頭戲恐怕還在後頭。

中共監察部特邀監察員任建明則稱，金融領域反腐已經開始行動了，不過，這只是地震前的徵兆，真正的地震還在後面。

傳人保集團總裁王銀成供出上百人

多位消息人士還透露，中國人保集團總裁王銀成被帶走調查後，供出了一個上百人名單。名單上是否有項俊波的名字，以及有關項俊波受審查的具體信息，尚待權威機構發布。

據陸媒報導，2017年1月9日王銀成被帶走調查。山西籍的王銀成被指與中共前中辦主任令計劃主掌的「西山會」關係密切，王銀成常參與「西山會」的飯局並買單。

2016年的中央全會上，習近平曾痛斥金融領域充斥「稻草人、內奸、大鱷」，項俊波就是習近平所指的稻草人，即屍位素餐的監管層。

2017年4月10日接近中南海的消息向《大紀元》表示，項俊波落馬和金融大鱷肖建華案有關。項俊波是肖建華咬出的金融「第一虎」，肖可調動的2萬億資金範圍內很大一部分是保險資金，和項俊波密切相關。據說，肖已「全盤招供」，供出大批江派「大老虎」貪腐證據。

消息人士說，項俊波案是由王岐山和李克強聯手下令調查的，目的是整頓被江派資金搞亂的金融和保險市場。

2月初，接近中南海的消息披露，習當局2017上半年重點清理金融界，將翻出金融犯罪大案，把掏空國庫者公布出來。

開天價罰單 金融反腐進入高潮

金融兩「大老虎」項俊波、李昌軍同時落馬後，原上海多倫實業股份有限公司董事長鮮言，因操縱股價遭證監會開出史上最大罰單 34.7 億元，並被終身禁入證券市場。評論認為大陸金融反腐進入高潮。

2015 年的股災說明，中國「鐵路警察、各管一段」的金融監管模式已經跟不上這個時代了。未來央行的地位將進一步上升，證監會、保監會、銀監會的職能將發生重要變化。

2017 年 3 月 30 日，證監會公布對鮮言操縱多倫股份一案作出行政處罰，開出逾 34 億元的「史上最大罰單」。處罰決定書認定，2014 年 1 月至 2015 年 6 月，鮮言通過採用集中資金、持股、信息優勢連續買賣，在實控的帳戶之間交易、虛報等方式，操縱多倫股份（匹凸匹前身）股價，也未按規定報告、公告其持股變動信息。

鮮言通過控制證券帳戶劉某傑、鮮某、夏某梅以及 14 個信託帳戶組成帳戶組，採用多種手法來操縱多倫股價，從而謀取暴利。

鮮言實際控制的另一家公司慧球科技，在 2016 年下半年，因為信息披露混亂、公司實際控制人狀況不明等原因被上交所勒令整改。但慧球科技不僅對上交所的最後通牒不予理睬，並且為將股東大會延續，向上交所提交了包括《關於公司堅決擁護共產黨領導的議案》在內的 1001 條無關議案。

此前，《證券日報》記者調查，四川蓉記鴻豐、深圳柯塞威、上海鴻禧與多倫股份為疑似關聯方。在鮮言完全接手深圳柯塞威之前，其就疑似利用這四家公司，進行資金往來、利益輸送和資

本挪騰。

上海明倫律師事務所律師王智斌認為，鮮言的一系列致力於資本市場上興風作浪的行為，是一種純粹想要在中國二級市場上謀取私利的行為，無論是從金額還是性質上來說，都屬於比較惡劣的行為。

鮮言，1975 年 1 月出生，大專學歷。2005 年至 2010 年任上海賓利投資諮詢有限公司董事；2011 年至 2012 年任精九資產管理（上海）有限公司董事；2011 年至 2012 年任北京天依律師事務所律師；2012 年 8 月至 2016 年 1 月任上海多倫股份有限公司（後更名為匹凸匹金融信息服務（上海）股份有限公司）董事、董事長。

項俊波落馬和神祕的香港四季酒店

中共保監會主席項俊波 2017 年 4 月 9 日落馬後，媒體披露，與他相關的兩名金融大鱷肖建華、郭英成都曾入住香港四季酒店，酒店內「隱藏了中國一半的祕密」。大參考 4 月 12 日報導，曾長期入住四季酒店的金融大鱷肖建華、佳兆業老闆郭英成應該都與項俊波有關。肖被查，已為當局提供了「聯絡圖」。而郭英成 2016 年 12 月 1 日通過幾家影子公司，就輕而易舉地成了大陸保險公司第一大股東，監管形同虛設。

但肖被帶回大陸一個月內，2017 年 2 月 17 日晚間，保監會以通知公告的形式發布問詢函，要求崑崙健康保險股份有限公司說明公司四個大股東之間是否存在關聯關係，是否與佳兆業郭英成家族有關，入股資金是否來源於佳兆業郭英成家族下屬企業或

其關聯方。

　　文章說，項俊波領導下的保監會從 12 月 1 日為大佬們大開方便之門到 2 月 17 日風向大變，是自打耳光，這中間到底發生了什麼，外界不得而知。但從目前的種種線索來看，對於項俊波被查的幕後，香港四季酒店似乎是一個無法繞過的存在。

　　報導稱，肖建華只是四季酒店的過客之一，甚至不是最著名的那一個。和他一樣花巨資在四季酒店包一整層、常年居住的，還大有人在。

　　最熟悉的一個，是佳兆業的老闆郭英成。在拒絕回到內地配合調查的日子裡，他甚至賣掉了自己位於香港貝沙灣的豪宅，專門搬到了四季酒店裡居住。

　　位於中環的四季酒店地段優越，房間內可飽覽香港維多利亞海港、九龍景色及山頂風光。更重要的是這裡住有手可通天的官二代或掮客，有不定期舉辦的高端名流聚會。

　　這些入住的官二代、富豪、明星、掮客們，在四季酒店裡匯聚往來，獨成一景。每個人背後都有故事，這些故事相互交織、牽扯。

　　他們在圈子內交換著情報，而情報決定著自己在大陸的生意以及個人的自由度。有時候，情報比財富更重要。

　　文章說，大陸自 2013 年掀起反腐風暴以來，四季酒店生意更加火爆，成為一群大陸富豪權貴來港的避風塘。這群在體制內外賺得盆滿缽溢、為了迴避有關部門協助調查的富豪開始陸續甚至慕名投奔到四季酒店。

　　入住的神祕住客裡，包括響噹噹的中共前央行行長、天津前市長戴相龍的女婿車峰，頂著北大青鳥集團執行總裁名號的著名

捐客蘇達仁，山西聯盛集團董事長邢利斌，北大青鳥集團董事長許振東，雷士照明創始人吳長江等，都是各自領域的大佬級人物。

這些信息較為靈通的富豪們來到香港後，精力主要集中於自己所涉的案子。

他們會想盡辦法爭取更多的時間視窗——趕在進入司法程式之前，四處運作，期待能夠平安著陸。所以，這座美麗的四季酒店自然有了別樣的吸引力。

但他們的結局大多被抓，如肖建華、車峰、邢利斌、蘇達仁等。

第五章

江死訊頻傳
習王圍剿江澤民

習王五年來打下眾多江派貪官，也遭遇了江派拚死反撲，包括製造股災、策動郭文貴離間習王，但沒能阻擋習王清算江派的步伐。期間江澤民再傳死訊。而美國川普團隊抨擊江派活摘器官等反人類罪，與習近平形成對江曾內外夾擊之勢。

在越演越烈的反腐「打虎」風暴中，從運動式到制度式打貪，習近平距離正式調查江澤民僅差一步之遙。（AFP）

第一節

江死訊頻傳
習與江派短兵相搏

2014 年 9 月 9 日，中共外交部發言人華春瑩被媒體問到江澤民死訊傳聞是否屬實時表示「無法證實」。（大紀元資料室）

江澤民的三次「死亡」

　　2017 年 5 月 8 日，從香港媒體開始，法國媒體、美國中文媒體紛紛報導，江澤民 4 月 17 日傍晚在散步時再次中風，入住上海華山醫院，隨後微信上又再次瘋傳江死訊，包括具體時間：「老江 9:02 分走了。消息還在封閉，留意今晚的新聞聯播。」結果，新聞聯播連續幾天並沒有任何有關江本人的消息。

　　5 月 9 日，曾任台灣國防部副部長的學者林中斌（Chong-pin Lin）在私人 Facebook 發帖稱：「據多重來源指出，江澤民半身癱瘓已有數天。昨日（5 月 8 日）一度過去，但被急救回來。所餘時間應已不久。」

　　台灣著名政治學者明居正分析說，江澤民的活過來，很可能

類似當年的鄧小平。鄧 1997 年 2 月死去，但早在 1994 年 10 月「國慶」之後不久，鄧就住院了，後來病情越來越重，靠呼吸機維持生命，跟植物人差不多。但就算是植物人，鄧家也拖了兩年多的時間，最後才宣布死亡。

明居正預測，這次江派也會竭力讓江澤民這樣「活」下去。

屢傳病危不治、死了又活過來的江澤民，這已經是第三次「死亡」了。

最著名的一次是 2011 年 7 月 6 日下午 6 時，香港亞視新聞獨家報導江澤民病逝，全世界都驚動了。不過亞視並非獨家，6 日中午已有《山東新聞網》以大字標題報導江澤民逝世消息，只是隨即被撤。

據說那次江澤民是因為貪吃野生甲魚，被甲魚體內的寄生蟲感染，差點一命嗚呼。《新紀元》周刊此前報導過獨家新聞，江的這次詐死消息，是胡溫陣營的人故意放風出來的，想試探一下國內民眾和國際社會的反饋，結果大陸很多地方的百姓放鞭炮慶祝江的死亡，人們太討厭江了，恨不得他早死。

第二次是 2014 年 9 月 9 日，中共外交部發言人華春瑩在當天舉行的例行記者會上，被媒體問到江澤民死訊傳聞是否屬實時，她表示：「無法證實。」

該次死訊來源於 8 月 30 日日本《東京新聞》的報導，江澤民在 8 月上旬因為舊疾惡化，病情相當嚴重而住院急救。只不過這次不是「病從口入」，而是「精神受到相當大的打擊」。報導稱，江澤民一直反對調查周永康，但在習當局 7 月 29 日立案查處周之後，江澤民的身體不支，緊急入院。

8 月 14 日《紐約時報》以斗大標題「After Tigers and Flies,

Now a Spider:Jiang Zemin」（繼老虎和蒼蠅後，現在輪到蜘蛛江澤民）為題的大篇幅報導中，指出習近平反貪層級愈拉愈高，打完「蒼蠅」及「老虎」，這次矛頭指向「蜘蛛」——江澤民。

文章稱，江澤民雖然退休多年，但透過其以往黨羽心腹，在黨政軍以及商業界依舊維持影響力。報導引述分析家評論指出，習近平認為，要改變根深蒂固的腐敗和經濟既得利益，江澤民以往 20 多年的綿密人際網絡必須被清除。言外之意，江澤民就是腐敗的核心，就像蜘蛛一樣，各個腐敗網絡最後都歸到江這裡，江澤民就是中共腐敗的總教練、總核心。

江派竭力宣稱江沒死

5 月 9 日，一海外網媒稱：「江澤民一名親屬的祕書今天對我們表示，海外媒體聲稱的『江澤民病危正在上海華東醫院搶救』的言論是造謠。」5 月 10 日下午，上海市實驗中學舉行校慶時、校長徐虹透露江澤民曾「親自」致電學校。該學校校名由江澤民題字。還有消息說，江澤民的兒子江綿恆在美國露面，以此來證明江澤民沒死，否則江綿恆應守在靈堂裡。

不過，這些想證明江澤民沒死的消息，都禁不起推敲。江綿恆早就被限制出境了，那條新聞沒有寫出時間，很可能是幾年前的舊聞了。上海市實驗中學只在微博上發出，並無大陸媒體報導。江病危傳聞傳得沸沸揚揚之際，江卻仍不露面，只能「打電話祝賀」，反而令他已「癱瘓」或已經病得死去活來的傳聞有了很高的可信度。有人惡搞說：「那個『電話』是我打的」，「江澤民身體很好，他剛給我打了電話」。

江澤民上次公開露面，已是一年半的 2015 年 9 月出席北京抗戰勝利 70 周年大閱兵，且從相關畫面可看到，江當時已站立不穩，須在其他人的攙扶下才能登上天安門城樓。

很多人認為，江已經是 90 多歲的人了，隨時都會死，絕對是兔子的尾巴——長不了。江澤民每次傳出死訊，除了一次官方開口澄清之外，每次幾乎都會以「露面」「露名」的方式間接現身媒體，裡應外合，澄清死訊。

江每死一次 百姓就罵他一次

每次傳出江澤民死亡的消息，網上民意都是一面倒的歡呼慶祝，並藉此把江澤民的漢奸身世、出賣國土、鎮壓「六四」學生、迫害法輪功、垂簾聽政、黨政軍大老虎總後台、江家父子貪腐第一等等罪行抖露一番。

2014 年網上還熱傳一段署名為《江澤民被帶走調查》的影片，顯示出雖然人們巴不得江澤民以死謝罪，但就這麼病死也太便宜他，應該要讓國際法庭審判他。江澤民可以說是中共歷任黨魁中最被人痛恨的一個。尤其是自他鎮壓法輪功以來，不僅屢次被民眾告上法庭，被人們將其頭像踩在腳底下痛罵。

特別是 2015 年習陣營公布「有案必立」之後，最高檢察院、最高法院收到 21 萬份控告江澤民的起訴書，隨時可以開庭審判江澤民，這令江派恐懼不已。

前中國人民大學教授冷傑甫表示，今後必須清算江澤民的六筆帳：第一，「六四」大屠殺；第二，盜賣活人的器官，令人毛骨悚然；第三，屠殺少數民族；第四，腐敗；第五，吃喝嫖賭搞

女人，上行下效；第六，江是賣國賊，出賣國家土地。

上海著名律師鄭恩寵也表示，這麼多人控告江澤民應該說是大勢所趨，應該說是歷史的必然，體現出整個中國大陸形勢的根本變化。大陸好多法學教授也在法律層面上做訴江準備。

只有「倒習聯盟」最在意江的死活

有評論說，江澤民確實是一年不如一年，2011 年那次病危，還有上海市委官員叫囂說，江澤民定下的十八大大盤，胡錦濤、溫家寶動不了，如今適逢十九大召開前夕，這次有北京紅二代公開表示，江澤民死活其實一個樣，江起不到任何作用了。

為何每次總有一股勢力在配合為江澤民澄清死訊？已故中共大將羅瑞卿的兒子羅宇分析說，目前中共的政體裡，還有一部分勢力，「這些人，不希望江在這個時候就死了，但是江，反正岌岌可危吧。」他認為，其實江澤民現在死不死，對中國的政局沒什麼影響，「他死了，也是這樣子，沒有死也是這樣子。」

羅宇表示，對於習近平來說，並不在意江澤民的死活。最在乎江澤民的是「倒習聯盟」。羅宇將體制內所有貪腐的人形容為「倒習聯盟」，他說：「所有貪腐的人，都不會贊成反貪腐的，所以從心裡面來講，他就是倒習聯盟的人。倒習聯盟實實在在存在，習近平心裡面也清楚。」

他認為，習近平現在已經控制了整個大局，只是中小局還沒完全控制。「倒習聯盟」發放這些信息，只不過想給自己打打氣。他說：「這些人，發點消息，說他還沒有死，給自己打打氣，實際上對十九大，影響不了任何事情。」

羅宇又提到習近平目前考慮的可能是如何處理江澤民的身後事，如何處理他死後落葬之事。他認為，習近平處理江澤民的死可能有幾個層次，一個就是在悼詞中不公布江澤民的過錯和罪狀，那麼江澤民犯下的反人類罪，涉嫌賣國、出賣領土等就會一筆勾消。如果這樣處理，習近平不給跟江澤民算帳，會令社會各界很失望。

第二就是，在悼詞中也說一些官方套話，然後評論江犯了很多錯誤，但不把錯誤連繫起來，那國內的民主勢力認為，習近平還有小小進步。

第三就是，如果在悼詞中，比較詳細羅列鎮壓法輪功、活摘人體器官，這都屬於非常嚴重的罪行，如果能夠具體公布，羅宇說：「那大家就會覺得，死了起碼還把這件事情澄清，比剛才籠統說一句有錯誤，就更進步。」

江派兩次放風攻擊王岐山和劉鶴

5月8日，江派在江「死訊」熱傳聲中，先透過海外網站放了一個獨家假消息，稱「王岐山退休已定，有多個消息來源對我們表示，韓正十九大將接替王岐山出任中紀委書記」，還說「政治局常委及政治局的『多數』已控制習近平，退休的原政治局委員在十九大人事布局上起的作用已越來越大。」

5月9日，江派再次在海外放風，說：「1952年1月出生的劉鶴目前已捲入金融反腐相關醜聞，一名常見到他的人士對我們表示，劉鶴很清楚權力鬥爭的風險，已到退休年齡的他會退休。」

很明顯，這兩個都是假消息。習近平依仗王岐山反腐，王岐

山不但不會退休，還會進入十九大常委，詳情請看《新紀元》叢書《王岐山十九大留任新職》。

4 月 26 日，中共 2017 年經濟體制改革工作會議在京召開，劉鶴首次以「中央經濟體制和生態文明體制改革專項小組組長」的身份講話。已經是發改委副主任、中央財經領導小組辦公室主任的劉鶴，這個新身份表明了習近平對他的重視，劉鶴將負責中國經濟體制的改革，這麼關鍵的人物，怎麼可能退休呢？反過來看，江派媒體放出這樣的假消息，說明他們真的是害怕了。

江派利用股市製造混亂 令習難堪

2015 年北戴河會議前夕，大陸出現罕見股災，令習陣營執政非常難堪。《新紀元》周刊報導說，當年 6 月到 8 月間的重大股災，是江澤民、曾慶紅、劉雲山等多個江派家族涉嫌參與做空股市。

2017 年 4 月以來，大陸股市再次出現大跌。5 月中旬，A 股持續下跌，滬指連續 19 天創紀錄低開，大陸 A 股「千股跌停」。有股民感嘆此次「不是股災勝似股災」。有數據顯示，從 2015 年股災至今已經有超過 60% 的投資者離場。

從 2015 年 5 月 12 日到 2017 年 5 月的兩年間，大陸 A 股市值蒸發超過 20 萬億元人民幣，這還沒有計算期間新上市公司帶來的 4 萬多億元的市值，而股民人均虧損了 16 萬元。

有評論說，「北戴河會議前對壘的山頭攤牌了，有人想利用經濟問題反制習」。還有報導稱，傳聞江曾的勢力想藉股市反制習，弄掉習近平的智囊劉鶴等人，甚至阻止習進一步反貪。

根據目前的局勢，台大政治系教授明居正分析說，十九大前

夕，無論是習近平陣營，還是以曾慶紅為主來搞策劃的江派，雙方都不想江澤民現在死去。對習來說，假如現在江死了，曾慶紅眼看自己也快完了，很可能會拚死一搏，這令習想平穩、平安開完十九大帶來極大風險；而對曾慶紅而言，只有江多活一天，他就多一道保護牆。

財新網曝光聯通造假 盯住江綿恆

面對江派的一系列挑釁動作，習近平陣營也開始反擊，一場短兵相搏開始了。

2017 年 5 月 17 日，經常充當習反腐先鋒的財新網，曝出中國聯通 4 月 11 日的內部通告，內容有關陝西聯通利用虛擬現金交費等方式進行業績造假的行為，涉及 70 多名員工被查，包括中共陝西聯通黨委書記、總經理謝國慶。文章稱，4 月 10 日，中國聯通董事長在內部說，陝西聯通五年造假 18 億。

另據陸媒消息，中國聯通在企業改革中，只說不做，2014 年至今沒有具體的實施方案。中國聯通公告稱，其 4 月份 4G 用戶數目比 3 月份減少 24％，本地電話用戶減少 46.3 萬戶。

5 月 18 日，中國聯通香港股價出現大跌，收跌 3.21％，盤中最大跌幅達 3.6％。15 日中國聯通發布公告稱，已經從 4 月 5 日開始停牌，而且從 5 月 16 日起繼續停牌兩個月。

熟悉中共官場的人都知道，中國聯通是江澤民之子江綿恆一手掌控的。江綿恆被稱為中國第一貪。這次財新網曝光聯通的醜聞而沒有被江派阻撓擋住，就是習近平要動江澤民的一個標誌。

第二節

郭文貴爆料背後的搏鬥

江澤民下令鎮壓法輪功，據明慧網不完全統計，截至 2017 年 7 月，通過民間途徑傳出消息有名有姓的已有 4114 名法輪功學員被迫害致死。江犯下反人類罪行，拚死與習奪權，妄圖逃脫清算。（新紀元合成圖）

2017 年 5 月，正如唐朝《推背圖》52 象所預測的：「乾坤再造在角亢」。在這風雲激盪的一年，出現了習近平抓金融大鱷肖建華、由此引發金融界大地震，以及江派反撲、郭文貴爆料、江澤民癱瘓等事，這些也在預料之中。

郭文貴爆料背後的習江生死搏鬥

從 2012 年 2 月王立軍出逃後，五年間《新紀元》周刊出版了 50 多本有關中國政局大變動叢書（http://shop.epochweekly.com/），詳細描述了習近平上台前後與江澤民集團的生死搏殺與妥協瞬間。

不了解中共政局的人可能不解，江澤民退休十多年了，怎麼還能和習鬥呢？原因是人們不知道江澤民集團犯下的反人類罪行，致使他不得不與習爭奪權力，以便拖延與逃脫被清算的結局。

江澤民不但因為「六四」血案而爬上最高位，他還一手製造了對上億善良法輪功學員的迫害，據明慧網不完全統計，截至2017年7月，通過民間途徑傳出消息有名有姓的，已有4114名法輪功學員被迫害致死，其中很多被活摘器官。國際社會一再呼籲中國政府審判江澤民，將其群體滅絕罪、酷刑罪、反人類罪行公布於世。江澤民集團連活人都敢開膛剖腹，喪失了做人的最起碼底線，在貪腐、淫亂、禍國殃民方面更是無惡不作。習近平為了政權不垮，被逼站出來與江派腐敗分子做殊死決鬥。

在這樣的大背景下，出現了「傳奇富商」或稱「邪性富豪」郭文貴的爆料。

據大陸和海外媒體報導，郭文貴的財富大爆炸，得益於與中共國安部副部長馬建的官商勾結，而馬建又是曾慶紅的心腹，郭文貴其實就是江澤民、曾慶紅這條線上的人。郭文貴否認給馬建送了禮，但馬建公開承認接受了郭文貴的巨額行賄，郭文貴爆料中提到與曾慶紅的姪女曾寶寶有關聯，他自稱被曾寶寶霸占了盤古大觀的很多物業，但知情人說，那是郭文貴主動「孝敬」給曾寶寶的。

為何這時江派讓郭文貴跳出來爆料呢？其目的是什麼呢？

回顧習江鬥的歷史，2012年11月習近平上台時，除了胡溫等少數人，滿朝幾乎都是江澤民扶持上來的貪官污吏，習近平主要依靠兩個人：王岐山和栗戰書，來艱難地打開局面；等到了2013年3月，習近平成立國安委和深改小組之後，他才開始有了聽從自己指揮的習家軍團隊。於是，周永康、李東生之流才被拉下馬。

看到習近平反腐要動真格的了，江派慌了，開始大反撲。

2014 年 1 月 24 日，江派把國安得來的情報，首次經過國際調查記者同盟（ICIJ）公布了部分離岸金融公司名單，矛頭對準了習近平和溫家寶。

2014 年 6 月，一直暗中操縱港澳台的曾慶紅，利用前新華社官員之口，稱占領中環違法，是反華勢力在操縱，並放言中央要軍事干預香港，結果促使香港局勢更加惡化。6 月 10 日江派劉雲山掌管的新聞辦發表「一國兩制」白皮書，明言「兩制」從屬於「一國」，「香港自治」是中央給多少才有多少，進一步激起港人的憤怒。曾慶紅曾表示，香港要越亂越好，這樣才能打擊習近平，讓習的寶座坐不穩。

對此，習近平陣營也發起進攻。2014 年 10 月，四中全會上習王提出要依法治國，不但要懲處貪官個體，還要從制度上懲治貪腐集團。緊接著 2015 年 1 月 7 日，王岐山的中紀委人員找到曾慶紅做審查，1 月 10 日，曾慶紅的心腹大將馬建被雙規。2015 年 3 月，胡舒立的財新網曝光郭文貴與馬建的各種幕後交易。

面對習近平反腐的步步逼近，江派再次瘋狂反撲，他們不顧國家民眾的利益，讓肖建華、劉雲山的兒子劉樂飛、上海幫的代理人徐翔等金融大鱷，掀起了 2015 年 6 月的股災，導致國民經濟大出血；2015 年 8 月，天津發生震驚全球的大爆炸……

這兩場人為製造的大災難，讓習近平害怕了。為了確保 9 月 3 日的大閱兵不出現意外，習近平只好妥協，江澤民、曾慶紅等人在天安門城樓上露臉了。

等到了 2016 年 1 月，中紀委開會，把經濟反腐上升到政治規矩的高度，進一步打擊江澤民政治流氓集團。江派在 2016 年 4 月初再次用巴拿馬文件反撲習陣營，中共高層幾大家族都被捲入

了離岸公司的逃稅醜聞中。

2016 年習近平主要把軍改放在首要位置，徹底清除江派徐才厚、郭伯雄的軍中殘餘，利用軍改換人改制，把軍權牢牢掌握在自己手中。

2017 年 1 月 27 日過年前一天，躲在香港的肖建華被中紀委帶回大陸，習近平、王岐山開始以懲治金融大鱷的方式來懲治其政治局常委級別的保護傘，矛頭直指江澤民和曾慶紅、劉雲山等大後台，於是，肖建華、郭文貴的後台開始害怕了，郭文貴因此奉命出來「爆料」。

外界質疑爆料 習王要動郭的保護傘

2017 年 1 月 26 日和 3 月 8 日，郭文貴先後兩次接受海外明鏡電視台的專訪，同時通過推特和臉書廣泛傳播其觀點。他聲稱為了「保命、保錢、報仇」，曝光公安部副部長傅政華朝他索要鉅款後，兩邊通吃，不僅把李友抓了，郭文貴國內的 8 名家人及公司 30 多名高管也被抓走，並遭受酷刑。傅政華還提到賀國強等常委也捲入貪腐中。

由於以前郭文貴攻擊胡舒立有私生子等信口胡言被揭穿，加上明鏡電視台的聲譽問題，大眾對其爆料反應很冷淡，於是郭文貴想盡辦法來增加自己的公信力。

他找到具有公信力的媒體來採訪他。3 月 11 日，在新唐人電視台的電話專訪中，郭文貴透露其對手李友的換肝手術安排直接涉及強制活摘器官，指稱公安為李友準備了幾十位具有匹配肝臟的健康法輪功學員作為肝源供體。他說以前他不信法輪功學員被

活摘器官的事，但李友得肝癌後的經歷，讓他在震驚之餘相信活摘器官的真實存在。

3月27日，郭文貴接受BBC的專訪，不過，這個專訪直到4月19日美國之音專訪郭文貴的直播被中途停播後才釋放出來。在美國之音原定三小時的專訪中，郭文貴在第一小時內談到李友、胡舒立、還有王岐山。

儘管郭文貴用各種說法贏得不知情百姓的同情和支持，起初特別是民運人士的支持以及貪官污吏的支持，他表面上在讚揚習近平是「千年不出的偉大政治家」，但其爆料核心是反對習近平的反腐。

郭文貴想讓人知道，參與反腐的中共官員自己就貪腐，習的反腐只是派系內鬥，這樣的反腐應該馬上結束。他還散布假消息說，習近平不信任王岐山，讓傅政華查王岐山家族的貪腐，讓人覺得習、王聯盟很快就會解體，反腐很快就搞不下去了。

不過訪談結果並不如郭文貴所願，很多海外民運人士看到這裡面的水很深，就不再支持他。有評論說，郭文貴的爆料想在民眾中產生思想混亂，好比江派反撲最厲害的2015年發生的香港風波和天津大爆炸那樣，想起到曾慶紅期待的那種混淆視聽、越亂越好的效果，但效果到底如何，還不清楚，但有一點很明顯，「對於反習王派來說，這是他們的最後機會。」

香港東網4月30日報導，北京高層已確認，郭文貴在中共十九大前的爆料行動有複雜的政治背景。消息稱，習近平、中紀委書記王岐山、中央政法委書記孟建柱已掌握了郭的保護傘策劃的這一計畫，並達成一致，要打掉其保護傘。

據報導，北京當局已完全掌握了郭文貴的保護傘名單，以及

郭向他們輸送利益的情況。近 10 名曾接受郭文貴利益輸送的人員已作了交代。

目前北京當局已從政治和經濟兩方面，加強了對郭文貴在國內活動的調查，並在美國之音直播的前一天通過國際刑警組織對郭文貴發布「紅色通緝令」。中共國家安全部前副部長馬建、前河北省委政法委書記張越等人，已向中央交代了大量情況。郭文貴的前親信、後反目為仇的前政泉置業執行董事曲龍，目前也已從河北張家口監獄押至北京，以配合進一步調查。

第三節

上海點名六貪官
皆與江家有關聯

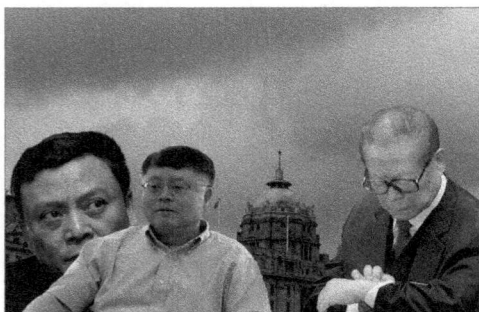

上海紀委特別在報告中點名與江家人有關聯的「六小虎」，值得關注的是，這六人都與江家有關聯。圖為江澤民父子。（新紀元合成圖）

　　據大陸公眾號「政事兒」2017 年 5 月 15 日文章披露，15 日，上海《解放日報》刊發的上海市紀委在中共上海市第 11 次代表大會上做的工作報告中，提到了過去五年上海的反腐成績：共對 117 個違紀問題、155 人實施責任追究，涉及 53 名局級幹部、54 名處級幹部。報告中還特別點出了六名落馬廳局級官員的名字：上海市政府原副祕書長戴海波、市經濟信息化委原主任李耀新、寶山區原區委書記姜燮富、市電力公司原總經理馮軍、光明食品（集團）有限公司原董事長王宗南、上海物資貿易股份有限公司原總經理成冠俊。

　　為何要特意點出這六隻「小虎」？值得關注的是，這六人都與江家存在著關聯。

戴海波涉江綿恆

2017 年 3 月以受賄罪、隱瞞境外存款罪受審的戴海波，長期受到其前妻舉報，而其任自貿區常務副主任，是由上海市委書記韓正點名、推薦和任命的。在其此前擔任上海市張江高科技園區開發公司、上海張江（集團）有限公司總經理，上海張江積體電路產業區開發有限公司董事長時，與江澤民長子江綿恆存在關聯，後者以中科院上海分院的名義、以其通信產業的名義，在張江高科技占有不少企業股份，尤其科技園的兩家企業上海致達信息產業股份有限公司、上海八六三信息安全產業基地有限公司因涉及國家安全，需要特許經營，背後極有可能涉及從事電信、軍工的江綿恆。

此外，2014 年上海紀委查處了六名因涉及土地流轉和利益輸送問題的官員，其中五人是戴海波在南匯區任書記時的下屬。其與負責全市土地、拆遷、規劃、建築總協調工作的上海市城鄉建設和交通管理委員會局級巡視員、江澤民次子江綿康是否存在關聯，也無法排除。

李耀新涉及江綿恆

2013 年繼戴海波之後任上海市經信委主任的李耀新，曾去黑龍江任職三年，2008 年回上海後，歷任上海市發改委副主任、上海市長寧區區長等，2017 年 1 月因涉嫌受賄被立案偵查。其落馬應與其 2009 年至 2013 年在長寧區、2013 年後任經信委主任有關。

上海市經信委是上海市政府的組成部門之一，是針對上海國民經濟信息化的發展制定行政法規和政策的行政機構，權力不可

謂不大。其與上海市委、市政府的交集自然不少。

2015 年大陸媒體曾報導，當年年初突然失蹤的上海貝爾公司人力資源總監賈立甯的屍體已被找到，其正式被確認死亡。有消息人士披露，賈立寧失聯前曾在某國資系統內部的微信群裡舉報過上海貝爾多名高管貪腐、濫用職權等問題，舉報信中還涉及上海市經信委、上海武警部隊、上海交通銀行、國資委、中移動等部門的眾多貪腐黑幕。李耀新和其前任戴海波恐怕難以置身事外。

從戴海波、李耀新二人共同主編的《上海信息化年鑒 2013》以及《上海工業年鑒 2013》看，兩人的關係並不簡單，而戴海波與落馬的分管經信委的上海副市長、亦是江綿恆死黨的艾寶俊關係密切。

5 月上旬，上海儀電集團監事會主席、上海經信委前主任李耀新被公訴。外界早已盛傳，上海市經信委與江綿恆關係密切，其前身之一上海市經委，曾在 1994 年將其名下價值上億的公司「上海聯合投資公司」（簡稱上聯投）以幾百萬的低價賣給了江綿恆。江綿恆以上聯投作為個人事業的旗艦，坐鎮上海，要錢有錢，要權有權，做生意包賺不賠。此外，2014 年 5 月新任上海市經信委副主任的吳磊，乃是江派中共原人大委員長吳邦國幼子。上海市經信委與江家、江派關係不一般。

李耀新與已經落馬的江派官員，如戴海波、艾寶俊等關係密切。此外，李耀新與快鹿集團關係複雜。2016 年 3 月快鹿集團資金鍊斷裂後，李耀新被暫調入上海儀電任監事會主席，這絕非是對一個 60 後正廳級幹部的正常人事安排，當時這樣的安排應是出於有利於調查又不被外界關注的目的。

快鹿集團自 2016 年 3 月爆發兌付危機以來，兌付承諾不斷延後，令投資者的期待一次次落空。2016 年 9 月 13 日晚，官方對快鹿集團事件進行首次通報，將事件定性為涉嫌非法集資，並對快鹿系旗下金鹿財行與當天財富進行立案偵查。

姜燮富涉及吳邦國與江綿康

再看寶山區原區委書記姜燮富，早年與江派高官、時任上海副書記的吳邦國有諸多交集，並受其賞識，委以寶山區委書記。寶山區是上海重要工業基地，一是這裡有中國最大的鋼鐵基地，二是有軍工路、張華濱和寶鋼三個大型集裝箱碼頭，三是有 158 家大廠。

2000 年，姜燮富被調到新成立的上海市房屋土地資源管理局當一把手。該局被業內戲稱為「上海第一局」，因為他包攬了上海土地資源和房屋管理雙重大權。在此期間，他與江綿康發生交集並不令人奇怪，而他對賞識自己的吳邦國有所回饋也同樣不讓人奇怪。據香港媒體爆料，與江澤民家族一樣，吳邦國家族也在上海編織了龐大的利益關係網，其中吳邦國的弟弟吳邦勝涉足房地產和建築業兩大塊，身家雄厚。

馮軍涉及江綿恆曾慶紅親信

2017 年 3 月，上海市電力公司原總經理馮軍已因犯受賄罪、巨額財產來源不明罪被判處無期徒刑。據大陸財新網發文披露，馮軍在落馬三小時後就全部交代了受賄索賄行為，並供出上海兩

大「老虎」戴海波與艾寶俊，牽出一批巨額行賄的江蘇企業。而前文已經說過，戴海波、艾寶俊皆與江綿恆關係密切，二人都被指是江的親信。

除此而外，馮軍與曾慶紅的馬仔、國家電網公司董事長劉振亞也關係密切，雙方在電力系統交集不少。

王宗南涉及江澤民與陳良宇

2015 年 8 月，上海市友誼集團原總經理王宗南案宣判，王宗南挪用公款、受賄，一審被判處有期徒刑 18 年。

2006 年 8 月，王宗南擔任光明食品（集團）有限公司董事長，直至 2013 年 7 月。據此前媒體披露，王宗南曾是江澤民的嫡系、業已被判刑的上海市原市委書記陳良宇的「左膀右臂」，與江家關係密切。其先後掌控的上海友誼集團、聯華超市、百聯集團、光明食品集團均涉房地產，而背後閃現出江兩個兒子江綿恆、江綿康的影子，尤其是身為上海建設委員會的巡視員、上海城市發展信息研究中心主任的江綿康。

此外，王宗南也與江澤民有直接關聯。資料顯示，光明集團在 2006 年進行整合前，是上海益民食品廠的一個分廠，江澤民曾任該廠第一副廠長。在中共《廉政瞭望》雜誌「起底光明原董事長王宗南：政商界人脈深厚」的文章中，稱這位紅頂商人是「大案要案的突破口」。

成冠俊涉及王宗南

2016 年 3 月 23 日，上海物資貿易股份有限公司（以下簡稱「上海物貿公司」）原總經理成冠俊因涉嫌嚴重違紀，被宣布調查。截至目前，官方沒有披露案件進展情況。

上海物貿公司前身系國有企業上海物資貿易中心，1993 年改為股份有限公司，1994 年上市，其經營範圍涉及金屬材料、礦產品（不含鐵礦石）、化輕原料、建材、木材、汽車（含小轎車）及配件、機電設備、燃料（不含成品油）、五金交電、針紡織品、進出口貿易業務（不含進口商品的分銷業務）等熱門領域。其控股大股東上海百聯集團由上海國資委主管。

從其範圍如此廣大的生意範圍看，作為高管的成冠俊被查並不冤枉，或許與一件事有關聯。2015 年 11 月 30 日晚，上海物貿公司突然發布公告稱，公司存放於山西明邁特倉庫的鉻礦帳面記錄 57.25 萬噸，最後只剩下了約 24 萬噸，憑空消失了 33 萬多噸，存貨損失約 5 億元。公告還稱，公司業務部門是在 30 日當天進行日常存貨檢查時才發現該礦是突然被山西明邁特挪為已用。然而，這不是上海物貿公司第一次因為山西明邁特要計提損失。如此管理能力很讓人驚駭，這其中有什麼貓膩？

值得注意的是，上海物貿公司的控股股東上海百聯集團的第一任總裁，正是光明集團原董事長王宗南。公開報導也顯示，王宗南與先後任上海物貿公司副總經理、總經理的成冠俊存在不少交集。成冠俊的被查除了與存貨失蹤案有關外，或許也與王宗南及其背後的江家人有某種關聯。

可以肯定的說，上海紀委特別在報告中點名與江家人有關聯的「六小虎」，並非無心之舉，其用意一是在總結過去的「打虎」，

尤其是打擊江派官員的戰績，另一方面也在昭示下一步「打虎」的方向。

第四節

胡溫高調現身
四股力量圍剿江澤民

時至今日，至少已有四種力量參與形
成清算江澤民的國際態勢。（AFP）

胡溫高調現身 反襯江澤民處境不妙

就在江澤民無法現身「闢謠」之際，習陣營元老胡錦濤、溫
家寶接連高調參加活動。

2017 年 5 月 11 日，胡錦濤與習近平、李克強等現任七常委
到八寶山公墓送別去世的中共前人大副委員長布赫；大多官媒的
報導標題中突顯了習近平和胡錦濤。

此前，3 月 28 日，習近平等七常委和胡錦濤參加中共政協前
副主席萬國權的告別儀式。官方報導中，中共退休常委唯有胡錦
濤露面。

3 月 16 日，已故中共總書記胡耀邦夫人李昭的遺體告別儀式
在八寶山舉行，習近平和胡錦濤等人曾親自到場。

另外，胡錦濤的兒子、浙江省嘉興市長胡海峰也在官媒頻繁露面。5 月 9 日，作為嘉興市長的胡海峰帶 100 多名當地官員旁聽了一起「民告官」案件，胡海峰強調「依法行政」呼應習近平過去的講話。

5 月 8 日陸媒報導，5 月 5 日是嘉興市領導幹部的「軍事日」，胡海峰當天率領市領導徒步行軍八公里。敏感期，一向低調的胡海峰連續高調露面頗不尋常，也展示了胡、習政治聯盟。

5 月 11 日，科學網發表前國務院總理溫家寶寫於當天的追憶數學家吳文俊的文章。溫家寶在信中透露自己近況，包括 5 月 11 日上午趕到八寶山殯儀館，最後送別吳文俊等。

此前，習針對政法系統連番動作之際，溫家寶 4 月 24 日至 27 日在山西呂梁現身，連待四天，為學生作了四場講座。大陸媒體對此高調報導。

十八大前夕，胡錦濤、溫家寶、習近平、李克強等人聯手拿下薄熙來、周永康等江派「大老虎」。胡、溫退休後多次在習江鬥關鍵時刻露面，釋放挺習信號。此次十九大前夕，「5·13」敏感期，習江生死博弈尖峰時刻，胡、溫高調現身，不僅展示與習的政治聯盟，也與江澤民無法現身「闢謠」形成鮮明對比，佐證江澤民病危乃至被內控的可能性。

425 與 513 前後 習密集清洗政法系統

5 月 13 日前後，逾萬名來自世界各地 53 個國家的、不同民族不同背景的法輪功學員代表匯聚美國紐約市，一起慶祝第 18 屆法輪大法日暨法輪大法洪傳世界 25 周年。另外在世界各地，

法輪功學員也舉辦了各種慶祝活動；多國政要發來賀信和褒獎函。

「5‧13」前夕，5 月 11 日，大陸官媒報導，中共政法委書記孟建柱在政法委會議上表示「堅決清除政法系統的害群之馬」，「要以巡視整改為契機，全面深化司法體制改革」。

此前，5 月 3 日，習近平到中國政法大學考察，強調「依法治國是歷史任務」。4 月 25 日，習近平召開政治局會議，審議政法系統巡視專題報告；習近平要求政法單位要維護「習核心」的中央權威，深化司法體制改革等。

「5‧13」之前的「4‧25」也是一個與法輪功有關的敏感日。

1999 年 4 月 25 日，逾萬名法輪功學員到北京的國務院信訪辦公室上訪，要求當局釋放被天津警察暴力抓捕的 45 名法輪功學員，同時要求當局允許法輪功的書籍合法出版，並給予法輪功修煉民眾一個合法的煉功環境。超過萬名的法輪功學員安靜祥和，秩序井然，沒有標語、沒有口號。此舉被外界讚歎為中國大陸史上「規模最大、最理性和平的上訪」。

但「4‧25」之後不到三個月，中共前黨魁江澤民一意孤行發動了對法輪功學員的全面鎮壓，迫害持續至今仍未停止。而中共政法系統正是江澤民集團迫害法輪功的主要機構。

2017 年「4‧25」與「5‧13」敏感日前後，習近平連續做出敏感動作，釋放清洗政法系統的信號。

習近平召開政治局會議後兩天，4 月 27 日，中共最高檢察院與最高法院人事密集調整。最高法兩名副院長外調，最高檢察院副檢察長「兩出一進」。「5‧13」前夕，中共公安部「打虎」及人事地震消息接連傳出。5 月 8 日，有消息說，中共中央委員、公安部前常務副部長楊煥寧被抓；5 月 10 日，習近平舊部、公安

部副部長兼北京市副市長、市公安局長王小洪在公安部領導層中排名由第九躍升至第四。

　　跡象顯示，習近平加速清洗政法系統與公安部的同時，提拔親信人馬接管公安部高層職位。

川普就人權與宗教自由問題表態

　　5月13日當天，美國總統川普在弗吉尼亞州自由大學（Liberty Uniersity，又譯利伯緹大學）發表演講，告訴該大學畢業生「永不放棄」。川普還談到美國宗教自由的未來。

　　川普說：「華盛頓由一個小團體經營，他們擁有失敗的價值觀，但認為自己知道一切。我們不需要一個華府導師如何帶領我們生活。我們不崇拜華府。我們崇拜神。」

　　川普的講話集中談了畢業生的未來，在某種程度上集中在美國宗教自由的未來。川普說：「只要我是你們的總統，沒有人會阻止你的信仰。」

　　4月20日，川普意外承諾大力支持旨在打擊全球人權侵犯者的《全球馬格尼茨基人權問責法》，他在給國會的信中表示，本屆政府正在積極確認人權侵犯者，並在蒐集相關證據以進行追責。他同時提交了一份該法落實情況報告。

　　川普在信中表示：「正如報告所述，我的政府正積極辨識該法所實施的對象（侵犯人權者），包括個人和實體，並在蒐集必要的證據。在未來的幾個星期、幾個月，相關機構將開展全面的跨部門審查行動，以兌現我們向侵犯人權者和腐敗者追責的承諾。」

　　此前一天，4 月 19 日，華盛頓 DC 法輪大法學會在美國國會瑞本（Rayburn）大樓舉辦「4・25 和平上訪 18 周年國會研討會」。美國眾議院外交事務委員會人權小組委員會主席史密斯議員在信函中說，「當過去 17 年的歷史被書寫之時，對法輪功的系統性酷刑迫害和鎮壓，將被視為中國歷史上最大的恥辱之一。我們現在需要做的，就是共同結束這種恥辱。」

　　5 月 4 日，川普簽署了「宗教自由行政令」。川普在玫瑰園的國家祈禱日活動上對宗教領袖和白宮工作人員說，「信仰深深的嵌入了我們國家的歷史，我們建國的精神，我們國家的靈魂。我們將不再允許有信仰的人們被瞄準、被欺負或被噤聲。」

　　川普總統宣布，他的政府將讓美國在宗教自由的問題上「以身作則」。

　　5 月 2 日，由川普提名的駐華大使人選布蘭斯塔德（Terry Branstad）在國會參議院外交關係委員會接受聽證。他表示，雖然他與中國領導人保持良好的個人關係，這不代表他將迴避中國人權問題或其他應該向中共提出的問題。

　　布蘭斯塔德曾與習近平保持 30 年的外交和私人關係，因此被外界稱為習的老朋友。

　　川普及其政府團隊上述敏感言行發生在「4・25」與「5・13」敏感日前後，對欠下累累血債、犯有反人類罪、群體滅絕罪的中共江澤民集團的震懾效應可想而知。這些動作與習近平當局清洗政法系統的行動遙相呼應；川習二人的默契互動引人聯想。

　　川普勝選前後，曾頻頻抨擊中共獨裁政權；其團隊曾公開譴責中共活摘器官罪惡。大選前夕，川普陣營有人就中共活摘器官問題表態說：「一個群體從事器官摘取與殺人的行徑，是非常可

怕和可惡的事情。一旦我們執政，我們必須提及此議題，並讓更多人知道這有多麼嚴重。當你跟奧巴馬提這個問題時，他可能不在乎，但如果你向川普提這個問題，那個大門會更加敞開。」

川普與習近平 4 月 6 日、7 日私下會晤五小時後，川普向媒體表示，二人在建立合作關係方面取得「巨大進展」。並表示他跟習近平建立的關係是「傑出的」，他盼望以後有很多機會在一起，「我相信許多可能非常惡劣的問題將消失。」

川普的言論給外界留下巨大懸念。而川習會後，二人在解決朝核危機問題的默契互動，以及川普關於人權與宗教自由的敏感表態，是否在川習會達成的祕密協議之中？謎底料將日益明朗。

法輪功學員無罪獲釋的消息頻傳

就在習當局釋放清洗政法系統信號的同時，再有大陸多地法輪功學員無罪獲釋的消息不斷傳出。

據明慧網 4 月報導，大陸吉林、山東、黑龍江、遼寧、江蘇、四川、湖南、安徽等省份至少新增 12 位法輪功學員獲釋。

另據明慧網自 2017 年初至 3 月期間的不完全統計，大陸至少有 29 位法輪功學員被釋放回家。

值得關注的是，報導的案例顯示，迫害法輪功最嚴重的省份如山東省、黑龍江省都是尚未被清洗的重要江派窩點；而較多法輪功學員被無罪釋放的省份如遼寧省與山西省都是官場已被深度清洗的江派前窩點。這一現象也折射出習近平陣營與江澤民集團博弈背後的中國政局核心問題——迫害法輪功問題。

中共十九大前夕，習陣營加速清洗政法系統之際，多地區出

現無罪釋放法輪功學員的現象，觸及了江澤民集團迫害法輪功這一死穴。這表明，中共江澤民集團對法輪功的迫害，已經走到了窮途末路，正面臨清算。

四股力量清算江澤民

2015 年 8 月 7 日，《三種力量開啟清算江澤民的行動》分析了三種政局和天象變化，彰顯直接針對江澤民的清算行動已經展開。其一、習近平當局公開點名或影射，密集釋放針對江澤民的信號。其二、不到三個月，逾 12 萬法輪功學員控告江澤民。其三、2015 年七個國級高官密集去世，死神逼近江澤民。

兩年後，習近平、王岐山「打虎」逼近上海幫與江澤民家族的跡象已越來越明顯；逾 21 萬法輪功學員控告江澤民，並獲國際社會熱烈響應、聲援；江澤民再傳病危消息，比他小一歲的心腹、副國級高官錢其琛先行病亡，預兆死神離江澤民不遠。

不僅如此，2016 年美國政治變局，川普及其團隊在勝選總統前後，公開抨擊中共獨裁政權，譴責中共活摘器官罪惡。2017 年法輪功學員「4·25」中南海和平上訪周年紀念日，與「5·13」法輪大法敏感日前後，川普就人權與宗教自由問題敏感表態，與習近平清洗政法系統的動作相呼應。以川普為代表的美國政府及西方國際社會已成為清算江澤民的第四種力量。

海內外聯手清算江澤民活摘器官等反人類罪、迫害法輪功等群體滅絕罪的態勢正在形成。江澤民死劫難逃，其被清算的過程也將是中國大變局的過程；這一時刻正在逼近。

第六章

王岐山遭攻擊
習保王還擊

中共十九大前夕，習江博弈稱白熱化。江派老巢上海、江蘇官場被全面清洗，包括艾寶俊、陳旭在內的多名上海幫老虎落馬。面對清洗，江派也瘋狂反擊，唆使逃美富商郭文貴接連爆料，離間習王反腐組合。但均遭到習陣營強力回擊。

在徹底清除金融大鱷之前，習近平將會力保王岐山不退休。（AFP）

第一節

王岐山遭 27 次黨內暗殺
中紀委被政法委攻擊

王岐山笑稱他命大，有特異功能來躲過黨內對手暗殺。（Getty Images）

　　十九大臨近，以江澤民為核心的腐敗集團，與習近平為代表的反腐陣營博弈不斷升級。王岐山對外笑言有特異功能來躲過暗殺，而政法委利用駭客攻擊中紀委網站，以及習陣營要求中共官員公布私生子情況，突顯博弈極為複雜慘烈。

躲過 27 次暗殺　王岐山有特異功能？

　　《動向》雜誌 2016 年 12 月號透露，王岐山到地方視察有一個習慣，每次都不乘坐由紅旗牌轎車改裝的防彈、防撞壓、防燃燒專車，在暗殺手段日新月異的現代高科技時代，王岐山的行事風格顯得很不尋常。

王岐山在一次北京工作調研會上解釋，「我命可大，有千歲，眼、鼻、耳有特異功能，死不了。我有個靈感，祖先暫時不想和我會面。」

報導說，王岐山任中紀委書記以來，已先後遭受 27 次暗殺。上任 4 年來，王岐山遭武裝、器械、車輛等暗殺 17 次，郵件、包裹下毒化學品等謀害 8 次，在河北、四川等地下榻的招待所的飲用水、稀飯中被下毒各 1 次。

文章還點明，北京最高層和王岐山心裡都非常清楚，策劃謀害他的黑手就在黨內。

政法系內部駭客攻擊中紀委網站

2017 年 5 月，港媒消息披露，中央巡視組巡視反腐工作，遭受各種明的、暗的陰招對抗，中紀委網站也頻頻遭到中共政法委系統內部駭客攻擊。

消息披露，中紀委網站自 2014 年 10 月向社會開放以來，平均每日點擊率約 560 萬至 600 萬次，曾遭受駭客攻擊入侵 32 次，最長時間 31 分 22 秒。追擊下查，最後查證到攻擊來自政法委系統內部。

2017 年 5 月，中紀委、中組部已經就這一惡性事件進行點名，被點名的地方包括：黑龍江省、吉林省、河南省、江西省、雲南省、海南省、廣西自治區、重慶市及四十多個中央隸屬事業單位、央企黨委、紀委。

早在 2015 年底，中紀委網站發表評論文章《紀嚴於法 紀在法前 紀法分開》時，就有海外傳媒報導說，該文章推出後翌日凌

晨，網站即遭到駭客攻擊，網站一度無法正常瀏覽，頁面變得極度混亂，各分支連結、字體等被縮小或放大。當時有分析指出，該攻擊行動來自中共政法系統。

政法系抵制習近平反腐

《爭鳴》雜誌 2016 年 12 月曾有文章指，中共政法單位將是習近平下一個反腐重點，因為有「刀把子」之稱的中共政法系統是江澤民、曾慶紅等長期精心經營布局的重點地盤。

自「六四」後，政法單位就逐漸蛻變成江系權貴集團的家丁護衛，習近平雖然拿下了政法系的周永康、周本順、李東生、馬建、張越等人，但江派舊人還在，現任政法系統高層官員大部分仍是周永康舊部，包括：被指是曾慶紅表親的中共公安部長郭聲琨、最高檢察院檢察長曹建明和最高法院院長周強等。

這些江系勢力對反腐運動從骨子裡是抵制的，因此結黨營私，蓄意製造社會動亂，是法治建設的最大路障，也是軍隊之外對習近平最大的威脅。

中共政法系統長期被江澤民集團操控，不僅黑社會化，成為民怨的焦點和各種社會危機的導火索，也被認為是江澤民派系針對習近平陣營攪局所依賴的重要勢力。

近年來，傳媒披露，中紀委巡視組在地方巡視期間，曾遭到威脅、包圍、恐嚇等多種干擾。如 2016 年 8 月下旬，中紀委副書記黃樹賢以便裝到石家莊公幹，8 月 29 日下榻河北省委招待所208 房間，先後遭到兩次暴力襲擊。第一次是以燃燒彈扔入黃樹賢住房，第二次是被冷槍攻擊。

在軍隊改革取得重大進展之後，2017年以來，習近平開始對政法系統「動手術」，清理不執行政令的官員。外界關注，十九大前夕，習當局將加速清洗政法系統。

習近平要黨官上報私生子資料

5月17日陸媒報導，2月，中共中央辦公廳、國務院辦公廳共同公布《領導幹部報告個人有關事項規定》及《領導幹部個人有關事項報告查核結果處理辦法》。

新規定中提到領導幹部須申報個人相關事項的內容與種類更全面，「突出與領導幹部權力行為關聯緊密的家事、家產情況」。與2016年相比，新規定中增設「非婚生子女」一項，明確包括：領導幹部的婚生子女、非婚生子女、養子女和有撫養關係的繼子女。

報導稱，目前北京有些區委已要求處級或以上的官員填表上報，將隨機抽查比率由2016年的5％增至2017年的10％；中組部若發現有官員無正當理由不按時申報、漏報、隱瞞資料，將移送至紀委處理。更會將典型案例通報曝光。

有評論指，當局增設「非婚生子女」這項內容，說明中共官員私生活不檢點、擁有私生子女情況普遍到近乎失控的地步。事實上，當今中共官場從上到下，貪腐淫亂，包養情婦、小三、有私生子，早已經是常態。

共產黨淫亂由來已久，從馬克思、列寧到毛澤東，無不荒淫成性。而中共到了江澤民時期，除了公然地以「貪腐治國」，江澤民更是「以身作則」，帶頭淫亂。

　　江澤民到底和多少女人有染，恐怕對其本人來說都是一筆糊塗帳。江澤民的淫亂醜聞中，除了眾所周知的宋祖英、李瑞英、陳至立及黃麗滿外，還在國外有情婦、嫖娼。

　　1999 年 12 月 17 日《新聞自由導報》第 302 期報導說，江澤民共有三子，長子江民康（綿恆）、次子江綿康，「養子」江傳康。「養子」江傳康其實是江的私生子，江傳康從未出現在江家的闔家團圓照上。據說江傳康是上海「610」辦的負責人。

　　《開放》雜誌 2000 年 12 月刊也證實了這個消息。江澤民確實有私生子；從「江傳康」這個名字來看，還真有點讓人回味。

　　如今習近平要官員公布私生子情況，是否也盯住了江傳康呢？

第二節

習保王歧山十九大連任 激戰江澤民

十九大其實是習近平的保衛戰，面對各種挑戰和反撲，習近平必須留下王岐山。（AFP）

進入 2017 年 5 月下旬，離中共十九大的召開不到半年的時間了，在博弈交戰近五年之後，江派在被全面清洗之前做出垂死掙扎，於是人們看到了郭文貴站出來藉舉報傅政華而攻擊王岐山，郭自稱「習近平讓他調查王岐山家人的貪腐問題」，從而離間與攻擊習王的反腐聯盟。

王歧山家人房產事件內情

5 月 24 日，博訊網發表文章《王岐山小姨子在美國享受豪華生活》，直接攻擊王岐山的反腐只對外而不對自己的家人。

郭文貴此前稱，王岐山一家在舊金山擁有豪宅，但未能提供具體證據。《世界日報》翻閱了舊金山當地的不動產登記資料，

結果發現王岐山的妻子姚明珊的妹妹姚明端於 1996 年購置了一個房子，位於舊金山灣區 Saratoga（薩拉度加）「10 Acres Rd」。屋主登記為 Suen Frank Fung Shan 與 Yao, Ming Duan。

網上一直傳說稱其丈夫為孟學農，但查無實據，而且也有說法稱孟學農的妻子叫姚德敏，不是姚明端。從這個房產登記的人名看，姚明端的丈夫叫孫封山（譯音）的同音字。

美國 BBS 知情人爆料說，「這處房產的主人姚明端、孫封山夫婦不像是假的，他們 1990 年在 cupertino 貸款 30 萬買了一處 50 萬的房子，1996 年賣了這舊房子，買了現在的豪宅，2010 年他們又在 San Jose 買了一處 70 萬的房子。而且他們還有一個女兒 Anita Suen，1998 年在 cupertino 的高中畢業，後進入 UCLA 和 Stanford 上學。」

該房建於 1992 年，有五臥、四浴，面積 5394 平方英尺。根據 Zillow 網站估算，2017 年此處房產市值約 534 萬元，不過 arivify 網站 2015 年的估價是 201 萬，外界不知 1996 年時的價格，但根據這二十多年大陸富商在舊金山大量置業、大大推高了房價的局勢來看，估計 1996 年姚明端夫婦購買時約百萬美金。

一位住在附近不願具名的退休華人表示，比起灣區其他地方，薩拉度加此區房子算起來很大，過去華裔人口以台灣退休人士居多，現在也有不少中國人移入，「不僅鄰居多了很多華人，在附近購物中心、圖書館也能碰到不少。」

也就是說，台灣退休人士都能購買的社區，當年的房價並不高。依靠房價不斷攀升而採用賣舊房、買新房的華裔投資置業的角度看，姚明端夫婦當年是能夠支付這套房子的。如今 80 年代移民美國的華裔人士大多也能有類似的家產。

回頭看江派對王岐山家人的攻擊，姚明端又不是中共官員，她的丈夫孫某也不知是何許人，他們的房子是 1996 年購置的，這跟王岐山關係有多大呢？

江澤民集團火力集中針對王岐山

2017 年 5 月 27 日，被外界稱為是江派海外喉舌的博訊網，又轉載了《明報》的文章《王岐山十九大可能不得不退 三代國師有望入常》。文章說：「由於中組部長趙樂際入常受阻，十九大中央政治局常委人選可能會出現較大變數。近期內地傳出的消息顯示，現任中紀委書記王岐山很可能屆齡退休，不再留任；廣東書記胡春華和中央政策研究室主任王滬寧入常的機率提升；而入常的大熱門仍然是副總理汪洋、中辦主任栗戰書和上海書記韓正。」

這裡面的邏輯錯誤，趙樂際入常受阻，和王岐山退休有什麼關係呢？仔細讀《明報》的文章，其實他們是想說，用韓正代替王岐山。

5 月初，江派媒體放風說：「韓正會接替王岐山成為十九大中紀委書記」，文章還談到，韓正已在政治局會議上「笑談」過海外有謠傳關於他有私生子的問題。

早在 2015 年江派就放風說，「韓正圖取李克強」，2016 年 5 月 25 日，博聞社發表獨家消息稱，韓正已準備離滬進京任官。來自上海的消息對博聞社透露，現任市委書記韓正晉京入國務院已無疑問，可能出任副總理。近日他已與舊居惜別。有傳重慶市市委書記孫政才接掌上海。

2016 年 2 月以來，網路上還流傳一篇文章《王岐山：退休後過這樣的生活，才算人生中最精華的日子》，裡面講了老人如何對待孩子、如何服老、如何趁牙齒還能咬動食物時多啖美食、如何在腿腳還能動時去各地遊玩等。

了解王岐山性格的人都知道，這只是江派為營造王岐山退休而編造的故事。後來人們也發現，上面那些江派放風並不真實，反而更多的消息對韓正很不利。

《動向》2016 年 5 月號披露，5 月 1 日前夕，韓正已向政治局提交十九大全退報告。在報告中，韓正承認上海市委、市政府在現代管理和法制管理上，以及在醫療、福利、精神文明和文化素質等方面存在嚴重問題。

法廣 2017 年 1 月 29 日引述《外參》分析者稱，韓正或會調往北京，但最壞的一種可能就是被抓，最終被關入秦城監獄。「有一點是可以肯定的，那就是韓（正）一定會離開上海。」

據已經曝光的消息稱：上海幫當年安排周正毅以自身名義拿下「東八塊」土地到香港圈錢時，江家二子江綿恆和江綿康實際上都以官方或國企名義各占有一塊。此事正是由韓正操盤。中央巡視組三年前進駐上海期間，上海知名維權律師鄭恩寵已經向中紀委舉報了多起與江綿康及韓正有關的貪腐行為。

香港《動向》雜誌 2017 年 3 月號有評論文章稱，習近平被正式立為「核心」後，「上海戰役」吹響。與江澤民家族密切的上海副市長艾寶駿落馬、上海市長楊雄調任人大閒職，加上前上海檢察長陳旭被查，江澤民已經顯得毫無還手之力。而在習近平的舊部、上海市委副書記、常務副市長應勇接任市長一職後，「上海戰役」的下一目標或將劍指韓正。習近平可選擇派員空降，或

提拔應勇上位。一旦中共上海市委書記歸入囊中，習就將取得此戰役的大獲全勝。

王岐山「洩密」為李克強留任闢謠

5月27日《明報》的放風倒是透露了一個信息，除了王岐山待定，其他六位政治局常委已經基本確定了，他們是：習近平、李克強、栗戰書、胡春華、汪洋、王滬寧。

此前被外界發現經常在關鍵事情上替江派發聲的博訊網和明鏡網，多次報導「習李不和」，李克強將被取代等等，還有李克強參與倒習政變的「獨家報導」。如今為何江派不再攻擊李克強的總理位置呢？因為王岐山此前公開「洩密」，確定了李克強的職位。

據香港《動向》雜誌 2017 年 2 月號披露，過年期間，為了保障中共十九大召開，中共中央政治局常委、政治局委員和中央書記處的書記們都擔負了一項政治任務，就是分別到各地去宣傳中共六中全會的精神。其中，王岐山到中央黨校、中宣部、中組部、中央直屬機關、中央國家機關、中央政法委等部門去宣講六中全會精神時，「有意識地」洩露了中共高層人事變動。

該文透露：王岐山特別提到了有關李克強的一些消息。他說：有關李克強的去留、連任、調任等各種消息是「黨內不正常外傳的」，現在中共中央政治局常委會「已有了決定的意見」，就是明春新一屆國務院總理仍然是李克強。

江助手創海航 董事會無王岐山家人

　　郭文貴攻擊王岐山，不但提到姚明端的房子，還提到姚明珊家族的男丁姚慶是海航的董事，並影射王岐山在海南航空公司的迅速發展中幹了非法勾當。

　　據阿波羅網記者調查發現，海航公司網站列出 11 名董事中並無姚慶。海航除了有海南政府投資外，索羅斯是海航的大股東。大陸網帖也稱海南政府持股近 50%，海航集團和索羅斯各有19%。

　　另外，郭文貴列出的名單中，只有童甫一人在海航官網董事名單中。從公開資料顯示，海航與江澤民和曾慶紅關係匪淺。

　　維基百科中這樣介紹海航的發展歷程：「在海航發展過程中，陳峰和劉劍鋒起了重要作用，海航成立之初陳峰就從時任海南省長劉劍鋒支持下獲得了資金，在劉劍鋒調任民航總局長之後，海航還能獲得額外的照顧。」

　　「1989 年，劉劍鋒交給陳峰 1000 萬元，開始籌備海航，一年後陳峰任省長航空事務助理，專門主導海航工作。有了政府的扶持，很多複雜問題都開始變得簡單。此後，三個月內他就募集了 2.5 億，憑著這筆資金，陳峰向交通銀行獲得了第一筆貸款 6億。從此海航走上資本擴張道路，93 年 1 月完成股份制改造。劉劍鋒升任民航總局長後，陳峰當上海航的董事長。」

　　在劉劍鋒的工作簡歷中，有兩個時段需要外界注意：1984 年，擔任中共電子工業部副部長兼紀檢組組長；1993 年，任中共電子工業部副部長；1997 年，兼任中國聯合通信有限公司董事長。

　　在 1983 年 6 月至 1985 年 6 月之間，電子工業部的部長是江澤民，江澤民是劉劍鋒的直接領導。這個中國聯合通信有限公

司，就是後來江澤民之子江綿恆掌控的中國聯通家族企業的部分前身。

郭文貴說海航與王岐山有關係，從時間上看，1988 年，王岐山創辦中國農業信託投資公司並任總經理，陳峰曾任農業信託公司世界銀行貸款項目辦公室主任。一年後陳峰到海南創辦海航。王岐山與陳峰工作交集的時段，海航尚未成立。

海外媒體一直有報導，稱海航與曾慶紅家族關係密切，曾得到曾慶紅的支持和照顧。2006 年 4 月 20 日，時任國家副主席曾慶紅在參加海南博鰲論壇時，在時間極為緊張的情況下，還專門會見了陳峰。

關於郭文貴爆料的真實性，很多人都持懷疑態度，著名地產商潘石屹已經在法院起訴郭文貴誣陷。

5 月 25 日，郭文貴在推特、YouTube 上公開叫喊：「深信中共十九大順利（成功）召開的可能性很小，因為『盜國賊』們要用偷換概念的特殊方式，繼續控制權力。」在他嘴裡，王岐山、胡舒立、潘石屹等人，都是盜國者。毫無疑問，郭文貴代表的後台江澤民、曾慶紅，已經公開和習、王撕破臉面、拔劍死拚了！

令完成也爆料？美對令特殊處理

5 月 26 日，網路雜誌《大參考》創始人李洪寬在推特上表示，繼郭文貴大規模爆料掀起軒然大波後，5 月 29 日 18 時開始，前中共政協副主席、中共中央統戰部長令計劃的胞弟，中國商人令完成也將要進行新一輪的爆料，而且內容將會是「中共邪惡領導核心的料」，比郭文貴的爆料內容更為震撼。消息透露，此番爆

料將一直持續至 6 月底，分六次完成。

對於此輪爆料，令完成預言說「爆料異常猛，異常辣」，並自詡「核爆即將來臨」。

2015 年 3 月，令完成出逃美國。據《華盛頓自由燈塔報》披露，令計劃在 2012 年從中央辦公廳祕密取得大約 2700 多份內部文件，複印之後交給令完成，其中包括中國領導人啟動核武的程式細節、中南海內安全祕密和通訊代碼，以及中共領導層、國務院和中央軍委所用藍圖、指令和管控信息等。令完成則通過律師否認洩密。

《紐約時報》發文表示，如果令完成在美國獲得政治避難，他將成為中共歷史上最具破壞力的叛逃者之一。令人吃驚的是，美國一直不給予令完成政治庇護的許可，同時，也一直拒絕中共提出的引渡。如今令完成靠與一美籍華人結婚而留在美國。

《新紀元》周刊此前報導過，對美國情報機構來說，令完成來美是從天而降的「情報金礦」，他不但帶來上千份中共的絕密文件，還帶來了最難得到的有關中南海高層各方面的情報細節。

如今美國的情報分析主要靠計算機的大數據運算，通過各種細節的匹配來判斷一個新情報的可信度。比如某個人的小名、生日、家庭地址、與親戚朋友的關係、在什麼銀行存款、用什麼型號的手機等。新情報輸入計算機後，找尋各種細節是否與已知的細節信息匹配，匹配度高，這個信息的可信度就高。不過，美國情報局一直苦於中共對高層信息的嚴密封鎖，而令完成跟中共很多高官非常熟悉，因此美國情報局絕對不會把令完成送回中國。

經濟學家何清漣 2015 年 8 月 6 日在美國之音發表文章，表示令完成不會被遣返：所謂「情報」是否已經洩露給美方，北京

想想自己怎樣對待斯諾登送上門的無數機密資料，就會明白美方會如何對待令完成手上那數千份機密文件。但華盛頓畢竟不會像北京那樣，用完斯諾登就一腳將其「人道」地蹬到俄羅斯。鑒於令完成被遣返回國的遭遇將遠比斯諾登回美接受審判要悲慘，美國極可能從人道出發，避免令完成陷入這一悲慘結局。

既然令完成對美國來說很重要，為什麼美國又不給他政治庇護呢？這可能與 2012 年 3 月習近平訪問美國時的經歷有關。當時王立軍把江派周永康、薄熙來搞政變推翻習近平的各種資料交給了美國在成都的領館，而美國副總統拜登把這些給了習近平。

從那時起，美國政府就知道，習近平遭到江派的拚死攻擊，於是才有拜登說的不想給習近平「添麻煩」。美國在政治上投資習近平，於是才有了奧巴馬與習近平中南海瀛台會的夜空長談，以及川普給中國的百日計畫。

因此，美國絕對不會批准令完成的庇護申請。令完成也明白這點，自己趕緊與原中央電視台主持人李平離婚，找了個美籍華人結婚。

令完成公開爆料可能性為零

5 月 28 日，阿波羅網站發表文章，分析令完成公開爆料的可能性基本為零。

李洪寬，山東人，從事生物化學的研究，1994 年博士畢業於美國愛因斯坦醫學院。1997 年下旬開始以《大參考》的名字發布網路雜誌，傳送新聞和做中國民主運動的宣傳。由於資金缺乏，2005 年 5 月底停刊。不過李洪寬如今仍活躍在美國首都華盛頓。

　　阿波羅網站特約評論員「在水一方」認為，「李洪寬的這個說法沒有提供來源，也就無從查證，而李洪寬本人的社交圈子，看上去與中共巨貪令完成家族沒有交集。李洪寬說：『完成同志預言說……』，比較像是調侃的口氣，我覺得可能李洪寬是希望中共高層打得越熱鬧越好。」

　　而且令完成也沒有爆料的原動力。一方面令完成應該已經將機密給了美國政府，受美國政府保護，已經在美安頓下來。另一方面，習近平反腐沒有殺任何人，也沒有殺他家族任何人，令完成還沒有拚個魚死網破的動機。

　　澳大利亞分析人士「牛樂吼」說，假設令完成手裡有料，那麼料可分為兩類：軍事經濟情報和高層醜聞。如果他目前受美政府保護屬實，說明他的軍經情報至少已經部分落入美方手裡，美方不會允許他公開這類材料。同時他與共匪已無交易可做，雙方處平衡態，公開高層醜聞除了洩憤招來對家人報復外沒有任何意義。結論：令同志公開爆料可能是零。

　　李洪寬轉推了「牛樂吼」以上的分析。

各方勢力都想打「令完成」牌

　　《新紀元》周刊出版社書籍《令家竊密詳情 習近平大驚》中，詳細介紹了令計劃、令完成一家的故事。當年令完成剛剛逃到美國時，習近平的人馬想抓捕令完成回國，而江派曾慶紅也下令其手下特工一直在找令完成，想逼他爆料，令習近平難堪。

　　不過令完成一直沉默，沒有像郭文貴那樣爆料。

　　據《紐約時報》2015 年 8 月 17 日報導，一名美國官員承認，

中共特工一直試圖追捕令完成。對此，美國國務院發言人馬克‧托納（Mark Toner）表示，對於個人來說，如果不是外交或領事官員或隨員，在沒有事先通知美國司法部長的情況下，代表外國勢力在美國行動，「就是一種犯罪行為。」

如今習陣營反腐五年，觸動了一大批人的利益，貪官污吏及其家屬都要被查，大陸官場已是「官不聊生」，怨聲載道。

特別是 2017 年習陣營開始在金融界反腐，這令紅二代和富二代非常驚恐。《新紀元》周刊此前報導過，習近平上台後，第一個五年不會打太子黨，但第二個五年就要打太子黨，因為太子黨和官二代們，空手套白狼，侵吞國家資產，那是一般貪官污吏無法比擬的。他們一年就狂撈上百億，這才是真正的大鱷、大老虎。

面對習近平、王岐山的大力反腐，以江派為首的、包括各類貪官污吏及家屬，還有地方官、太子黨、官二代的「反習」勢力儼然形成。十九大逼近，江派不會坐以待斃，藉拋材料來阻止十九大王岐山繼續反腐，無論是郭文貴、令完成或薄瓜瓜等，都有可能在這半年間跳出來鬧事。

十九大是習近平的保衛戰

除了政治上的壓力外，十九大前習近平最頭痛的就是經濟。

2017 年 5 月 24 日，穆迪下調了中國的信用等級，預示中國經濟將下滑。穆迪降級其實反映了中國經濟的現狀。

很多大陸人到香港會朋友，最大感慨就是現在大陸生意很難做，是十幾年來最難做的時候，連阿里巴巴、騰訊這樣的公司都覺得難。國有企業用行政方法侵蝕私人企業，國際收支、財政失

衡、債務嚴重的真實情況，比外國企業如穆迪看到的還嚴重，這些都在直接衝擊十九大。

中共之所以還能維持統治，主要一點就是經濟發展帶給老百姓實惠，一旦經濟下滑，百姓在經濟上得不到好處了，政治上就會有更多動力站出來反抗中共暴政。

《新紀元》暢銷書《王岐山十九大留任新職》，分析了王岐山十九大不會退休，而且會擔任一個更重要的角色，習近平為此已經做了一年多的鋪墊。

過去五年，習近平、王岐山、李克強團隊，並沒有在改革上做出什麼政績，因為江派既得利益者在竭力阻撓改革，習李王體制唯一的政績就是反腐，不過反腐還沒有徹底清除金融大鱷，因此習近平會力保王岐山不退休。

郭文貴攻擊王岐山，實際上已經在暗中攻擊習近平了，隨後還會公開攻擊習。不過習陣營也不斷反擊。比如十九大地方諸侯基本上已經是習的人馬，王岐山拿下上海法院的陳旭，要收回被江澤民出賣的領土等，都令江派害怕。

台灣著名政治學者明居正表示，十九大其實是習近平的保衛戰，面對各種挑戰和反撲，習近平必須留下王岐山。如果江派拚死反撲能達到效果，江派會向習提要求：你留下王岐山，就必須在政治局常委名額上讓給我幾席。

面對一陣陣陰風吹蕩，未來的一切取決於習陣營的行動，以及習近平本人的勇氣和決心。

第三節

上海法梟被定為典型
習要收回江賣國領土

2017 年 5 月 25 日，江派「上海幫」重要成員、中共
上海市前檢察長陳旭被立案審查。官方通報措辭嚴
厲，可見其罪責嚴重。（新紀元合成圖）

2017 年 5 月 25 日，江派「上海幫」重要成員、中共上海市
前檢察長陳旭被立案審查，陳旭被中紀委當成反面典型，突顯了
江家上海幫腐敗的猖狂。早幾日，習近平還向鄰國提出歸還領土
要求，揪住江澤民的賣國罪行不放，以此為發力點，在十九大上
壓倒江派。

上海前檢察長落馬被當反面典型

落馬 85 天的上海檢察院原檢察長陳旭，5 月 25 日被立案審
查。中紀委在通報中列舉了陳旭存在五方面的「違紀」問題，並
指其嚴重損害司法公信力和社會公平正義，性質惡劣、影響極壞，

係中共「十八大後仍不收斂、不收手的典型」。

大陸《法制晚報》評價說，被描述為「不收斂、不收手」的大老虎以前也有過，但被稱為「典型」的，目前僅有陳旭一人。

公開資料顯示，陳旭在上海政法系統工作長達 28 年，在法院、政法委、檢察院都曾任職過。2008 年出任上海市檢察院檢察長，直到 2016 年 1 月 26 日離職。

2017 年 3 月 1 日，陳旭落馬，成為中共上海政法系統「首虎」，也是繼上海市委前常委、副市長艾寶俊之後，上海落馬的第二名省部級官員。據報，陳旭在上海政法系人脈廣泛，能量巨大，當地人稱其為上海灘「頭號法梟」。

陳旭是江派「上海幫」中的重要成員。從吳邦國、黃菊、陳良宇，到韓正、楊雄，包括陳旭，這些不同職務的要員，都是江澤民大大小小的馬仔，按上海地方話說，是江的「蟹腳」。

因「四證人離奇死亡案」被舉報。據知情人透露，陳旭被查的起因，是香港商人任駿良實名舉報陳旭涉「四證人離奇死亡案件」，導致任駿良公司的 20 億財產被一夥政法內部人士巧取強奪了。由於涉及四條人命，有人說，一旦核實，陳旭會判死刑。不過這次中紀委公布的五條罪行中，沒有提到這個命案。

事件起因在 2001 年，上海裕通房地產有限公司董事長任駿良長期控制上海萬邦中心大廈的大產證。上海萬邦中心大廈拍賣時，法院搞了司法舞弊，時值 8 億元人民幣左右的大廈被以僅僅 2 億元人民幣的價格拍賣給了一家公司，舉報人稱，該公司股東全部都是法院執行庭家屬。

此後十年，該公司一直將上海萬邦中心大廈租給中信銀行。而中信銀行也是前述 2 億拍賣資金的提供者。上海法院還發函給

房地產中心，另辦出產權證，並在 2013 年以 20 億元人民幣的價格將該樓轉讓給國泰君安。

也就是說，上海法院的家屬從任駿良的物業拍賣中得到了 20 億人民幣。對此，最高法院發文要求糾正，上海一中院竟以案卷丟失，相關辦案人調離或死亡回覆。

2006 年秋，最高檢反貪總局成立專案組進上海專門調查此案，本案的執行員、上海虹口區法院法官范培俊和上海一中院法官潘玉鳴卻都分別在接受最高檢專案組問話後，當天晚上接受私人宴請，第二天橫死家中。兩法官親屬事後均不知所蹤，本案其他承辦法官在此案後也都離職，多名法醫、律師認為，毒殺潘玉鳴和范培俊的直接凶手就是同一人。

潘玉鳴、范培俊死亡一個月後，接受最高檢反貪總局調查詢問此案的上海華星拍賣公司總經理王鑫明夫婦，在徐匯區上海南站附近的麥克花園別墅家中被殺害，家中壁櫥裡 7000 萬存摺和 300 萬現金卻分文未動。王鑫明遇難前，曾多次公開提醒上海高院並向公安報警稱有人想殺他，卻無人理會。事後上海市公安局徐匯區分局刑警隊說此案是流竄作案而將案件高掛不破。

據報導，對陳旭涉嫌插手干預案件等問題的公開舉報，從上世紀 90 年代就已經開始。但就在一次次舉報中，陳旭這個「上海政法界不倒翁」卻一路升官至省部級。

曾在上海獨資經營一家企業的劉寧麗，因法院判決而致使她損失上千萬元。據劉寧麗披露，上海《解放日報》一位記者曾跟她說，陳旭的弟弟許強親口告訴他（記者），陳良宇曾經把劉寧麗反映陳旭問題的材料，直接轉交給了陳旭。許強還告訴這位記者，陳良宇很器重陳旭，讓他轉告劉寧麗不要四處告了，「沒有

用的」。

陳旭曾是江澤民侄兒吳志明的助手

據知情者披露，陳旭的保護傘就是江澤民的上海幫。陳旭與落馬前的上海市委書記陳良宇關密切，而且與江澤民的侄兒吳志明是上下級關係。

陳旭曾是政法委書記吳志明的第一副手。上海維權律師鄭恩寵透露，陳旭之所以一路高升，是因為他任市第一中院院長時，靠著從輕處理與江澤民之子江綿恆有關的周正毅案並整治鄭恩寵，而在 2002 年被提拔任上海市政法委副書記，成為吳志明的副手。其後被時任上海市委書記陳良宇看中，提拔為上海市委副祕書長，專門做上海第三號人物劉雲耕的祕書。

鄭恩寵認為，陳旭在十九大之前出事，也釋放出「上海幫」徹底瓦解的信號，這是習當局爭奪上海控制權、主導權的一個前哨戰。

習王反腐打進上海灘

熟悉中國官場的人都知道，上海幫是最貪腐的，但習近平陣營從 2012 年開始反腐之後，上海的反貪腐行動總是推動不下去，打下去的也大多是蒼蠅蚊子，真正的大老虎卻沒有拿下。

2015 年習近平在第 18 屆中紀委第五次全會上的講話，指有的人「居高臨下、當『太上皇』、手伸得老長」，外界認為這是高度影射江澤民。

2015 年 11 月 10 日，上海首虎、副市長艾寶俊落馬。2016 年伊始，中紀委網站連發了數篇習近平嚴厲警告的講話。2016 年 1 月 9 日刊文「習近平：有人已經到了肆無忌憚膽大妄為的地步」。10 日刊文「有些事情在政治上是絕不能做的，做了就要付出代價」。11 日文章更是痛斥「有的領導幹部把自己凌駕於組織之上，老子天下第一」。

陳旭落馬也早有預兆，2016 年初，陳旭兩名下屬先後落馬。

2016 年 1 月 7 日，上海市檢察院檢察委員會原專職委員季剛被調查。因辦理過大量在上海乃至全國都頗有影響力的大案要案，季剛在當地政法圈被稱為「上海灘公訴總教練」。季剛被查 19 天後，也就是 2016 年 1 月 26 日，陳旭卸任上海市檢察院檢察長。

兩個月後，陳旭另一名下屬汪康武被查。上海高院一名退休法官透露，汪康武落馬後不久，陳旭被中紀委召到北京配合調查。

該退休法官還表示，三人的關係密切從小事可見。2008 年，陳旭第一任妻子患癌症去世，辦理喪禮的各項費用經汪康武出面，由上海某律所主任埋單。陳旭的第二任妻子，也是在汪康武的牽線搭橋下，進入上海某律所當律師。

目前在上海政法系統，因涉陳旭案而被調查的人數已超過百人。外界認為，這是習近平抓捕吳志明、瞄準江澤民家族的一個信號。

揚州高官被查 江老家再遭清洗

就在陳旭被中紀委立案審查的前一天，5 月 24 日，江澤民老

家揚州的官場再度被清洗：中共江蘇省揚州市前政協副主席倪士俊涉嫌「嚴重違紀」被審查。

公開資料顯示，倪士俊 1992 年 5 月任邗江縣公安局副局長；2004 年 1 月任江都市委副書記、市長；2006 年 12 月起，任江都市委書記；2012 年 6 月，任揚州市政協副主席。

據海外明慧網報導，倪士俊任江都市委書記期間，被列入涉嫌迫害法輪功的責任人名單。江都市「610」辦公室、江都市公安局國保大隊、江都市政法委等部門對法輪功進行殘酷迫害，對法輪功學員非法迫害、勞教、判刑及關洗腦班等。

近年來，江蘇腐敗窩案被引爆，「江蘇幫」官員頻頻落馬，人數僅次於 2014 年發生塌方式腐敗的山西官場。江派官員、江蘇省委書記羅志軍未到 65 歲提前卸任，轉任人大閒職。2015 年被判刑 15 年的前南京市長季建業，曾在揚州主政八年之久。他是前中共黨魁江澤民的心腹，被稱為江澤民老家的「大管家」。

季建業從崑山書記調任揚州，是江澤民親點的。據悉，他在任崑山市委書記時，曾給江澤民之子江綿恆送了兩塊大地皮從而攀上了江家。2005 年，江澤民下台後第一次返鄉時，季建業陪在江身邊鞍前馬後伺候。

此外，前南京書記楊衛澤、江蘇省委前常委兼祕書長趙少麟、江蘇常務副省長李雲峰等省部級「老虎」先後落馬。另外，出身「江蘇幫」的雲南省委副書記仇和與遼寧前省委書記王珉先後於2015 年及 2016 年「兩會」期間落馬。

不過，最讓江澤民害怕的是，習近平抓住江澤民的賣國行為開始行動了。

習想收回領土 江澤民賣國引關注

據自由亞洲電台報導，總部位於莫斯科的《歐亞每日新聞》2017 年 5 月 19 日報導，俄文媒體正在紛紛轉載一篇題為《中方向塔吉克斯坦提出領土要求》的文章，稱中國和塔吉克斯坦之間再次就領土問題出現爭論，不排除塔方可能不得不再次向中方交出部分領土的可能性。

此前，《新紀元》周刊曾公布江澤民賣國的歷史資料，江在沒有任何外界壓力的情況下，簽署協議向鄰國出賣了大量中國領土。其中，江澤民在 2002 年與塔吉克斯坦簽訂協議，割讓靠近帕米爾地區 2 萬 7000 平方公里的土地，使塔方拿到了 96.5％的有爭議領土。

2012 年習近平上台後，非常氣憤江的賣國行為，2013 年中塔之間的領土爭論就開始了。如今中方專家正在進行歷史研究，證明這些土地自古就是屬於中國的。據說那片有爭議領土上有著豐富的金礦和其他各種礦藏。

除塔吉克斯坦外，江澤民還將大量中國土地割讓給俄羅斯。

1999 年，江澤民同俄羅斯簽訂協議，把中國 100 多萬平方公里的領土，相當於東北三省面積的總和，也相當於幾十個台灣，拱手送給俄羅斯。更為驚人的是，2002 年江澤民為討好俄羅斯，下令邊防軍後撤 500 公里。

上述報導還稱，俄羅斯社會也充斥著「習近平威脅論」，他們認為「中方早晚會對俄羅斯提出歸還被強占領土的要求」。

第四節

潘石屹告郭文貴
郭在美國欠債英國找錢

2017 年 4 月，財新網報導郭文貴因一筆拖欠九年的 8800 萬美元債務，被告上了紐約法庭。（新紀元合成圖）

　　流亡美國的大陸商人郭文貴，近來不斷爆料揭露大陸高官的貪腐。不過很多人說郭的爆料是假的，潘石屹狀告郭文貴就是其中一個案子。

潘石屹狀告郭文貴誣陷

　　據陸媒報導，中國大陸地產商、SOHO 中國董事長潘石屹 2017 年 5 月 22 日通過微博發出一封公開信稱，郭文貴所說的有關潘早年參與「摩根中心」（現北京盤古大觀）項目投標時參與「串標」的說法是「無稽之談」。

　　潘表示，2006 年 5 月北京市政府收回「摩根中心」土地並公開拍賣，最後投標的有上海實業、首創、華遠、大連正源和

SOHO 中國五家，投標過程是完全獨立的。結果是，劉曉光的首
創集團中標了。潘披露，當時郭文貴就曾在焦點房地產網上稱，
他們幾家開發商與政府勾結起來，搶他的地。

不過，當年 6 月，主管城市規劃、土地審批的北京副市長劉
志華突然被免職，有大陸地產界「帶頭大哥」之稱的首創一把手
劉曉光也被中紀委帶走。該地歸原主摩根投資。據陸媒披露，當
時的摩根中心投資方郭文貴，為報復收回土地的劉志華，設計拍
下權色交易視頻使其落馬。

對於郭文貴說有關 SOHO 中國股票中 50％是替人代持，潘
石屹是官員「白手套」的爆料，潘完全否認，「SOHO 中國是香
港上市公司，股權結構非常清晰」，任何人都可以查清楚。

郭的老領導勢力在中國「比天大」

潘石屹還說：「誰都知道郭文貴是國家安全系統的人，可以
隨便的去竊聽，可以隨便的去抓人。誰都知道郭文貴背後的『老
領導』勢力很大，在中國比天還大，誰敢得罪這樣的人呢？」但
潘接著說，不能任由郭文貴造謠，已決定要向法院起訴。

郭文貴則用視頻回應潘石屹的公開信，希望潘向美國法庭告
他，要在法庭上對質等。

自 2017 年 1 月下旬以來，流亡海外的郭文貴在海外媒體及
推特等，接連曝出多名中共高層及商界人士的醜聞，並多次提及
「老領導」與其聯繫，引發外界對「老領導」是誰的關注。外界
分析多指向曾慶紅，甚至是江澤民。不過有人預測，郭文貴到時
會「自曝老領導是王岐山」來製造混亂。

　　紐約時事評論員朱明表示，老領導的勢力「在中國比天還大」，誰都知道說的是曾慶紅、江澤民。潘石屹說出這樣的話，中共官方媒體還公開刊登出來，非常罕見。潘的話證實江、曾在中國無法無天，老百姓都知道。雖然一些媒體轉載時刪了這句話，但不少媒體還是保留了。所以，反腐不抓江、曾，難竟全功。

　　自由亞洲電台5月17日報導，當日的美國智庫論壇上，有「中國通」學者傅士卓（Joseph Fewsmith）表示，十九大前後如果再有「大老虎」落馬，曾慶紅是首選。

　　4月30日港媒曾報導，北京高層已確認，郭文貴在中共十九大前的爆料行動有複雜的政治背景。消息稱，習近平、中紀委書記王岐山、中央政法委書記孟建柱已掌握了郭的保護傘策劃的這一計畫，並達成一致，要打掉其保護傘。

通過布萊爾獲阿聯酋 30 億美金投資

　　據財新網5月25日報導，英國前首相布萊爾辦公室相關人士表示，布萊爾與郭相識已有10年，郭文貴曾經是英國前首相布萊爾慈善工作的一名捐資人。但布萊爾從未與郭簽署商業方面的合同，也未因此收取費用。

　　布萊爾夫人雪麗‧布萊爾2009年出版中文自傳時，郭文貴曾一舉買下5000冊。此後郭文貴與布萊爾交往密切，布萊爾成了郭文貴倫敦和北京家中的貴客。

　　報導說，布萊爾退休後，喜歡乘坐私人飛機在全球旅行。2013年布萊爾的一次中東之行，乘坐的就是郭安排的豪華私人飛機，飛機費用由郭買單。

在布萊爾的引薦下，郭文貴認識了阿聯酋阿布達比王儲等要人，募集 30 億美元資金，成立了阿中基金（ACA），並成為該基金的管理人。報導說，此事發生在「中國與阿聯酋國家層面的合作項目中阿基金」緩慢推進的兩三年裡。言外之意，郭文貴挖了國家的牆角。

郭文貴後來解釋說，他兒子在英國讀書時的同學就有阿聯酋的王子等，不過看看阿聯酋國王的年齡，再看看郭文貴兒子讀書的學校，就能看出這裡有誤。

投資海通證券 股災時損失 5 億美金

2014 年底，海通證券宣布 H 股配售，總規模 40 億美元，引入七家投資人。2015 年 5 月，通過瑞銀（UBS）的安排，郭文貴的阿中資本以代理身份進入，借殼公司 Dawn State 認購海通證券 H 股 5.69 億股，成為海通最大股東。這筆高達 12.75 億美元的投資中，5 億美元來自阿中資本，另向 UBS 融資 7.75 億美元。

澳大利亞背景的投行麥格理原大中華區主席余建明成為以阿中資本集團（ACA Capital Limited Group）為代表的「阿中系」公司的董事和總裁，而幕後真正的老闆為郭文貴。

報導稱，郭文貴大手筆的投資不到兩個月即遭遇股災。由於通過 UBS 進行槓桿交易，股價下跌觸及平倉線，而遠在美國的郭文貴未能按要求及時補充 2 億美金的保證金，其所持 H 股 5.69 億股被強行平倉，虧損近 5 億美元。

事後郭文貴把 UBS 告上法庭。但這一官司被紐約法院以管轄權駁回，未能立案。

報導說，郭文貴雖掌控部分流動性資產，但因投資失利，面臨出資人的巨大壓力。財新網最後表示，將對郭文貴鮮為人知的資本活動繼續進行調查報導。

對上述報導，5 月 25 日郭文貴通過視頻回應稱，有關其通過布萊爾認識阿聯酋王室的報導是「造謠」；要在十九大召開前舉行全球發布會繼續爆料。不過財新網在報導中給出了很多證據。

財新網指郭文貴欠債九年 在美遭訴

胡舒立主掌的財新傳媒曾多次與郭文貴交手。如 2015 年 3 月，《財新》雜誌曾刊出題為《權力獵手郭文貴》的報導。隨後郭文貴從海外反擊財新造謠，並對胡舒立進行激烈的人身攻擊。有報導認為，郭文貴、胡舒立大戰的背後是江派二號人物曾慶紅與中紀委書記王岐山之間的博弈。

2017 年 4 月下旬，財新網發文指郭文貴因一筆拖欠九年的 8800 萬美元債務，被告上了紐約法庭。

報導稱，2008 年，郭文貴以旗下海外公司 Spirit Charter Investment Limited 的名義，並通過個人擔保，向 Pacific Alliance Asia Opportunity Fund L.P.（下稱 PAX）借得鉅款，後經多次展期，至今分文未還。PAX 為香港太盟投資集團（PAG）旗下公司。

報導稱，PAX 將郭文貴訴至紐約曼哈頓法庭，要求其償還個人擔保下的 4642.6 萬美元本金，外加 4109.7 萬美元利息，合計 8752 萬 3471.46 美元。此外要求郭文貴一方承擔訴訟費用和 PAX 因追債產生的成本。

原告稱，過去九年間一直和郭文貴協調還款方式，經過了一

系列更改協議、展期、變換還款方式，包括：雙方在 2011 年簽署新的協議，約定後者要在一年多的時間內還清本息，未果。2013年，原告希望郭文貴用其北京盤古投資的房產及資金抵債，但未能兌現。此後又經過三年內的四次展期，直到 2015 年初，「以房抵債」仍未實現。

雙方後又商定，由郭文貴公司引入新的股東償債，亦無下文。此後，郭文貴不再回應相關債務問題，催款公文石沉大海。

據報導，原告並非第一次付諸法律行動。在 2016 年初，PAX 曾在英屬維京群島勝訴，郭文貴用以借款的殼公司被清盤，但沒有追回任何款項。在 PAX 長期追償沒有結果的情況下，郭文貴卻於 2015 年初以 6700 萬美元的價格在紐約中央公園東南角、第五大道 781 號，買下與 Sherry-Netherland Hotel 同處一座大樓的第 18 層一整層豪宅。

對於財新網的報導，郭文貴在推特中發文稱，「8800 萬美元官司只是我給我家族公司融資的一個大擔保，因專案組查封所有國內資產，所以無法兌現。借貸方找我要錢，4 月 18 日在紐約起訴我這個擔保人。這家基金是海航集團最重要的投資者之一，同時與馬副部長公開視頻、紅通等等同時進行。你們懂的！」

不過人們發現郭文貴在狡辯。這 4600 多萬美金是 2008 年借的，至少 2011 年債主就來討債了，與 2015 年成立的專案組沒有任何關係。而且郭文貴還故意把香港 PAX 基金與海航集團扯在一起，目的就是想攻擊王岐山。

郭文貴在推文中還稱，以後將曝光「涉及北 X 銀行民 X 銀行的巨大醜聞」。針對郭的持續爆料，中共黨報罕見發表長文稱，中央政法委機關與中央保持一致，且絕不傳播政治謠言。

第七章

「包圍中南海」真相
三個代表要廢

前天津市副市長、公安局長武長順被判死緩,牽出 1999 年 4 ·
25 法輪功萬人大上訪真相;習當局十九大前密集更換全國省
委書記,胡錦濤中共政治局擴大會上公開要求廢除「三個代
表」,保持繼續挺習的力度。江派大勢已去,面臨最後清洗。

1999 年「4 · 25」法輪功萬人大上訪,國際社會對於法輪功學員所
表現出的和平理性、信任寬容、隱忍自守和高度公德深感震撼。
(AFP)

第一節

天津前公安局長被判死緩
指向江澤民

1999 年參與製造「天津事件」引發「4·25」法輪功萬人和平大上訪的中共前天津市公安局長武長順，2017 年 5 月 27 日被判死緩。（視頻截圖）

　　2017 年 5 月 27 日，天津前公安局長武長順以六宗罪被判死緩。

　　武長順於 1999 年參與製造「天津事件」，引發「4·25」和平上訪，成為江澤民鎮壓法輪功的藉口。《大紀元》採訪當年親歷「天津事件」的法輪功學員，發現事件背後鬼影幢幢，包括武長順在其中的設局作用。

武長順判死緩　終身監禁不得減刑

　　5 月 27 日，原天津市政協副主席、前公安局長武長順案一審宣判，涉及「貪污罪」、「受賄罪」、「挪用公款罪」、「單位

行賄罪」、「濫用職權罪」、「徇私枉法罪」,數罪併罰決定執行死刑,緩期二年執行,剝奪政治權利終身,並處沒收個人全部財產。宣判強調,在其死刑緩期執行二年期滿減為無期徒刑後,「終身監禁不得減刑、假釋」。武長順當庭表示服判,不上訴。

隨著武長順被宣判,十八大以來落馬的 31 個地方「首虎」全部被判刑,而武長順是「首虎」中罪名最多、也是唯一一個被判死緩的老虎。他還是繼中共前雲南省委書記白恩培後第二個被判死緩、若二年後轉為無期徒刑後終身監禁「不得減刑、假釋」的部級老虎。

武長順落馬後,大陸媒體紛紛對其進行大起底,指他貪得無厭,黑白兩道通吃;從其家中抄出贓物足足裝滿 12 輛貨車;其有四大警花情婦及六個私生子。

財新網起底文章稱:「武長順在天津政法界經營 44 年,根深樹茂,關係眾多,勢力不亞於其前任老上司宋平順、李寶金。」

此前有陸媒披露,習近平在中紀委一次會議上談及武長順案時說:「(天津)有個武爺,天津的停車場都成他們家的了,無法無天……十八大後還這麼瘋狂,前所未聞。」

2006 年夏,原天津市檢察長李寶金案發;2007 年 6 月 3 日,時任天津市政協主席的原天津市政法委書記宋平順自殺身亡。武長順曾為上述兩人的事件被協助調查,隱身了一段時間。陸媒披露,武長順之所以能化險為夷、甚至「青雲直上」,與周永康的庇護分不開,時任中共政法委副書記周永康以北京奧運安全為由將其保下。

武長順於迫害法輪功敏感日落馬

武長順落馬時間點是 2014 年 7 月 20 日。而 15 年前的 1999 年 7 月 20 日，正是中共江澤民集團發起對法輪功團體殘酷鎮壓的日子。

根據武長順的官方公開簡歷，他在天津公安系統工作 44 年，期中擔任過 11 年的天津市公安局副局長兼公安交管局長和 11 年的天津市公安局長，關係網龐大，並在天津有「武爺」之稱。

天津在中共江澤民集團鎮壓法輪功運動中扮演了重要角色。1999 年包括武長順在內的天津市政府設局製造「天津事件」，並鼓動法輪功學員到北京上訪解決問題，進而引發震驚中外的「4‧25」法輪功萬人和平大上訪，成為江澤民 1999 年 7 月 20 日發動鎮壓法輪功的藉口之一。

武長順落馬後，財新網於 10 月發表文章《武長順起底》，描述其落馬時間為 7 月 20 日，並接著指出關鍵時間段：「從 1999 年至 2014 年 7 月，武長順先後任天津市公安交管局長、市公安局長，是津門的風雲人物。」

1999 年和 7 月 20 日這兩個時間節點，是武長順生命中的重要時間點，冥冥之中也指向跟鎮壓法輪功有關。

《大紀元》採訪當年親歷「天津事件」的一些法輪功學員，發現該事件背後鬼影幢幢，包括武長順當年所在的天津公安局在其中的設局作用，而武長順的最終下場也是冥冥之中的報應。

天津事件導致「4．25」萬人上訪

武長順和其上司宋平順所領導的天津市公安局直接介入 1999 年的「天津事件」，進而引發了「4．25」法輪功萬人大上訪事件。

宋平順與武長順上下級領導關係長達 23 年，2003 年宋平順卸任天津市公安局長時，由武長順接任。在中共鎮壓法輪功的過程中，公檢法聽命於江澤民，製造了大量冤假錯案，不遺餘力地迫害法輪功學員。

據法輪功官方網站明慧網報導，武長順曾親自坐鎮指揮，並派人到天津靜海縣蹲點迫害法輪功學員。2006 年 12 月，天津市公安局長武長順在與 200 位的士司機（信息員）對話會上宣稱，2007 年還要增加的士司機信息員 3000 人，對提供有效信息者給予獎勵，獎金最高 2 萬元，並給全市的士司機下發了一本《信息工作手冊》，將法輪功列為主要收集信息的目標。

震驚中外的 1999 年「4．25」事件，萬名法輪功學員為爭取自由煉功的權益，前往北京國務院信訪辦上訪，後被國際社會讚譽為「中國上訪史上規模最大、最理性平和的上訪」，但卻被中共肆意歪曲成「圍攻中南海」，成為江澤民集團在「7．20」發動鎮壓法輪功運動的藉口。

「天津事件」起因

1999 年「4．25」事件最初起因是天津教育學院在其創辦的《青少年科技博覽》雜誌上刊登了中共科學痞子何祚庥寫的一篇污衊法輪功創始人、醜化法輪功修煉者的文章《我不贊成青少年練氣功》。

該文發表後，很多獲悉此事的法輪功學員覺得有義務向該校雜誌編輯部澄清事實，並要求消除此文章造成的惡劣影響。因此，從 4 月 18 日至 23 日，部分法輪功學員陸續前往天津教育學院反應實情。

法輪功學員李先生描述了他當年親身經歷的「天津事件」，他從官場朋友那裡得到官方當時統計數據，最多的時候，前往天津教育學院的法輪功學員有 6000 人。

另有當年親身經歷的法輪功學員表示，天津教育學院 4 月 22 日已給回覆稱，之前不了解法論功，聽了法輪功學員反應的情況很感動，承諾盡快更正，挽回影響。但 23 日，有學員就聽到現場便衣私下說：「上面下來命令了，不允許更正。」校園內法輪功學員仍在耐心等待答覆，但明顯感覺現場氣氛開始越來越不對勁。

宋平順離場後 警察進校暴力清場

據明慧網上法輪功學員回憶，1999 年 4 月 23 日下午四點半開始，校門外來了大批警察，陸續進入教育學院。天黑前有幾輛轎車駛進天津教育學院，其中人員包括時任天津市政法委書記、公安局長宋平順。當時武長順是他的手下，任天津市公安局黨委副書記、副局長，兼交通管理局黨委書記、局長。

在他們走後，晚上八點不到，大批防暴警察衝進教育學院，把法輪功學員分片包圍住，連踢帶踹拽起來就往車上扔。警察還揮動警棍，大喊著驅趕人群，很快人群就被驅散了。

李先生說：「那天天津大批的防暴警察都進去要清場，他們

把天津教育學院的大門左右兩側都給封死拉上了警戒線，只留出一條人行道，讓教育學院裡的人往外走。最初他們動用武力，將人一個個的往外連拖帶拽的，甚至打人，到後來大部分學員都自己往外出了。」

還有當時在場的天津法輪功學員回憶，天津警方白天用錄像機、照相機拍攝在天津教育學院的法輪功學員，特別是當時在現場協調、維持秩序的學員。這些學員在清場前一個小時就被便衣一一綁架了。

轉向天津市委反應

被趕出教育學院的法輪功學員又趕往中共天津市委市政府，市委門前的小花園及花園對面和市委周圍所有的人行道上，都站滿了法輪功學員，但沒有堵塞交通。

當時市委大樓裡有人出來要找法輪功學員代表談話，現場的學員一致要求政府釋放被非法抓捕的法輪功學員，更正天津教育學院雜誌上的不實之詞，還法輪功清白。

李先生描述：「我們就站在馬路的對面，警察在這邊我們在那邊，就這樣一直僵持，我們就等著天津市政府能有一個回應。後來天津市政府就出來一個人，這個人什麼身份到現在我不知道，他就說你們這個事，天津市政府已經解決不了，因為北京公安部已經在插手，你們去北京上訪吧，就是他說的這一番話。」

還有當時在現場的法輪功學員表示，到市政府也是警察讓去的，他們還好幾次給扣帽子，站著說「圍攻」，坐著說「示威」，折騰到後半夜，回家沒車只好走回去的。

天津設局法輪功上京請願

4 月 24 日，聽說天津市政府只放了一部分學員，一些當地法輪功學員又趕到市政府想繼續要人，但市政府不讓去，他們只好停留在市政府附近的海河邊，但那裡也到處是便衣，警察也不讓法輪功學員停留，驅趕學員。他們說：「這裡解決不了問題，做不了任何解釋了，要想解決問題，只有找直轄市的上級部門反應，你們去北京吧。」

當時有些外地的法輪功學員也說：「我們大老遠趕來就是要為法輪功說句公道話，天津不給解決問題，要我們去北京中央反應，那就去吧。」

就這樣 4 月 25 日，發生了震驚中外的「4‧25」事件。有法輪功學員表示：「如果 4‧25 那天，問題不能得到解決，相信後面上訪的法輪功學員會更多。不是我們一定要去北京，是政府引導我們去的，迫使我們去的。」

李先生表示：「儘管我沒有直接拿到證據，但是我敢斷定的是武長順肯定搞鬼了。因為那時候市委書記是張立昌，宋平順是公安局長、政法委書記，武長順是公安局黨委副書記，他們都是一條線上的。武長順跟宋平順、張立昌他們是有一種陰謀的，他們跟中央政法委的羅干都是串通的，這個我百分之百肯定。」

他認為 23 日警方清場還有一個可疑之處：「因為天津教育學院和天津市政府相隔並不是很遠，在天津教育學院周邊的道路很多都被警察用警戒線給封死了，馬路兩邊都有人行道，但只給留了一面的人行道，出來的人只能沿著警察給留出來的那條小道走，但那條小道只能走到天津市政府。雖然當時我沒有直接聽到

警察或便衣鼓動法輪功學員去天津市政府，但我覺得這種做法就是引導人們去天津市政府。」

他進一步解釋：「因為我們到天津市政府是比較早的，後面陸陸續續有那麼多人，可是我們到那的時候，警察在天津市政府門口都是胳膊挽著胳膊那樣的排成一個鋼鐵長城那樣的陣勢，所以我估計這個可能他們有人在設局，就像 4‧25 北京一樣，他們引導你去什麼什麼地方，這個是非常可疑的。」

第二節

江澤民愛怪髮怪建築
習近平堅決禁止

江澤民當政時親自引領了奇形怪狀建築的風潮。被批淫亂氛圍濃重的《人民日報》大樓（右）與外形似大褲衩的央視大樓（左）遙相呼應。（大紀元資料室）

　　習近平與江澤民的不同，從一些表面的小事就能看出來。

　　江澤民當政時曾大讚日本樂隊的怪異頭型；親自引領奇形怪狀建築的風潮，如《人民日報》大樓、央視大樓和毀壞北京的精妙布局、使京城被陰屍氣所罩的大墳包（國家大劇院）。

　　習近平上台後強調復興傳統，要求不再蓋外形奇怪的建築。

　　2017 年 5 月底，中國大陸綜藝節目《天天向上》被廣電總局點名批評主持人及男嘉賓頭髮和頭型「造型怪異」、「缺乏審美」，並要求電視台加強管理主持人及嘉賓的螢幕形象，成為網路關注一大熱點。

　　大陸微博流傳一份《湖南廣播電視台宣傳管理部》的文件。文件指《天天向上》5 月 12 日節目中，擔任主持人的男藝人大張

偉的頭髮染成暗綠色,男嘉賓李誕的頭髮染成粉紅色,另一名男嘉賓池子剛紮著小辮子;文件要求加強對主持人及參與節目嘉賓的管理,「樹立健康向上的螢幕形象」。

此帖文先在網上流傳,湖南衛視《天天向上》節目對此未做公開回應。但觀眾發現,在最新一期《天天向上》節目中,主持人大張偉的頭髮由暗綠色變成黑色,並發微博表示染黑了頭髮。

之後,浙江電視台有節目疑似擔心藝人頭髮違規,也在女藝人的粉紅色頭髮上,加了一頂紅色的「甲蟲帽」。

據大陸媒體報導,2017 年 4 月 14 日廣電總局曾印發文件,要求主持人「不宜穿著過分暴露和樣式怪異的服裝」、「主持人的髮型不宜古怪誇張,不宜將頭髮染成五顏六色」。

這條消息一出籠,立刻引起各界熱議。還有人快速挖出十多年前前中共黨魁江澤民當政時,曾大讚日本樂隊的怪異頭型的新聞,個中原因不言而喻。

江澤民大讚日本樂團怪異頭型

當時是 2002 年 10 月,正值「中日邦交正常化 30 周年」之際,日本搖滾樂隊 GLAY 作為演出嘉賓,在北京工人體育館舉行首次海外演唱會,並受到江的接見。

音樂會的名譽團長將樂隊成員介紹給江之後,並問道:「主席閣下接見金髮的日本人還是第一次吧?」報導稱,當時江不加思索地回覆:「這樣的造型也不錯嘛。」

據稱,此前鮮少有國家主席接見外國年輕音樂人的事例,與日本的音樂人的會見更是第一次。

日本搖滾樂隊 GLAY 也被人稱為視覺系搖滾，以華麗誇張的化妝造型、濃豔妖嬈的化妝、發狂激烈的舞台表演著稱，其造型風格對比當時的中國娛樂，可謂相當「先鋒」，與中國的傳統更是背道而馳。

江澤民親自引領奇怪建築的風潮

習近平上台後，多次強調要復興傳統，引領的作風同前黨魁江澤民的衝撞不只這一件。2014 年，習近平主持召開文藝工作座談會，在會上曾明確表示，要求今後不要再蓋外形奇怪的建築。

中共官方喉舌《人民日報》大樓與「大褲衩」（中央電視台 CCTV 大樓，因其外形而得名。）遙相呼應，因為外觀酷似男性生殖器，被各界批判淫亂氛圍濃重。

山東建築設計師張繼偉就「大褲衩」現象表示，這樣的建築近年出現了很多。比如說央視大樓，它有一定創意，但違背了一個基本的規範，違背了最基本的力學原則。雖然現有的科學技術能建成，但耗費相當巨大。

但江澤民當政時，他親自引領了這一風潮。

據《紐約時報》報導，早在 2000 年，49 名院士和百餘名建築人士聯名上書時任國家主席江澤民，反對建蓋著名法國設計師保羅·安德魯設計的巨蛋造型的國家大劇院，提出其與周圍人文環境不協調、設計不合理、造價嚴重超標，工程暫時停工。

剛好 2004 年由安德魯設計的巴黎戴高樂機場和在建中的迪拜國際機場第三候機廳先後出現坍塌事故，造成六人死亡。但在一片質疑聲中，投資 30 億元的國家大劇院仍於 2007 年建成啟用。

外界報導稱，江巨資建此劇院是為了討宋祖英歡心。

民間有人說，中國的中心是北京，北京的中心是天安門廣場，廣場的中心是個墳包（國家大劇院）。風水專家認為，「大墳包」毀壞了北京的精妙布局，將先人循五行、五帝、四方四象之方位設計徹底破壞，倒陰為陽，使京城從此為陰屍氣所罩。

上有所好，下必效焉。在江澤民的帶領下，中國各地頻頻出現奇怪建築。

中國城市規劃設計研究院副院長王凱稱：「很多比較雷人的建築、比較奇奇怪怪的建築，其產生源於領導人的個人喜好和對政績的追求，不惜耗費巨資投資。」

第一位獲得普利茲克獎的中國建築師王澍對《紐約時報》表示，在過去二十多年，中國出現了大量的「奇怪的建築」。「全世界最大量的奇怪建築都在中國匯聚。」這期間正好是江澤民掌權時期。

習近平要求不再蓋奇形怪狀建築

習近平上台後，多次強調要復興傳統，引領的作風同前黨魁江澤民的衝撞不只一件。2014 年，習近平在文藝工作座談會上明確要求，今後不要再蓋外形奇怪的建築。全國房地產設計聯盟主席高志稱，習近平的這句話極有可能讓規劃部門的審查標準從過去的「求新、求洋、求現代」一百八十度轉彎，到未來的「不能求洋、不能求新、不能求現代」。

2016 年 2 月，大陸國務院發布《關於進一步加強城市規劃建設管理工作的若干意見》，要未來的中國建築採取「實用、經濟、

綠色、美觀」的八字方針，同時防止再修建「貪大、媚洋、求怪、特色缺失和文化傳承堪憂」的建築物。

2017 年 1 月 25 日，中共中央辦公廳、國務院辦公廳發布《關於實施中華優秀傳統文化傳承發展工程的意見》，其中提出「挖掘整理傳統建築文化，鼓勵建築設計繼承創新，推進城市修補、生態修復工作，延續城市文脈」。

中共《人民日報》在社交媒體平台上預測，「北京市今後不太可能再出現如同『大褲衩』一樣奇形怪狀的建築了」。

習近平籲恢復傳統 與江澤民反向

自習近平上台以來，在多個場合都曾強調要復興傳統文化，講話中也往往引經據典，並不掩飾對國學的熱中。

2014 年他曾召開文藝工作座談會，全程出席並發表近兩個小時的長篇講話，被媒體稱為「超規格」。習近平呼籲「文藝不能當市場的奴隸，不要沾滿了銅臭氣」。

2014 年 9 月 24 日，習近平在紀念孔子誕辰 2565 周年國際學術研討會上說：「優秀傳統文化是一個國家、一個民族傳承和發展的根本，如果丟掉了，就割斷了精神命脈。」

2014 年 9 月，習近平造訪北京師範大學，表示很不贊成上海語文課本把古詩詞和散文去掉的做法。「我很不希望把古代經典的詩詞和散文從課本中去掉，加入一堆什麼西方的東西。」他認為「去中國化」很悲哀，應該將經典嵌入學生腦中，成為中華民族的文化基因。隨即，大陸各大媒體都以「習近平：我很不贊成從課本中去掉古代經典詩詞」類似標題進行報導。各地政府紛紛

見風使舵。

習近平上台後，一些試圖恢復傳統文化的動作被指與江澤民當政時的政策完全相反。

江澤民時代否定民族英雄 引爭議

在江澤民當政期間，其親信陳至立主管的教育部否定岳飛、文天祥為民族英雄。2002 年，中共教育部出的新版《全日制普通高級中學歷史教學大綱》，把岳飛和文天祥排除出「民族英雄」之列，震驚海內外華人圈。習近平上台後，公開承認自己從小崇拜民族英雄岳飛。官方發布的《習近平自述：我的文學情緣》中，習近平首先提到從小受《岳飛傳》的影響，以及母親給他講精忠報國、岳母刺字的故事。

習近平上台前，在江氏教育部的帶領下，大陸掀起了一股否認岳飛功績、為秦檜翻案的怪風。一些揣摩上意的所謂學者專家紛紛在媒體、論壇上發表多種言論，否定岳飛是民族英雄的同時，把秦檜描繪成忠臣。甚至有人寫書撰文，否認秦檜是奸細，甚至要為賣國賊宋高宗和秦檜翻案。

2005 年，新華網讓網民討論，讓秦檜站起來、讓岳飛跪下去的問題。2006 年，江澤民發跡地的上海某展館已經讓賣國賊秦檜的塑像站了起來，理由是「侵犯了人權和女權」。但由於受到了廣大民眾及國內眾多媒體的聲討，展出次日被迫撤離。

緊接著，2006 年間，又有人編造所謂「秦檜遺囑」的新聞，將岳飛的死因說成是咎由自取；將岳飛為國盡忠、收復失地的功名事業心解釋成「太重」的個人私心；宣稱主戰派是「空談誤國」，

而投降派反而是「保家衛國」。

　　該新聞紛紛被各大媒體轉載，但很快被證實是一個文學愛好者「以新聞報導的形式」創作文學作品，一場為秦檜翻案的鬧劇匆匆收場。

　　到了 2011 年 9 月，又有人在南京江寧博物館新館為秦檜塑坐像，再度遭參觀者抗議。有網友寫詩稱：「惡名歷史已定評，賜坐奸賊反表功？」後在岳家後人的抗議之下，江寧博物館將秦檜坐像鎖入庫房。其負責人表示，秦檜坐像將被「永久封存」。

　　有大陸評論文章稱，《全日制普通高級中學歷史教學大綱》開否定岳飛為民族英雄先河之後的一系列活動，不僅顛覆了中華民族自古以來形成的個人對於國家的態度只有忠奸之分，本質上為古代愛國主義的統一是非標準，同時也搞亂了當代中國民眾統一的是非標準，引起了不必要的爭論，損害了政府的公信力，破壞了社會的安定團結局面。

　　這只是過去否定中國傳統文化的一角。2011 年，孔子思想發源地山東省的教育部門曾經禁止在公立學校全文推薦《三字經》等古籍，聲稱這些書「扭曲了學生的價值觀念，腐蝕了中小學生的心靈」。上海第一家全日制私塾「孟母堂」也被以「違法」辦學為由遭教育部取締。

第三節

胡錦濤要廢三個代表
習十九大絕對優勢

據香港《爭鳴》雜誌 6 月號刊文稱，5 月 10 至 11 日，中共中央政治局常委擴大生活會在中南海召開，離退休常委、委員被特邀參加。在會上，胡錦濤以「糾正錯誤」、「修正不符合時代發展和國情的政策」為由，建議能就「三個代表」和「科學發展觀」硬性、形式地列入黨章和決議中做出刪除。

上述消息雖然不是來自官方，卻無疑讓人想起一則十年前的官方新聞。

2007 年 3 月 16 日，時任政治局常委曾慶紅、李長春在當天出版的《求是》雜誌上發表長文，兩人文章標題分別是：繼往開來與時俱進的理論和實踐創新——關於十六大以來黨中央一系列重大戰略思想對鄧小平理論和「三個代表」重要思想的繼承發展、推動學習《江澤民文選》和學習貫徹「三個代表」重要思想繼續向深度和廣度發展。

　　其中李長春的文章，正是先前在一個專題研討班的講話。那是 2007 年 2 月初，中共中央黨校舉辦了為期六天的《江選》研討班，時任黨校校長曾慶紅主持開班式，除出訪的胡錦濤與生病的黃菊外，七名政治局常委悉數出席，參加研討班的基本都是換屆後的省部級高官。

　　試著還原當時情景，時間就在十七大前夕，胡錦濤任期要進入第二個五年的當口，央視、新華社分別發出預告，兩名政治局常委曾慶紅、李長春同時在黨媒刊文，兩篇文章都強調退休的江澤民及其「三個代表」思想，不僅如此，高層還有人趁胡錦濤出訪非洲之際，以中共中央的名義在黨校集合換屆後新產生的省部級大員，學習《江選》和「三個代表」，推動「三個代表」指導十七大、指導一切。

　　僅此一例，想必就讓時任浙江省委書記的習近平看得很清楚，胡錦濤飽受江澤民干政之苦之險。

　　從來外界看江澤民干政，不只貫穿了胡錦濤執政全期，更持續至習近平上台至今不輟。習近平「反腐、集權、核心」以來，雖然江澤民干政空間越來越小，難度越來越大，但從時至今日的反腐通報顯示，江澤民派系仍不收手、不收斂，表面上擁護習核心，背後卻串聯搞陰謀。

　　就港媒這則消息，外界的普遍看法是，胡錦濤在十九大臨近的敏感時刻，以自己主政口號「科學發展觀」刪除為代價，提出刪除「三個代表」，無疑是再出重拳助習全面終結江澤民干政。另一方面，繼 2012 年全退之後，時隔五年，胡錦濤又再使出「殺手」挺習，也突顯其不看見江澤民進棺材心不死。

十九大地方諸侯人事已定 習陣營占絕對優勢

一直備受外界矚目的北京市委書記的更換在 2017 年 5 月 27 日有了結論。中共官媒報導，北京市長蔡奇接替郭金龍任市委書記，郭金龍則調至中央精神文明建設指導委員會任副主任。4 月，黑龍江、海南、甘肅、山東四省書記同樣被更換，這四省書記原為王憲魁、羅保銘、王三運、姜異康，這些人都改至人大任閒職，接替他們的分別是張慶偉、劉賜貴、林鐸、劉家義。最新消息是，7 月 11 日，原甘肅省委書記王三運被查落馬。

在北京和這四個省書記被更換前，多省書記已更換完畢，包括河北的趙克志、山西的駱惠寧、遼寧的李希、吉林的巴音朝魯、江蘇的李強、浙江的夏寶龍、安徽的李錦斌、福建的尤權、河南的謝伏瞻、廣東的胡春華、貴州的陳敏爾、雲南的陳豪、陝西的婁勤儉、青海的王國生、湖南的杜家毫、江西的鹿心社、四川的王東明、內蒙古的李紀恆、新疆的陳全國、廣西的彭清華、西藏的吳英傑、寧夏的李建華、湖北的蔣超良、重慶的孫政才、天津的李鴻忠等，共計 25 省（市、自治區）。此外，韓正則連任上海市委書記。

綜觀上述各省一把手，絕大部分被視作習陣營之人，他們向習近平的看齊意識可從他們在地方的表述和行為中看出。個別如李鴻忠、韓正則屬於積極倒戈之人，至少在表面上如此。不過，值得注意的是，從上海市長應勇的工作範圍看，其未來取代韓正任市委書記也是不二選項。

被更換的諸多一把手，他們或是依附江派，或是與令計劃有牽連，或無所作為。比如郭金龍，任職北京期間並無多大作為，反而曾吹捧前任北京市市長劉淇，而後者貪腐嚴重，且緊隨周永

康鎮壓法輪功；另郭在任職西藏和安徽期間，也曾多次策劃、執行對法輪功及西藏民眾的打壓和迫害。

正因如此，2012 年 2 月，郭金龍在抵台灣訪問期間，被台灣法輪大法學會理事長張清溪與律師朱婉琪控告至高檢署，訴其涉殘害人類罪。

再如王憲魁業，是被判刑的江派高官蘇榮的副手、心腹，由江澤民「大總管」曾慶紅一手提拔，並身陷貪腐及性醜聞。

有媒體披露，王在甘肅、江西兩地與蘇搭檔時，蘇的妻子于麗芳是蘇的代理人，王是蘇妻子的代理人，為她做謀求官職者和承包工程人的仲介等。

此外，王治理黑龍江期間，還公開叫板習中央，並積極參與迫害法輪功。他因此被視為江派的鐵桿。

其他被更換的省委書記也大致存在類似的問題。

隨著北京、上海兩地新任書記的出爐，習近平在地方的人事布局大棋至此已算收官。2016 年中國行政體制改革研究會副會長、國家行政學院教授汪玉凱發文《改革要「落地」，不能「空轉」》，正是造成這波最高層人事布局的推手。

汪玉凱表示，要防止改革「空轉」，要解決兩個關鍵性問題，即「一是排除和化解改革的阻力，二是防止出現顛覆性錯誤」。而改革的阻力來自兩方面，一是「既得利益群體的干擾」，二是「政府自身對改革的隱形阻力」。

顯而易見，「既得利益勢力」或「集團」應包括江澤民家族、江派人馬和周邊與其有利益糾葛之人，涉及中共黨、政、軍各個層面，而且勢力並不小，其核心正是以腐敗治國十幾年的江澤民。因此，習近平上台以來，在反腐的名義下，先後拿下了包括薄熙

來、徐才厚、郭伯雄、令計劃、周永康、蘇榮、王珉、白恩培、周本順、黃興國等在內的百餘名江派或與之有牽連的高官，被查被抓的貪腐各級官員成千上萬。

無疑，抓捕眾多江派高官就是為掃除「既得利益勢力」，並將終極目標指向「太上皇」——江澤民。

更換多省書記應是為解決「政府自身對改革的隱形阻力」。以往諸多一把手皆由江澤民集團提拔，他們或明或暗都在與現中央對抗。被指與高層有聯繫的人民大學教授金燦榮也曾表示，地方精英、地方政府普遍不作為。

是以，習近平、李克強的政令能否得到切實的貫徹，還需要依靠各省書記。將各省市一把手、二把手重新洗牌，就是為了排除顯性或隱性的阻力。

被提拔的這些各省市一把手、二把手，也將開始在所在地區進行進一步的洗牌，進一步推動「四個意識」，特別是加強地方官員的「看齊意識」，為中共十九大的高層人事布局做準備。下一步的看點將集中在入主中南海的人選上。

郭文貴事件背後　王岐山擊退政變

第八章

王岐山回擊
敲打政變主謀

十九大前，王岐山將薄、周、郭、徐、令江派「五虎」罪行上升到「政變」層面，回擊江派。郭文貴亦遭多人提告。中外媒體起底海航後台，江曾家族被擺上檯面。中南海新老政治局成員簽署不得特赦貪官的文件，堵住了江曾被清算的後路。

「五虎」密謀政變

王岐山公開通報江派周永康、薄熙來、郭伯雄、徐才厚、令計劃等人「妄圖篡權」，嚴重威脅國家政治安全。（新紀元合成圖）

第一節

告郭文貴誹謗
胡舒立宣誓證詞為真

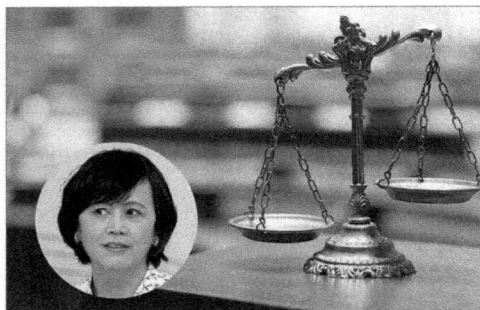

財新傳媒總編輯胡舒立向美國紐約州法院提交訴狀，控告郭文貴誹謗，並在訴狀後附上宣誓簽名，發誓證詞為真。（新紀元合成圖）

　　大陸逃美富商郭文貴接連爆料多名中共高層及商界人士的醜聞，包括財新傳媒及其總編輯胡舒立。針對郭文貴指控一事，胡舒立早在 4 月已經向身處美國紐約的郭文貴提出訴訟，指郭的指控不實，涉及誹謗。根據《大紀元》獲得的紐約州高等法院文件，胡舒立在訴狀後還附上了宣誓簽名（Verification），發誓證詞為真，否則甘受偽證罪之罰，包括坐牢。

　　洛杉磯華裔律師劉龍珠對這一細節做了解讀。他說，一般的控告書，宣誓不是必須的，胡舒立不僅告郭文貴，而且是宣誓訴狀，是要向全世界表示，「我沒做這些（郭文貴所說的）事情」。

　　17 頁的控告書指稱，郭文貴公開在推特、臉書等社交媒體上發表捏造的、虛假的攻擊性言論，聲稱胡舒立有外遇、私生子、

盜取用戶信息、勒索對手、吸毒，還導致她所謂的情夫進醫院搶救，並利用在財新的職務之便做違法行為，「所有言論完全是虛假的，而且給胡女士及她所創立的《財新》在全世界帶來羞辱、蔑視和嘲笑」。

訴狀還控告郭文貴在推特和臉書上發表胡舒立私人信用卡的對帳單，「更進一步給胡舒立造成尷尬和傷害」。而郭文貴對胡舒立和《財新》的惡意誹謗是源於《財新》在 2015 年 3 月發表的一篇關於郭文貴的調查報導，該報導詳細描述了郭文貴與貪腐官員陰謀策劃，成功地把當時的北京副市長趕下台。

訴狀在被告欄列出了郭文貴使用過的九個名字，包括 Guo Wengui、Guo Haoyun、Miles Kwok、Kwok Ho Wan、Kwok Ho、Gwo Wen Gui、Guo Wen-Gui、Wan Gue Haoyun、Haoyun Guo。

劉龍珠說，胡舒立告郭文貴誹謗，舉證責任在郭文貴。胡舒立要勝訴不需要證明郭文貴言論是假，但郭文貴要勝訴必須拿出證據證明其言論是真的。

「除非郭文貴有（胡舒立亂搞）錄影帶，否則很難證明他講的話是真。」因此劉龍珠認為：「這個誹謗官司，郭文貴的贏面不大。」「如果胡舒立打贏官司，意義不在金錢，在於打破了郭文貴的誠信。」

同樣被郭文貴爆料與楊瀾有染的前美國駐華大使駱家輝在接受媒體採訪時說，他不知道中國政府會怎樣回應，但是在美國，人們擁有言論自由的權利。

劉龍珠說，駱家輝的話讓他感到意外，誹謗罪屬於民法入門課，律師出身的駱家輝怎麼會不知道，誹謗罪是不受美國憲法言論自由保護的。

「意見不同可以辯論，以這種下三濫的方式打擊對方名譽非常不對。」劉龍珠說，「特別是給女性造謠，所說的那些骯髒齷齪的事情，把人家名譽毀了，真假難辨，有人對胡舒立印象就不好了。」

此前《新紀元》周刊報導了劉龍珠對大陸名嘴周立波提告誹謗，他認為，在網路暴力盛行的今天，胡舒立狀告郭文貴誹謗，是「一燈能除千年暗」，給華人無形中上了一堂最好的普法課，可以藉機了解美國法律。

6 月 16 日郭文貴接受明鏡專訪時表示，「財新開庭今天全勝0」。六四學運領袖劉剛認為，從公開的法庭文件看，應是郭文貴的律師向法庭提出動議要求延期審理，而胡舒立律師反對延期審理，最終法庭准許延期審理，而不是郭文貴所述的案件勝訴。郭文貴雇員延誤 40 天轉交傳票給律師，造成延期申請。

劉剛 18 日刊文稱，胡舒立狀告郭文貴案是從 2017 年 4 月 21 日在紐約皇後區高等法庭立案，中間雙方律師進行了多次交鋒，共向法庭遞交了 25 份文件。最後一次是在 6 月 15 日雙方向法庭遞交了 13 份法庭文件。

第二節

攻擊張欣
郭文貴再添誹謗官司

曾一語驚人 女富豪張欣嗆聲郭文貴

5月22日，郭文貴爆料稱，女富豪張欣和主持人楊瀾與前美國駐華大使駱家輝有染。張欣的丈夫、SOHO中國董事長潘石屹立即通過微博回應稱，已決定向法院起訴郭文貴。

潘石屹呼籲，所有被郭文貴造謠的受害者都能出來闢謠，都來發出自己的聲音，要拿起法律的武器，保護自己的權利，捍衛自己的尊嚴。6月2日，潘石屹發長微博表示已經在美國起訴郭，同日，潘石屹夫人張欣說，不怕郭文貴這樣的狂人瘋人。

張欣在微博上回應郭文貴之前的爆料稱，「很多人奇怪，郭文貴罵了那麼多人，為什麼就我們站出來起訴他。因為大部分人都怕這樣的狂人、瘋人，我們不怕，我們就是要還原事實，如果每一個被中傷的人都理性的站出來，講出事實，這樣的誹謗哪裡有市場。」

　　與一般大陸富豪不同的是，張欣對中國的民主未來非常關心，並在四年前接受美媒採訪說，中國人最想要的就是民主。張欣最新推文是任志強微博被解禁，並附上了和任志強的合影。

　　一年前，劉雲山旗下的北京媒體，曾經藉由痛批任志強拐彎批判王岐山是推牆派，妄圖走西方憲政之路。2016 年 3 月 2 日，自由亞洲發表陳破空的評論文章《一場混戰，中南海亂套了》，文章中稱，黨媒炮轟任志強事件的最大看點是王岐山。

　　北京市委屬下的千龍網，痛罵任志強：「一個半夜三更喜歡給領導打電話的任志強，究竟誰給了他跳出來推牆的勇氣？……妄圖通過資本控制政權，走西方憲政之路。」一句話卻罵出了一個大祕密：任志強的後台是王岐山，敢於反腐、勇於打虎、有「當代武松」之稱的王岐山，是改革派、推牆派、憲政派。

　　第二天，王岐山就布署中紀委巡視組工作：2017 年巡視 32 個單位，首當其衝的就是劉雲山主管的中宣部。中紀委對上中宣部，王岐山對上劉雲山，這就是中南海的左右搏擊、高層的左右之爭。絕非單純的權力鬥爭，還有明晰的路線之爭。

張欣：中國人最渴望的是民主

　　張欣 1965 年 8 月 24 日出生於北京。1979 年隨父母定居香港，在香港工廠流水線當計時工。隨後張欣帶著五年打工攢下的 3000 英鎊、一口炒菜鍋、一本英漢字典，隻身前往英國學習經濟學。1992 年，張欣從英國劍橋大學碩士畢業。隨後她在美國銀行搞投資。1994 年結識潘石屹，並在四天內決定與其結婚。

　　在她的執掌下，她與潘石屹 1995 年共創的 SOHO 中國有限

公司已成為北京最大的房地產開發商和中國最大的甲級寫字樓開發商。作為 SOHO 中國 CEO，她帶領公司在 2007 年 10 月在香港聯交所成功上市。2014 年，張欣入圍 2014 年度華人經濟領袖。2016 胡潤女富豪榜，張欣以 220 億元財富排名第七。

2013 年張欣曾一語震驚海內外華人。張欣接受美國哥倫比亞廣播公司（CBS）王牌新聞節目《60 分鐘時事雜誌》訪問時，當 71 歲資深記者 Lesley Stahl 在節目中與張欣交談時，張欣談到，美國華爾街的很多人羨慕中國人做事有效率，「你知道嗎？每個中國人最渴望的是什麼？」「中國人最渴望的不是房子、也不是食物，每個中國人都渴望民主。」

主場新聞網報導說，製作組也對張欣突然「爆肚」感到不可思議，拍攝後，製作方問張欣有關民主的段落是否真的「沒問題」，張欣表示，《60 分鐘時事雜誌》不常做中國話題，她希望美國觀眾知道中國的這一現狀。

對於海外人士，尤其是民運人士，這種看法很正常，但對於在中國賺錢的大亨來說，張欣當時的言論還是震撼了海內外的華人，讓人們看到了中國的希望。

第三節

一擲千金 海航是誰的？
與江澤民關係更大

海航創業時的關鍵人物劉劍峰，其後
台江澤民和曾慶紅也是海航的大靠
山。（AFP）

　　就在郭文貴聲稱王岐山妻子的侄兒姚慶擁有大量海航股份之際，2017 年 6 月 7 日，英國《金融時報》記者發表聯合報導《一擲千金的海航是誰的？》證明海航股東中沒有姚慶。

13 股東 12 人是高管 最大股東貫君最神祕

　　經過調查，文章說：「根據企業文件，目前 13 人擁有海航76％的股份，除一位以外，其餘 12 人目前都擔任該集團高管。多年來，一系列複雜的資產重組使海航實際上實現了私有化，集團創始人和公眾場合代言人陳峰——是一位喜歡豪車的佛教徒——以及海航董事局董事長王健，現在各擁有集團約 15％的股份。」

位於旅遊勝地海南島的海航集團（HNA Group）總部大樓，外形像一座佛陀。據胡潤百富創始人胡潤（Rupert Hoogewerf）說，海航「非常錯綜複雜的股權結構」使陳峰和王健這兩人都未能登上年度胡潤百富榜。「我們一直試圖讓陳峰上榜，但我們無法找到任何證明他足夠有錢的辦法。」

海航最大的股東也是最神祕的一個：貫君，2016 年從香港商人巴拉特‧拜斯（Bharat Bhise）手中購買了海航近 29% 的股份。海航拒絕透露這些股份是以什麼價格售出的，拜斯也沒有回覆置評請求。

文章說，貫君與陳峰之子一同在海航旗下一家 P2P 融資平台擔任董事，但除此之外，支配著數十億資產的貫君幾乎沒有留下什麼痕跡。

中國工商註冊信息顯示，貫君還有其他多個經營位址。其中一個地址指向北京城西某小區的臨街沙龍「東英國際美容 SPA」。現在的店主們說，他在大約五年前賣掉了這家店。另外一個地址指向北京某座破舊的辦公樓裡一扇鎖著的大門。根據香港的公司文件，他的住所是北京城西南一處不起眼的公寓，幾個月前已有新住戶搬進。

《金融時報》的記者通過手機聯繫上貫君後，他說：「不方便回答你的任何問題。」

文章還說：「拜斯不再擁有海航的股份。他的公司 Bravia Capital 曾是海航最大的幾筆海外收購中的投資夥伴，包括 2012 年海航對世界第五大集裝箱公司 SeaCo 10 億美元的收購。將海航介紹給其最知名的外國投資者喬治‧索羅斯（George Soros）的，也正是拜斯。後來索羅斯將其在海航旗艦子公司——海南航空持

有的 5000 萬美元股份大部分售出。」

原由世界銀行支持　現資產千億美金

文章還說，海航原本是經濟改革人士利用世界銀行（World Bank）的支持成立的省航空公司。如今這家海南航空（Hainan Airlines）的母公司已發展為一家經營多種業務的私有國際集團。它的 1450 億美元的資產如今包括新西蘭最大金融服務公司、希爾頓酒店（Hilton Hotel）的股份，以及在至少 14 個國家的多家航空服務公司。海航還運營著世界第三大飛機租賃機隊。

在國內，海航擁有的資產橫跨多個領域，包括多家房地產開發公司、多家租賃公司、四家地區航空公司、一份有聲望的財經雜誌和中國大型個人對個人（peer-to-peer，簡稱 P2P）借貸平台聚寶互聯科技（JuBao Internet Technology）。海航通過至少 11 個 P2P 平台（海航投資了其中多個）募集資金，也通過旗下約 25 家上市公司獲得的貸款籌集資金。

在海外，海航選擇了一些有政治關係的合作夥伴。如海航在傑布・布什（Jeb Bush）考慮競選總統期間與其共同投資了一家燃料運輸企業，並在對沖基金經理安東尼・斯卡拉穆奇（Anthony Scaramucci）有望加入川普政府時從其手中購入天橋資本（SkyBridge Capital）。

興南公司提供了海航啟動資金

接下來文章以「海航的創始人陳峰曾在王岐山手下工作」為

由，認定海航與王岐山有關，不過讀者認真讀完《金融時報》的文章，就會發現這判定有些難以自圓其說，因為文章說，1989 年「六四」後，西方制裁中共，「但一個由中國農村信託投資公司官員組成的核心團體——陳峰也在其中，當時試圖避開制裁。他們遷往海南，並請求世行予以幫助。」「與此同時，中國農村信託投資公司的情況則遠沒那麼順利。到 1996 年，當時由王岐山領導的中國建設銀行（China Construction Bank）吸收了中國農村信託投資公司 120 億元人民幣的債務，當時這家公司被 50 億元人民幣的虧損壓得喘不過氣。」

也就是說，陳峰離開王岐山團隊，後來在海南的創業，與王岐山關係並不大，而如文章所說，是「興南集團為海南航空提供了啟動資金，並為海南航空聘請了大量人才，其中很多人如今都成了海航的高管，其中包括海航現任董事局董事長王健。海航的其他高管還包括：前海南政府官員以及曾接受世行早期貸款的幾家國有橡膠農場的前負責人。」

據公開資料介紹，中國興南（集團）公司，成立於 1990 年 5 月 15 日，國營企業，註冊資本：1 億人民幣，職工 15 人。股東成員包括：海南省世界銀行貸款辦公室，法人代表：李永清；董事長：王剛。在過去 20 多年中，做了 11 次工商變更，1 次司法協助，4 次涉訴公告。

2017 年 6 月，網上流傳一篇 5 萬多字的文章《起底中國興南集團公司的前身、今生與來世》，文章談到，「1989 年，陳峰從民航總局南下創辦海南航空，當時只從海南省政府那裡獲得了 1000 萬元財政資金支持，『只夠買個飛機零件』。直到 1993 年在 STAQ 系統上市後，才通過法人股募資獲得 2 億 5000 萬元融

資（其中有1億元為國資）和6億元銀行貸款，購買了一架飛機。」

　　據一位海航內部人士介紹，當時的銀行甚至不知道抵押貸款怎麼做，「按說貸款買了飛機，產權就得抵押給銀行，結果銀行稀裡糊塗還把產權算成海航的，海航就拿這架飛機又去抵押，一變二……」

　　2016年7月，海航集團再度躋身2016《財富》世界500強，以營業收入295億6000萬美元位列第353位。2016年海航集團整體年收入破6000億大關，總資產突破萬億規模，海航集團已獲銀行綜合授信超6100億元，而在快速發展的道路上，集團的資產負債率卻實現「七連降」。截至2016年底，海航集團資產負債率降至59.5％左右。

　　海航集團的員工總人數已經超過41萬人，其中境外員工人數近29萬人，占整個集團的總用工數的七成。海航集團境外資產占比超過30％，約合433億美元。自2006年至2016年，海航系已宣布的海外併購總規模近400億美元。

江的老部下劉劍峰是關鍵人物

　　此前《新紀元》周刊報導過海航成立的背景，從中發現，海航創業時的關鍵人物劉劍峰，以及後台江澤民和曾慶紅，他們才是海航的大靠山。

　　從維基百科可以查到如下信息：「在海航發展過程中，陳峰（1953年6月26日～）和劉劍峰（1936年6月4日～）起了重要作用，海航成立之初陳峰就從時任海南省省長劉劍峰支持下獲得了資金，在劉劍峰調任民航總局長之後，海航還能獲得額外的

照顧。」

從官方簡歷中獲悉，劉劍峰早年留學蘇聯基輔工學院，無線電工程系半導體專業畢業，這與江澤民的留蘇背景有了共鳴。1984 年劉劍峰擔任中華人民共和國電子工業部副部長兼紀檢組長，而 1983 年 6 月至 1985 年 6 月之間，中共電子工業部的部長是江澤民，也就是說，江澤民當上部長後，提拔了劉劍峰擔任副部長，同時管紀律檢查，那時黃麗滿每天中午到江澤民辦公室鬼混，遭人舉報，但紀檢組長劉劍峰包庇江澤民，於是，江澤民就給了劉好處。

1988 年劉劍峰被調任中共海南省委副書記，1989 年擔任海南省長。當時海南是中國掙錢的好地方。1993 年，劉任中華人民共和國電子工業部副部長；1997 年，兼任中國聯合通信有限公司董事長，這個中國聯合通信有限公司，就是後來的江澤民之子江綿恆掌控的中國聯通家族企業的部分前身。1998 年，劉調任中國民用航空總局長、黨委書記，直到 2002 年 5 月退休。

有消息說，作為江澤民的大內總管，曾慶紅也參與了對海航的「特殊照顧」。

2017 年 5 月，著名經濟學家何清漣在《海航集團靠山篇》中寫道：「海南省長劉劍峰大概算是陳峰的一座顯山露水的靠山。將劉劍峰在官場任職經歷與陳峰的事業軌跡兩相比照，就會發現劉劍峰與陳峰在人生中有兩次重要的相遇，第一次相遇發生於劉劍峰擔任海南省省長期間（1989 年至 1993 年），1990 年在中國民航局計畫司工作的陳峰被聘為海南省省長航空事務助理，後獲海南省政府 1000 萬投資創立海南航空，這是陳峰的海航事業發軔之始。

　　第二次相遇發生於劉劍峰 1998 年調任中國民用航空總局長之後。這一期間，海航完成了發展史上最關鍵的兩步：第一步是 1999 年海航作為一家 A、B、H 股同時上市的公司，獲得巨額融資。第二步，以上市公司與中外合資公司之優勢，在 2000 年開始的國內航空公司戰略重組中，以小博大，兩年之內先後併購重組新華航空、長安航空與山西航空。」

　　文章還說：「當時在國企重組中，不少行業都存在這種以小併大的『蛇吞象』現象，關鍵在於該行業的政府部門支持誰。」

第四節

通報「五虎」政變
王岐山敲打政變主謀

《新紀元》周刊五年前即揭露薄熙來
政變背後的主謀就是江澤民和曾慶
紅。（新紀元合成圖）

王岐山公開通報「五虎」搞政變

據《爭鳴》雜誌 2017 年 6 月號報導，2017 年初的中共 18 屆
中紀委第七次大會上，中紀委書記王岐山在報告中指名道姓的
說，周永康、薄熙來、郭伯雄、徐才厚、令計劃是中共黨內的「野
心家、陰謀家」，並指他們為實現野心，有妄圖篡權、搞分裂的
圖謀，嚴重威脅國家政治安全。

按理說，這樣的內幕是不該傳出來的，這等於說以前法庭審
判沒有做到全面調查、全面審理，「反黨集團搞政變」這麼嚴重
的罪行，怎麼可能在法庭上沒有提及呢？這樣的審判怎麼能說是
公正的呢？

香港媒體在北京有哪些情報來源、有哪些線人，中南海其實

是有底的，他們知道把消息透露給誰，就能在香港那家媒體上被公開報導出來，這也是北京需要放風、需要消息「出口轉內銷」時的管道。

2017 年 1 月的會議到 6 月才透露出來，這個時間節奏也是習陣營能夠把握的。假如郭文貴沒有那麼高頻率、高強度地爆料王岐山，也許這個會議內容還不會洩露出來。

2017 年 5 月上旬，由中央軍委、中紀委、軍紀委、軍政法委聯合下達有關郭伯雄、徐才厚等野心家、陰謀家案中案內情，並在軍方軍一級黨委、省部一級黨委傳達了部分情況，列作機密。

其中有原始檔案材料；有郭伯雄、徐才厚案發後的交代；有郭伯雄、徐才厚審訊期間的交代；有郭伯雄、徐才厚幫派內部人士舉報等經核實的資料，證實這五人參與了倒習政變。

人們不禁要問，王岐山這時把郭伯雄等五人的政變罪行公布於黨內，莫非在暗示郭文貴及其背後大領導，也在陰謀搞政變？郭文貴這些爆料，表面是攻擊王岐山，其實是在攻擊習近平的反腐，目的就是要把習近平拉下馬。郭文貴的所作所為，與五虎政變又什麼兩樣？

看來，郭文貴事件背後隱藏著曾慶紅、江澤民等人新的政變陰謀，王岐山還擊，就是為了擊退新一輪的政變。

《新紀元》五年前即揭露政變後台

從 2012 年 2 月 6 日重慶公安局長王立軍出逃美領館後，《新紀元》周刊便指出薄熙來搞政變。2012 年 9 月 28 日，薄熙來被開除黨籍和公職時，新華社公告中除了指控薄熙來違背黨紀、受

賄、貪腐、搞女人之外，最後還說：「調查中還發現了薄熙來其他涉嫌犯罪問題線索。」

《新紀元》在 2013 年 3 月 21 日出版的暢銷書《008：薄熙來王立軍案被掩藏的內幕》中，深度揭示了薄熙來夥同周永康搞推翻習近平的政變陰謀，除了搞政變之外，薄、周還犯下了殘酷鎮壓法輪功的反人類罪。

接下來，中紀委在拿下周永康、徐才厚、令計劃時，官方的通報中都提到「其他線索」，這就在暗示這些人都參與了同樣的陰謀。

為何那時王岐山、習近平不挑明這些人在搞政變、是反黨集團呢？《新紀元》周刊當時分析說，習近平剛上台不久，實力還不夠與這些政變分子及其背後的大靠山公開對立，因為這涉及要抓一大幫人，弄不好，習是坐不穩新位置的。過早地公布這「五虎」的政變計畫，可能會打草驚蛇，引起江派魚死網破的垂死反撲。

不過，近年來習陣營也陸陸續續以間接的方式譴責黨內有人搞陰謀，是野心家，搞團團伙伙。

2012 年 9 月薄熙來被雙開時，曾經竭力攻擊《大紀元》的中共大五毛司馬南在接受大陸記者採訪時說他不吃驚，因為《大紀元》網站從王立軍事件發生之後的所有「謠言」最後一一驗證，他吃驚的是：「為什麼境內外謠言，總被證明是事實？」

《新紀元》周刊在報導中還分析了，薄熙來、周永康等人參與了倒習政變，但他們並不是政變的主謀，主謀是江澤民和曾慶紅。

原中國軍事學院出版社長辛子陵在接受媒體採訪時披露，當時在中國，最希望判周永康死刑的是江澤民，他寫條子給政治局

常委，明確表達了這樣的意見。因為很多見不得人的指令，都是江澤民直接向周永康下達的。

辛說，讓周永康活下來就是保留江澤民犯罪的活證據。這在未來的決戰中是有大用場的。周案了結，不是反貪打虎的尾聲，而是反貪打虎壓軸大戲的序幕。

習陣營對野心家的批駁

這五人中最早倒台的是薄熙來，薄在 2012 年中共兩會後落馬，2013 年 9 月被以受賄、貪污和濫用職權三項罪名獲判無期徒刑。周永康則於 2014 年 7 月 29 日正式落馬，2015 年 6 月 11 日以受賄罪、濫用職權罪、故意洩露國家祕密罪，一審被判處無期徒刑。

徐才厚 2014 年 6 月 30 日被查，2015 年 3 月 15 日因膀胱癌末期全身多發轉移，多器官功能衰竭死於醫院。郭伯雄 2015 年 4 月 9 日被調查，2016 年 7 月 25 日被判處無期徒刑。令計劃 2014 年 12 月 22 日落馬，2016 年 7 月 4 日以受賄罪、非法獲取國家祕密罪、濫用職權罪被判處無期徒刑。

雖然官方給這「五虎」的罪名都沒涉及政變罪行，但官方在各種會議上都提到了政變。

如 2015 年 9 月，具有軍方背景的《環球新聞時訊》雜誌網站曾指出，周永康、令計劃、徐才厚、薄熙來、郭伯雄、蘇榮等大老虎，都是曾慶紅、江澤民大力提拔的。他們彼此之間建立了盤根錯節的利益勾連關係，同時也維繫在「老闆」江澤民或者「老闆」代理人曾慶紅的權力周圍。

文章最後表示，「是時候問責源頭了！」「不論什麼人，不論其職務多高，只要觸犯了黨紀國法，都要受到嚴肅追究和嚴厲懲處。」「反腐敗沒有鐵帽子王。」

2016年，大陸財新網轉載新華社通報，並在其網站首頁再次重刊《郭伯雄沉浮》，起底郭伯雄發跡史，並點名直指江澤民。

2016年10月的中共六中全會上，官方首次以文件形式明確：「堅決防止野心家、陰謀家竊取黨和國家權力」。

2017年初，中共黨媒《求是》雜誌刊登習近平在18屆六中全會第二次全體會議上的講話節選。習近平說：「周永康、薄熙來、郭伯雄、徐才厚、令計劃等人，不僅經濟上貪婪、生活上腐化，而且政治上野心膨脹，大搞陽奉陰違、結黨營私、拉幫結派等政治陰謀活動。他們在政治上暴露出來的嚴重問題，引起我的深入思考。」

習近平還再次強調，「七個有之」的問題：「搞任人唯親、排斥異己的有之；搞團團伙伙、拉幫結派的有之；搞尾大不掉、妄議中央的也有之。」習近平還表示「必須加以糾正」。

如今十九大召開前夕，在江派不斷攻擊王岐山之時，習陣營公布王岐山對「五虎」的政變定性，這無疑是敲山震虎，用通報政變來給江曾施壓，言外之意非常清楚：你們再鬧，我就公布這「五虎」政變的主謀是誰。

新老常委簽字封殺「特赦」

不光如此，習陣營還讓政治局常委簽字，封殺對未來被抓分子的特赦。

據《爭鳴》雜誌 2017 年 6 月號報導，5 月 10 日至 11 日，中共中央政治局常委擴大生活會在中南海召開，離退休常委、委員被特邀參加，與會者包括胡錦濤、朱鎔基、宋平、李瑞環、吳邦國、溫家寶、賈慶林、李嵐清、吳官正、李長春、羅干等。

江澤民、李鵬、曾慶紅和賀國強缺席，前兩者稱有「身體健康原因」，後兩者則因「有事」。

會上，胡錦濤、朱鎔基、宋平等人書面發言，對習近平主政十八大以來的成績，特別是反腐工作予以高度評價。報導指，該生活會還以簽字形式通過三項決議：

其一，反對以任何形式或提交提案，對貪腐領導幹部予以「特赦」。

其二，在職和離職幹部都有責任管束親屬和身邊工作人員不得「搞特殊」。

其三，支持中共中央決議，任何人提名的十九大準中央委員、準候補委員、準中紀委委員，必須在十九大前夕公布本人及家屬財產和海外居留權、國籍情況。

這次要求與會者每人簽字，就堵死了今後誰想反悔、想改變主意的可能性。

2013 年下半年，港媒相繼報導稱，江派政治局常委張德江和張高麗聯署提出「特免」、「特赦」高官在經濟領域、配偶子女定居境外等議案。

2015 年 4 月中旬，多家港媒報導，中共社科院中國廉政研究中心副祕書長高波 11 日在湖北武漢演講時透露，王岐山對是否可能對主動自首的腐敗官員酌情特赦的提問，公開表態稱「還不到時候」。高波指，特赦必須有底線，只有等到反腐形成氣候，

「官場生態」再造完成後，特赦才有意義。

《爭鳴》雜誌 2015 年 4 月號也報導，王岐山在 3 月中旬的中紀委內部會議上強調，對貪官不能搞特赦、特免，否則整個社會會震盪、會大亂，甚至會有崩潰的可能。

2015 年 2 月 13 日，王岐山掌控的中紀委網站稱求「特赦」者用心險惡。與此同時，北京當局還不斷發出嚴厲聲音，稱反貪不設「鐵帽子王」、「上不封頂」、「開弓沒有回頭箭」等等，釋放反腐利劍指向更高層的信號。

江澤民和曾慶紅家族貪腐驚人，江還被稱為「貪腐總教練」。現當局封死「特赦」貪官之路，這等於公開釋放信號，不再給對方留任何退路，包括江、曾。

十九大何時開？

中共高層圍繞十九大的暗戰異常激烈，十九大的召開具體時間成為關注焦點。6 月 8 日，港媒盤點習近平 2017 年下半年的行程表，判斷中共十九大可能在 11 月初之前結束。

時評人士孫嘉業在香港媒體發文認為，習近平 6 月 8 日至 10 日訪問哈薩克，這是他訪港前的唯一外訪行程。

另外，在訪港前，他很可能在 7 月 1 日前後發表一篇講話，為秋天召開的中共十九大定調。按慣例，中共在五年召開一次的全國黨代會前，總書記都會發表一個定調講話，為黨代表大會定調，也將透露黨代會政治報告的主旨。前三屆中共黨代會均是如此。

習近平下半年的行程排得較滿，7 月 1 日訪港後馬上要準備

赴德國出席漢堡的 G20 峰會；8 月 1 日是中共建軍 90 周年，當局應該會隆重紀念，此前早有消息指，屆時會有大規模軍事演習及閱兵，習近平都會是主禮嘉賓；9 月初，金磚五國峰會將在福建廈門舉行，習近平將以東道主身份迎接俄羅斯、印度、巴西、南非四國元首。

11 月 8 日至 10 日習近平將赴越南峴港出席 APEC 峰會。在那前後，他還要接待首次訪問中國大陸的美國總統川普（特朗普）。

根據維基百科資料，中共歷屆全國代表大會都是歷時七天，每五年舉行一次，召開時間為下半年，具體時間從 8 月到 11 月不定，最晚 11 月中旬結束。

由此可以猜測，十九大很可能在 10 月下旬召開。

第九章

曾慶紅家族的地下錢莊

2017 年 3 月底正式開幕的博華太平洋在塞班島的賭場，2016
年試營運期間，傳出被查洗黑錢。循著賭場主人之子的社交
網絡，可牽出戴相龍女婿、曾慶紅之子。從澳門賭場到地下
錢莊，曾慶紅家族還有多少不可告人的洗錢祕密？

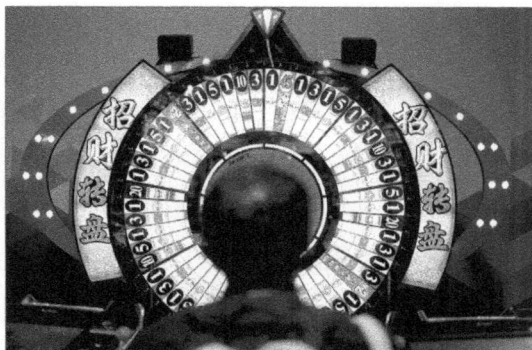

戴永革利用澳門賭場洗錢，並與曾慶紅兒媳蔣梅做起全國地下錢莊
生意。圖為澳門 2016 年國際博彩娛樂展會。（AFP）

第一節

塞班島的賭場
與曾慶紅家的地下錢莊

中國工人塞班島舉行抗議活
動，引起外媒關注，「博華
太平洋」在塞班島的賭場也
漸為人知。

　　自從肖建華被抓後，利用搞垮經濟來搞垮習近平的「經濟政變」成了網路熱詞。在 2017 年 4 月召開的政治局會議上，習近平也首次把金融安全提至國家安全的高度。利用所謂海外投資來洗錢，以及地下錢莊繞過外匯管制而直接把黑錢匯出中國，還有利用境外賭場把錢洗白，這三種管道成了威脅大陸金融安全的主要方式。

中國工人抗議事件 牽出塞班島賭場

　　2017 年 5 月，美國之音等外媒曾經關注，塞班島接連爆發了中國工人抗議事件，承包商通過仲介公司利用旅遊簽證將他們帶

到塞班島的一個賭場工地打黑工。據報導，由多家承包商雇來的所有打黑工的人都是為「博華太平洋」這一家賭場打工的。

這些承包商包括金螳螂裝飾公司。資料顯示，金螳螂集團參與過的知名項目有京奧主會場鳥巢，以及江澤民假公濟私送給宋祖英的國家大劇院。該集團創始人即 2014 年涉季建業案被批捕的江蘇首富朱興良。

朱興良與季建業相識於 1980 年代末期，他們私交很好。金螳螂在揚州和南京的多項工程，都是季建業給的。2014 年 1 月，朱興良因涉嫌行賄南京市長季建業被檢察機關逮捕。

塞班島賭場與紀曉波的賭王夢

「博華太平洋」在塞班島的賭場，是 2017 年 3 月底才正式開幕。但在正式開幕之前，已經以臨時賭場營運了一年。

塞班島（Saipan）是西太平洋上美國北馬利安納群島自由邦面積最大的島嶼。其面積 120 平方公里，2000 年人口普查數 6 萬多，其中一萬多為華裔。塞班島距離中國大陸約四小時飛機航程。2015 年前後，該島開始有許多來自中國大陸的賭客，其業績「據稱」已超越澳門地區最大賭場。近年，當地市街中文招牌開始林立，並有華人超市、餐廳和 KTV 招待所陸續出現。但是當地政府預算不到賭場年收入的六分之一。

誰在這開的賭場呢？

2016 年 7 月，據騰訊《稜鏡》和港台媒體報導，賭場主人是博華太平洋賭場的公子紀曉波。

紀曉波據說是哈爾濱人，早年在北京從商發跡，後在香港、

澳門建立起百億資產身家，現為香港融匯資本有限公司 CEO，及澳門永利酒店股東。

過去幾年，在澳門的博彩業最興盛的時候，紀曉波已預判到澳門的「衰敗」，而開始將自己的賭場生意由澳門慢慢轉移到塞班島。

2014 年 8 月，紀曉波成功奪得塞班島的獨家博彩牌照，接下來他在塞班島投資 31 億美元（約合 206 億元人民幣）興建其賭場王國，預計將分三期開發，建設賭場、酒店、度假村、別墅等娛樂一體化的世界級度假村。

有人評論說：「紀曉波這次要做的是世界級的博彩事業，一旦成功，他就是新一代的賭王，做到真正意義上的日進斗金！」

賭場被爆洗錢 遭美國政府調查

據知情人士透露，紀曉波拿到了塞班島的博彩牌照之後一年，即 2015 年，已經在島上開設小規模的臨時賭場，每個月的投注額度竟高達 20 億美元，而臨時賭場只有 16 張 VIP 賭桌（主要收入來源）。

16 張 VIP 桌就能每月賭注 20 億美金，這數據令人震驚。2016 年 11 月據彭博社引述消息人士稱，美國財政部金融犯罪執法辦公室，派員實地到博華太平洋賭場考察，指其實際營運情況與公布數據似有不符，因此開始調查博華太平洋是否涉及「洗黑錢」，只是美國財政部及司法部，均未回應消息。

據港媒報導，紀曉波的母親叫崔麗傑，她是博華太平洋國際控股無限公司的大股東暨非執行主席。2015 年 8 月 24 日，崔麗

傑增持博華太平洋 1 億股，持股占比 64.37%。成為博華太平洋的第一大股東。

在 2015 年全球富豪榜上，崔麗傑排名第 1741 位。2016 年終，她以 19 億美元身家初次打入香港 50 大富豪榜，排名第 35 位。

作為一家華人企業，博華太平洋國際於 2014 年 7 月進駐塞班島，並獲外地彩票管理委員會授出獨家文娛場度假開發商牌照。

2016 年，崔麗傑和股東代表團向美國總統奧巴馬引見公司和塞班項目，取得奧巴馬的讚賞和支持。崔麗傑還取得了加州榮譽市民證書，還有一枚好萊塢市金鑰匙。不過大陸人士對此很不買帳，大罵其洗黑錢，拿國人的血汗錢給老美造島等。

如今川普取代了奧巴馬，也許美國對博華賭場的態度會有所變化。

紀曉波與女明星們的緋聞

談到「博華太平洋」的大股東紀曉波，很多人是從港台娛樂新聞中看到這個富豪公子的名字的。

他曾經追求過很多港台明星，在一場場戀愛遊戲之後，2014 年前後，他認識了同齡的 34 歲台灣女星吳佩慈。

吳佩慈雖然沒什麼影視作品，但在娛樂界人氣非常高，網友都愛看她的故事。她出生於台灣一個小康家庭，身為唯一的女兒，她 17 歲的生日禮物是價值好幾萬元的愛馬仕包包，結果她拿來當書包使用。後來她曾承認自己是「名牌奴隸」。

據說紀曉波對吳佩慈出手極度闊綽，除了送上 10 克拉訂婚

鑽戒外，更於吳佩慈 34 歲生日送上 34 份名貴禮物，包括 30 萬
港元的鑽石表，Hermes 手袋及一部超過 300 萬港元的賓利跑車，
估計總值千萬。

目前兩人有了三個孩子，但一直沒結婚。不過港媒說，她每
天生活在香港四季酒店，享受著「高品質」的生活，她也常去塞
班島度假。

紀曉波是車鋒的馬仔

紀曉波因其明星女友吳佩慈而被歸為娛樂新聞的版面，其實
紀曉波被盛指是戴相龍女婿車峰的死黨兼「馬仔」。

坊間對紀曉波一直稱為「香港百億富商」，不過紀曉波是哈
爾濱人，「當時懷揣 1000 塊錢在東北開始打拚，曾經做過工地
生意，經營過 KTV」並且「他現在的司機和助手等隨行都是東北
一起出道的兄弟」。

32 歲的紀曉波在 2011 年 11 月 28 日成為港股上市公司天行
國際（現已更名為華融金控）的執行董事、行政總裁，其主營業
務為在內地從事客戶放貸、典當貸款和融資租賃等。根據財報數
據，天行國際的貸款業務，年利率極高，甚至曾出現年利率高達
36％的貸款交易。而其在證券、黃金和外匯等三大業務長期處於
虧損。一年多後，紀曉波「因處理其他私人業務」為由，離開了
天行國際。

對紀曉波的另一種描述，根據騰訊財經的報導稱，紀曉波只
是隱形資本大鱷車峰的「馬仔」，車峰投資的恆升集團，亦由紀
曉波打理。紀曉波也比車峰更為高調，時常在大陸富豪聚集的香

港四季酒店組織飯局。

有意思的是，恆升集團是澳門兩大「疊碼仔」公司之一。所謂「疊碼仔」，就是從事賭場貴賓廳仲介人業務。2014 年還有傳言稱，恆升集團擬到香港借殼上市。

車峰的出名，當然不只是因為他在數字王國上的點金聖手，也不僅因為他還是多家在港上市公司的重要股東，並至少控有 11 家 BVI 公司，甚至 5 年和 7 年前他通過解禁海通證券和中國平安的股票共獲利百億元也只是加大了光環的直徑，從傳奇到傳說只因為車氏身上背負的「紅色」烙印，從坊間到圈內，關於其岳家（戴相龍）的身份並不是一個不能言說的祕密。

車鋒與肖建華都與曾偉關係密切

肖建華和車鋒被抓後，都一直沒有消息。目前的公開資料顯示，車峰與肖建華兩案高度連結，圍繞兩人周邊的政商多重關係中，一個重要交集是一隻隱形大鱷曾偉，也就是曾慶紅的兒子。

車鋒的香港「數字王國」的股東，除了眾所周知的肖建華，還有李明、葛根塔娜。李明是影視公司「小馬奔騰」董事長，他的第一桶金來自央視廣告。李明在 2014 年 1 月協助調查李東生（原央視副台長、公安部副部長）案期間猝死。

葛根塔娜是作詞人，集政界高層背景與文藝圈人脈於一身的她，廣為人知的身份是湯燦御用作詞人。「軍中妖姬」湯燦捲入薄周事件後，至今下落不明。

這三個股東，不論直接或間接，都關係到曾偉。肖建華與曾偉的緊密關係，至少在台灣南山人壽收購案中已流露無遺。與肖

建華妻一樣出生蒙古的葛根塔娜，也與李明一樣和李東生的關係密切。李東生是曾偉及其央視妻蔣梅的介紹人。

　　除了資本市場合作掘金，曾偉與車峰在地產方面也淘金不少，如廣為人知的，車峰以上海天健房地產名義購入上海浦東香格里拉酒店附近一塊約 2.6 萬平米土地，約 6 億。2008 年，車峰將這塊地產轉手賣出，獲利 60 多億，參與其中的海外基金就是曾偉旗下的。

　　車峰在 2015 年 6 月被帶走後訊息甚少，2016 年初陸媒網易《路標》透露說，車峰被拘於湖南長沙，所涉案情仍在調查，尚未被提起公訴。知情人士表示：「車峰案件牽扯人員級別很高，案情絕對保密。」

　　這所謂的級別很高，讓人想到的不僅僅指車鋒的岳父——前央行行長、天津市長戴相龍，而是逼到曾偉的父親曾慶紅頭上了。

　　2016 年 7 月據香港《前哨》披露，一年前被抓的中共前央行行長戴相龍女婿車峰案曝出大量猛料，車峰巨量財富牽出眾多中共高層官員家族，其中以曾慶紅、劉雲山和賈慶林三家族涉入最深。

　　車鋒招供說，天津海關成為曾偉等人走私包括毒品在內諸多物品的「重要合法通道」。中共天津海關官員也積極參與了曾偉等人數十項犯罪活動。

　　報導說，車峰還把曾慶紅的兒子曾偉，以及曾慶紅的兒媳婦蔣梅夥同他人千億洗錢案，「交代的乾乾淨淨」。周永康大祕、前中共河北省委書記周本順是蔣梅洗錢案的保護傘之一。

戴永革夥同曾偉夫婦 地下錢莊上千億

　　車峰 2015 年 6 月落網後，陸媒曝其涉嫌洗錢，而海外消息指，紀曉波就是車峰安排在境外洗錢的重要車手。不過人們要問，在車峰落網後，紀曉波在塞班島開的賭場洗錢，又是為誰服務呢？

　　時事評論員陳思敏分析認為，紀曉波的一位哈爾濱老鄉戴永革，就是專門從大陸往海外送黑錢的地下錢莊高手，紀曉波與戴永革合作，那是各取所需，這才有了紀曉波的賭場靠 16 張 VIP 桌子就能每月賭注高達 20 億美金的「奇跡」。

　　戴永革何許人也？《新紀元》周刊此前報導過，戴永革與曾慶紅兒媳蔣梅做起全國地下錢莊生意，輸出金額上千億人民幣。

　　2015 年 4 月 17 日，公安部和最高檢、中組部、央行、外匯管理局等多個部門展開「天網」行動。博訊報導說，最近在公安部內部 24 局（即緝私局），來自多省市緝私局的分支機構和各地檢察機關政府部門的公務員，向公安部實名舉報戴永革的哈爾濱人和地產，在澳門、珠海、北京、上海、河北、黑龍江等地非法集資。但這一起涉及千億非法洗錢案件和澳門賭場地下錢莊犯罪活動，卻被中共公安部高層扣押，同時下令不得向公安部和最高檢、中央政法委和中紀委反映問題。

　　戴永革，生於 1968 年，人和商業集團執行董事兼行政總裁，2008 年 9 月該集團在香港上市。戴永革的企業以「地下服裝商業地產」聞名，分布在哈爾濱、廣州、鄭州等各大省會城市。在 2008 年《福布斯》中國富豪排行榜上戴永革是雄踞前 250 名的人物。同時，他也是中超球隊貴州人和俱樂部的幕後大老闆。

　　1990 年代，戴永革在哈爾濱靠著省長邵奇惠的兒子邵兵，在哈爾濱以黃、賭、毒生意發跡，人稱「小老戴」，其本人有多條

人命血案在身，但因有邵兵和時任中共公安部多位副部長做後台一直沒事。在有些資本積累後，戴轉到北京、廣東、湖南、貴州，上海、澳洲、英國等地發展。在北京期間，戴永革認識了曾慶紅之子曾偉。

戴永革先是在澳洲給曾偉購買全澳洲最貴、風水最好的房產，並為之翻修成澳洲最豪華的別墅。然後戴永革把人和集團的股份無償轉讓給曾偉妻子蔣梅40%。有了蔣梅做靠山，戴永革在中國各地專門拿地鐵工程，沒有要不來的。

其中在廣州有王曉玲（曾慶紅的親屬）幫忙，戴永革拿到了地鐵發包權。在長沙，戴永革在曾偉的幫助下，通過武力獲得了發包權。據稱，戴永革在中鐵局具體承包單位拿了回扣10個億。戴永革僅就做全國的地鐵工程發包轉讓，從中回扣就賺得盆滿缽滿。2010年，戴永革轉向澳門賭場作為巨大的洗錢機器。於是，戴永革與蔣梅商量，在全國成立地下錢莊，專門做高幹、大陸土豪向海外轉移資產的活，收費1%，即存入一百個億，戴家就至少得到一個億，其中4000萬就入帳到蔣梅手中。由於戴永革、蔣梅等人利用大批政府官員發財心切和無知，在深圳、珠海、大連、北京、上海、長沙大搞非法集資洗錢活動，掠奪和轉移贓款超過千億之多。

徐明突然死亡 戴永革重組實德集團

2012年在薄熙來案發後，《泰晤士報》披露，中國當局密派一組調查人員親赴澳門查薄熙來參與巨額洗錢。另有消息指，那是大連實德集團老闆徐明，在被關押中交代：薄除了指使操縱足

球搞黑哨、黑球之外，還有澳門賭場洗錢。

　　徐明不僅是薄熙來的金主，還是戴永革的老朋友。早在 2009 年前，戴永革與徐明就有互動關係。知情人稱，當時急於擴大產業板塊的徐明，是在戴永革的建議下進入地產。

　　2013 年 9 月，薄熙來被判處無期徒刑，徐明被指為主要行賄者，亦獲刑入獄。2015 年 12 月 4 日，徐明在獄中突然死亡，終年 44 歲。再過一年，徐明就可刑滿出獄了，不知何故，官方稱他突然死於心臟病，並被很快火化，家屬對此很懷疑。兩天後，戴永革花錢租用包機，把徐明的骨灰運回大連。

　　徐明被帶走後的實德集團，曾一度每月需償還的利息近 1 億元人民幣。2012 年 10 月，戴永革接管了實德的重組工作。有人猜測，也許最不想讓徐明回來的就是這位老朋友吧。

　　回頭來看，曾慶紅家族洗錢有三大途徑：一是利用肖建華、吳小暉這樣的白手套借海外投資來洗錢，二是，利用蔣梅、戴永革的地下錢莊送出了上千億資金，三是藉紀曉波這樣的新賭王來洗錢。線索很清楚了，就看習陣營何時動手拿下曾慶紅了。

第二節

郭文貴坑害台商內幕

習近平與王岐山的緊密同盟,把郭文貴定性為權力的「圍獵者」。郭一向傲視妄為,因其背後有曾慶紅和江澤民當靠山。(新紀元合成圖)

郭文貴欠台商 6000 萬美金 朱鎔基都管不了

據台媒《新新聞》周刊第 1580 期 2017 年 5 月 19 日報導稱,郭文貴的發跡始於 1997 年完工的裕達國貿大廈,該大廈耗資達 3 億美元興建,位處於鄭州政治核心地帶,更是河南「新世紀的象徵」。

該大廈於 1996 年至 1997 年間,出現龐大的財務缺口,郭擔心無錢繼續完成工程,就藉設計師李祖原的關係,認識了當時在台灣財力雄厚的宏國建設集團董事長林鴻道,成功遊說對方借出 6000 萬美元,郭許諾事後會將大廈部分樓層送給對方。

報導指,裕達國貿大廈於 1997 年 6 月竣工後,被發現負債幾近 99%,大筆工程款拖欠未還,而原本已經過戶給林鴻道的樓層,亦被「轉回」到郭文貴手中。

林鴻道事後多次討債未果,遂告上鄭州法院,卻因郭文貴勾

結時任鄭州市委書記王有傑，令林鴻道追討之路處處碰壁。

據指當時兩岸並無實質官方交流，而宏國建設集團在菲律賓有龐大業務，林鴻道與時任菲律賓總統埃斯特拉達交好。林遂向埃斯特拉達求助，並趁對方 2000 年 5 月訪問中國大陸之際，向時任大陸總理朱鎔基轉交陳情信，控訴郭文貴欠債不還。

朱鎔基獲悉後下令徹查郭文貴，郭隨後便外逃美國。雖然郭文貴曾答應以北京盤古大觀的幾個樓層及一些土地還債，但最終都沒有兌現承諾。朱鎔基親自下令徹查，怎麼還查不到底呢？當時朱鎔基的身份地位，僅在一人之下，那就是江澤民。

2000 年之後，宏國爆發財務危機，從家財萬貫到負債 600 億元，宏國從此家道中落，郭文貴欠的 18 億台幣，頓時成為巨額的負擔，林鴻道成了郭文貴致富傳奇中，受害最大的台商。

郭的「老領導」：曾慶紅和江澤民

北京地產商人潘石屹一度（後來刪除）在微博上說：「誰都知道郭文貴背後的『老領導』勢力很大，在中國比天還大，誰敢得罪這樣的人呢？」

署名鄭義的評論文章表示，據知情人指出，郭文貴在 90 年代末期在河南裕達的時候通過關係結識了曾慶紅的兩個弟弟曾慶源、曾慶淮，自此搭上了曾慶紅。在一次內部員工會議上，郭文貴得意洋洋地宣稱：「以後在中國我誰也不怕了！」

台媒《新新聞》周刊第 1580 期文章表示，台灣建築界名人、桓邦建設總經理陳志瑤曾口述，介紹人對郭的介紹詞就是重點一句：「郭文貴在北京是有通天本領的人」，而這人說這話的時間

是 2002 年。

文章分析，就 2002 年這個時間點，北京市長是劉淇，書記是賈慶林，兩人雖是一二把手，但他們在中共政治架構中都沒有資格被稱為「天」，而有此資格的是時任中共黨政軍最高一把手的江澤民。

文章表示，曾有兩人間接或直接對陳志瑤示警郭的權勢之大，一是時任國台辦副祕書長王小兵說：「叫志瑤趕快走，因為鬥不過！」

另一個就是當時也在政泉公司任職的鄭州市委書記王有傑的兒子王鍇親自對陳志瑤說：「你玩不過他（郭）的！」

文章指出，郭文貴的靠山是前中國國家副主席曾慶紅，才可以如此的傲視妄為。

台灣建築名人人財兩空 差點入獄

《新新聞》還報導說，桓邦建設總經理陳志瑤及大壯建築師事務所所長陳耀東等人，這兩位台灣建築界的名人，都曾被郭文貴用偷、拐、搶、騙，共詐走 1 億元新台幣以上的資金，這還不包括陳志瑤的薪水，及幫忙找來的 1 億元人民幣周轉金。

報導稱，陳耀東是台灣著名建築師，曾設計過大溪鴻禧飯店、喜來登飯店、高雄小巨蛋、高雄漢來百貨等知名建案，國泰集團創辦人長子蔡辰男在中國大連的勝利廣場及上海湯臣建設等案，也是他參與規劃。

陳志瑤是唯一做過郭文貴旗下政泉公司負責人的台灣人，他在政泉公司 32 個月的時間裡，不僅人財兩失，還是一段可怕又

痛苦的回憶。

　　陳志瑤說：「郭文貴在美國指控中國境內對他的負面新聞，都是假的；但他騙取台灣人的財產，卻是千真萬確的。」陳志瑤說，他一度被郭文貴栽贓、嫁禍，甚至控制他的人身自由，被拿槍威脅、嚴刑拷打，差點被迫簽下文件，甚至差點入獄，最後在妻子報警搭救下得以脫身。

　　報導稱，陳志瑤與陳耀東即使在北京提告，卻接連敗訴，投資變成廢紙，控訴無門，最後黯然離開中國。

　　總結來說，郭文貴在海外爆料，目的就是要破壞習近平和王岐山聯手反腐打擊江澤民和曾慶紅，十九大前江派無法直接倒習，就想以「先倒王、後倒習」的方式來攻擊王岐山、影射習近平。不過郭文貴的爆料很多都被證實為謊言，而且習王依舊顯示出一致行動，他們的反腐終級目標不變，那就是老領導中集合最多「圍獵者」、擁有最多「白手套」的曾慶紅與江澤民。

第三節

王岐山對曾慶紅出招
港澳辦換人

梁振英卸任前夕、張曉明面臨調離之際，王岐山舊部潘盛洲出任中紀委駐港澳辦紀檢組長，為港澳江派勢力大清洗埋下伏筆。（新紀元合成圖）

就在中共前副主席曾慶紅手下的港澳特工不斷通過海外富商爆料攻擊王岐山之時，王岐山開始對曾慶紅動手了。2017 年 6 月 8 日，王岐山舊部潘盛洲出任中紀委駐港澳辦紀檢組長。時值習近平訪港前夕，香港中聯辦也被習持續清理。

王岐山舊部出任港澳辦紀檢組長

曾慶紅曾主管港澳事務多年，駐港機構歷來是曾慶紅的勢力範圍，也是中共高層腐敗的避風港。2017 年 6 月 8 日，王岐山舊部、中央「深改組」辦公室副主任兼中央政策研究室副主任潘盛洲接替李秋芳出任中紀委駐港澳辦紀檢組長，並出任港澳辦副主

任。李秋芳繼續擔任國務院港澳辦黨組成員。

國務院港澳事務辦公室網站港澳辦領導一欄已更新了有關資料，潘盛洲排名在港澳辦主任王光亞、仍擔任黨組成員的李秋芳、港澳辦副主任宋哲之後，在另外兩名港澳辦副主任馮巍和黃柳權之前。

潘盛洲是農村政策研究學家，山東青島人，2009年4月任中共中央政策研究室副主任；2014年初，媒體披露潘盛洲兼任中央「深改組」辦公室副主任。期間，中央政策研究室主任與「深改組」辦公室主任都是獲習近平重用、被稱為「中南海頭號智囊」的王滬寧。

據《北京青年報》的微信公眾號「政知局」報導，上世紀80年代，潘盛洲曾在國務院農村發展研究中心資料室工作，90年代已進入中共中央政策研究室農村組；2009年，潘盛洲由中共中央政策研究室農村局長成為副主任。

在1982年起至1988年，王岐山一直都在中央農村政策研究部門工作，歷任中共中央農村政策研究室正局級研究員，國務院農村發展研究中心聯絡室主任，全國農村改革試驗區辦公室主任、發展研究所所長等職。

潘盛洲與王岐山當年在工作上有交集，是王岐山舊部。

潘盛洲接替李秋芳出任中紀委駐港澳辦紀檢組長，適逢「七一」香港回歸20周年及香港特首就職典禮前夕。據信，習近平將於2017年7月1日期間，赴港出席主權移交20周年慶祝活動。

中共駐港部隊6月6日在維多利亞港及其上空進行聯合巡邏，以便對「可疑目標進行監視、跟蹤和查明，並及時處理突發情況」。此行動被指是習近平訪港保安工作的一部分。

王志民將取代張曉明掌香港中聯辦

5月初，香港媒體報導，早年由香港中聯辦調升港澳辦、再由港澳辦升調澳門中聯辦主任的王志民，將接替張曉明掌香港中聯辦。若傳聞屬實，王將成為首名做過港澳辦及中央駐港、澳機構高層的中聯辦話事人。

自張曉明出任香港中聯辦主任四年來，和曾慶紅心腹馬仔梁振英一唱一和撕裂香港社會，其多次配合梁發表炒作「港獨」的言論，加劇社會分化，力爭梁振英連任，和習近平當局對抗。

在此之前，香港《成報》炮轟中共人大委員長張德江、張曉明、香港特首梁振英等人是「亂港四人幫」。

2016 年 12 月 9 日，梁振英被習近平當局派密使南下，叫停連任步伐後，已多次傳出和梁關係密切的張曉明，成為下一個被追責的目標。

2017 年 3 月《大紀元》獲悉，習近平當局已鐵定要更換張曉明，初步安排在三個月之後。

梁振英的壞消息不斷

即將卸職的香港特首梁振英不利消息也頻傳。

6 月 7 日，香港 28 位非建制派立法會議員在立法會大會提出彈劾梁振英的動議，批評梁振英治港五年朝綱崩壞，制度倒塌，又指梁無德無仁、無禮無義，必須彈劾以儆效尤。

公民黨黨魁楊岳橋質疑，梁振英私通民建聯議員周浩鼎修改文件，試圖影響立法會調查 UGL 事宜專責委員會的調查。梁振英被懷疑出任行政長官期間，收受澳洲企業 UGL 的 400 萬英鎊，

可能涉及利益輸送等問題。

2016 年初，中紀委派李秋芳任港澳辦紀檢組長後，消息稱，李秋芳收到舉報信多如雪片，讓她應接不暇。

2016 年 7、8 月間，中紀委再向港澳辦派駐巡視組後，有消息人士向《大紀元》透露，收到的舉報信更多。「最近每天都收到數百封舉報信，投向中聯辦以及巡視組，而且很多都是針對梁振英。」

習近平「七一」訪港前夕，梁振英即將卸任、張曉明面臨調離之際，王岐山舊部潘盛洲出任中紀委駐港澳辦紀檢組長，為港澳辦及中聯辦新一輪大清洗埋下伏筆。

港澳系統江派勢力被持續清洗

潘盛洲出任中紀委駐港澳辦紀檢組長，是港澳系統人事大洗牌的最新一例。

2016 年 12 月 27 日，中共國務院公布港澳辦人事調動，副主任周波被免職。中共前外交部駐港特派員公署特派員宋哲及港澳辦法律司長黃柳權，接任港澳辦副主任。

2016 年 7 月，時任港澳辦副主任王志民接掌澳門中聯辦，原澳門中聯辦主任李剛則調任僑辦副主任。

2016 年 1 月，港澳辦首度設立紀檢組，中紀委派李秋芳任港澳辦紀檢組長，兼管香港和澳門中聯辦紀檢工作。這次換成了潘盛洲。

國務院港澳辦公室是江派人物曾慶紅部下廖暉的長期據地。外界關注，周波的去職，意味著廖暉在港澳辦的勢力被大為削減。

　　《成報》評論文章稱：「真正把持主管港澳系統達十多年的是廖暉，而他的大靠山則是曾慶紅及張德江，他們受江澤民『護蔭』，退休後仍搞『特殊』，仍當『影子主任』（在港澳辦保留辦公室），悉力培養『馬仔』，把持朝政，造成極惡劣的影響。」

　　文章還認為，港澳系統大換班分成三個階段，依次為國務院港澳辦公室、在港的中聯辦、中共中央港澳工作協調小組。

　　2016 年 6 月 22 日，港澳辦首次進中紀委巡視名單；7、8 月期間中紀委對港澳辦進行專項巡視，並出了一份巡視報告，羅列港澳辦至少有「六宗罪」，包括貫徹中央決策不夠紮實、執行幹部選拔任用程式不夠嚴格等，並稱還發現部分領導官員涉及貪腐問題，已轉交中紀委、中組部跟進。

　　2017 年香港特首選舉前夕，中聯辦再次出現人事變動。2 月 28 日，中共官方公布，福建省委常委、政法委書記陳冬被任命為中聯辦副主任。

　　53 歲的陳冬是福建本土官員，早年在福建農學院當講師，之後進入政界，並長期任職於福建，屬習近平舊部，早年兩人在工作中多有交集。而陳冬並無港澳系統的工作經歷。

　　之前另一位被「空降」香港中聯辦成為副主任的是譚鐵牛。從履歷上看，譚鐵牛和這份工作也無太多交集。

　　習近平連續「空降」譚鐵牛、陳冬入主香港中聯辦，從他們的背景發現，都不是江派勢力占主導的港澳辦系統的人。更有來自接近習近平當局的消息稱，陳冬的到來，就是習近平為盡快撤換現任主任張曉明的布署，而且要全面整肅香港的福建社團。

　　另外，2 月 18 日，中共前港澳辦副主任徐澤接替 74 歲的陳佐洱，出任「全國港澳研究會」會長。江派官員陳佐洱，另有「左

王」稱號，之前多次發表刺激性言論，引發香港民眾怒火。

曾慶紅親信紛紛被查處

1997 年至 2010 年連任 13 年港澳辦主任的廖暉，被視為是曾經主管港澳事務多年的江派二號人物曾慶紅的心腹。曾慶紅除了通過廖暉管道外，還安排弟弟曾慶淮 1995 年進駐香港，成為當年在港澳事務上的特務總頭子，為曾慶紅收集港澳的情報、法輪功的動向、對香港娛樂圈搞統戰等。當時，中共向香港派遣了大批各種頭銜掩護下的特務。

近年來，與曾慶紅關係密切的一系列商界重量級人物被查處：2014 年 4 月 17 日，原香港華潤集團董事長宋林被查，宋林被認為是曾慶紅家族攫取中國能源系統資源的一個關鍵人物。

宋林被抓後，華潤集團審計總監黃道國，協同辦主任張春，副董事長王帥廷，華潤金融 CEO 吳丁，華潤置地董事會副主席王宏琨，華潤電力總裁王玉軍，華潤集團首席財務官蔣偉等七名高管接連被查。2017 年 2 月 27 日，宋林案在廣州開庭審理，宋林被控貪腐金額 3300 多萬元人民幣。

2015 年 1 月，中共原國安部副部長馬建落馬，移送司法機關審查。曾慶紅提拔馬建，在國安系統工作長達 30 年。曾慶紅依靠他暗中監控中共最高層官員，建立「祕密資料庫」，以利於打擊政敵；對外，依靠他操控龐大的海外特務網，監控駐外機構人員及留學生等活動。

2015 年 6 月 2 日，原中共央行行長、天津市長戴相龍的女婿、香港上市公司數字王國實際控制人車峰被查。據海外媒體報導，

車峰供出，天津海關成為曾慶紅之子曾偉等人走私包括毒品在內諸多物品的「重要通道」。

2015 年中紀委監察部網站發表習驊的文章《大清「裸官」慶親王的作風問題》。此文中的「慶親王」被普遍解讀為影射曾慶紅。

2016 年 6 月 22 日，習近平決定對 32 個單位黨組展開巡視，包括港澳辦和港澳基本法委員會等。香港《南華早報》報導稱，巡視組進駐後，港澳兩地官員感受到北京前所未有的反腐力度。

2016 年 12 月 27 日，港澳辦副主任周波被免職，宋哲、黃柳權被任命為港澳辦副主任。12 月 30 日，譚鐵牛被任命為中共駐港聯絡辦副主任。

隨後，香港《成報》一直炮轟中共人大委員長張德江、張曉明、香港特首梁振英等人是「亂港四人幫」。

如今隨著王岐山舊部潘盛洲擔任中紀委駐港澳辦紀檢組長，梁振英、張曉明、廖暉等人的貪腐問題和政治問題，都將成為被審查的重點。習近平收回香港、澳門的清理行動正在迅速展開。

第十章

中科院院士談修煉真氣

2017 年「6．10」敏感期，習當局處分參與迫害法輪功的政法官員，體制內學者正面談論氣功和修煉話題；再度觸及江澤民集團迫害法輪功罪行這一死穴，釋放的政治信號令人關注。

2017 年 6 月 10 日，中科院院士朱清時主講「用身體觀察真氣和氣脈」，突破 18 年來大陸對氣功、修煉、特異功能等的「禁忌」。

第一節

「610」敏感日
官媒報院士「修煉真氣」

中醫走了與實證科學完全不同的路。
西方實證科學拒絕研究人的精神領
域。（AFP）

　　2017 年 6 月 10 日前後，發生了兩件大事：6 月 9 日，曾任國保局長的公安部副部長陳智敏免職；6 月 10，中科院院士、原中國科學技術大學校長朱清時在北京舉辦講座討論「修煉真氣」。

　　自從 1999 年 7 月 20 日法輪功被迫害以來的 18 年中，大陸媒體把氣功、修煉、特異功能等，都當成了禁忌，18 年來幾乎沒有過正面報導；這次卻在中國青年網、新浪網等處做報導和轉載。

　　為了鎮壓法輪功，江澤民在 1999 年 6 月 10 日成立了所謂「中央處理法輪功問題領導小組辦公室」，簡稱「610 辦公室」。隨著江澤民集團活摘法輪功學員器官等罪行在國際全面曝光，以及習江鬥的不斷升級，每年的「610」成了中共政治敏感日。比如，2014 年 6 月 10 日，江派劉雲山、張德江等人通過國務院新聞辦

製造香港白皮書事件攪動港台起亂。四天後，曾因迫害法輪功而成為「國際逃犯」的江派副國級高官蘇榮落馬。6月16日，江澤民集團圈養多年的特務陳光標又再次在紐約露面等等。

有評論說，法輪功就是中國傳統文化的精華，從這個破局、破禁忌的角度來看，這件講座小事就變成了大事，體現了習近平推廣傳統文化的態度，以及對江派鎮壓法輪功的抵制。

中科院士談修煉真氣 官媒高調報導

6月10日，中科院院士、原中國科學技術大學校長朱清時主講的「用身體觀察真氣和氣脈」在北京中醫藥大學開講。

這場講座的海報在網路上曝光後，就引起轟動效應。10日上午10點，講座如期舉行，現場人氣極為火爆，到場觀眾人數遠遠超過主辦方預計。報告廳地上都坐滿了人，更有不少人站在門外聽講，還有人表示自己專程坐飛機趕來。

中共共青團旗下中國青年網當日以「朱清時院士：修煉真氣讓我獲得極大的快樂」為題報導稱，中青網的報導被大陸新浪網等門戶網站和部分黨媒轉載。

報告中，朱清時圍繞「自己發現真氣的過程」和「解釋真氣的來源與功效」兩大主題展開論述。朱清時說，講座內容主要是他用自己身體做的一個實驗，初步試驗結果表明，中醫的真氣和經絡是可能存在的，但需要用新的方法去研究。之後他講述了自己發現真氣的過程，並展示了真氣的來源與功效。

他形容自己在禪定中感受到的真氣運行過程時說：「它會在氣海憋一會兒後會突然爆發，不受意念控制地上湧，沿脊柱（中

脈）上行。氣團到腰錐時，有熱辣辣痛感，但很舒服；到大椎時常常被堵住，感覺掙得筋骨格格響；進到枕骨處也常這樣；這時細調身體姿勢，常有助於氣過關；氣到眉心輪，又會被堵住，這時會掙得頭大幅度搖動……」

朱清時表示，真氣可以產生強烈的生理感受，可以讓身體發熱、一念不生，並有極大的快樂。無論練習時生理感受多強烈，事後都會身體輕安、感官敏銳，而且，智力還會明顯提高。

他說：「真氣只對身體產生正面的好影響！」他強調，真氣沒有危險的副作用，可以更高效地治療疾病；真氣也可以用來強身健體，改善心肺和其他神經系統的功能等。

西方實證科學不能否定東方探索

這場講座立刻在大陸科技界和社會上引起轟動和質疑，因為大陸很多人把局限性很強的西方實證科學視為唯一的科學，從而思想僵化狹窄，容不下不同的思考。很多研究中國傳統中醫和氣功的專家認為，中醫是走了與實證科學完全不同的路。西方實證科學只能研究人們檢測得到的部分物質，而拒絕研究人們用儀器檢測不到的世界，包括人的精神領域。

在西方，很多科學家都是虔誠的宗教信徒，在諾貝爾得獎者中，信仰宗教玄學的人占了 85％以上，整個西方社會也對精神冥想之類的研究和篤信，持尊重和寬容態度。唯有被馬列唯物主義禁錮的大陸人，哪怕他是科學工作者，也不能為未知事物保持開放誠實的心態去研究。

有人批評朱清時「脫離了科學界，進入了玄學界」，宣揚「偽

科學」等。6 月 12 日朱清時接受澎湃新聞採訪時回應稱:「誰能夠說中醫經絡和佛學是偽科學?這種話我是不贊成的。它們可能與有些人頭腦中的『科學』不一樣,但不要說它們是『偽』。」

6 月 11 日,朱清時在上海出席「木魚論壇」時,還作了題為「如何用科學語言講佛法」的主旨研究。此前,他還曾發表諸如《物理學步入禪境——緣起性空》、《量子意識——現代科學與佛學的匯合處》等文章,均引發不少爭議。

力挺中醫經絡 先開個頭

針對外界的批評聲音,朱清時 6 月 15 日在中國科技大學辦公室裡對《新京報》記者再度作出回應。他驚訝於外界激烈的反應,但也有思想準備。他坦然說:「我知道一個新東西剛出來的時候,往往不被人所理解,而且新東西剛出來,就像一個新生嬰兒一樣。」「但 10 號在中醫藥大學的講座引起這麼大面積的質疑反對,有些出乎我的意料。」

朱清時還稱:「我現在力挺中醫經絡,我知道我離真理肯定還很遠,但是如果我不力挺,後面大家都不開這個頭,中醫經絡的科學原理就很少有希望了。」

針對被指責「科學家的身份對外講中醫、講佛學,模糊了科學邊界」,朱清時說:「我認為科學的本質只是重事實講道理。我作為科學家,是中國的科學家,科學家也可以是中國傳統文化的粉絲,這兩者有矛盾嗎?現在看到的言論,使我覺得一些人缺乏作為中國人的文化自信。」

「科學不會教人行善」

朱清時表示，他是 2004 年開始研究中醫，當時中醫界開始討論如何規劃學科發展，他作為中科大校長應邀到北京做了報告。十年來，他一直想怎樣用科學理論來把中醫的科學概念講清楚。2014 年卸任南科大校長之後，他就開始在認真想這個問題。

退休之後他開了微博，第一條微博是說：「朝聞道夕死可矣。現在我終於靜下心來，開始認真思考這個問題。」「把人應該如何活著的問題想清楚，中醫關乎濟世，佛學為人必須行善提供理由。我知道科學很偉大了不起，但是科學不會教人行善。」

朱清時表示，他上世紀 40 年代出生，那個時候根本沒有西醫。七個兄弟姐妹從來沒有進過醫院，誰生病了，都是母親去找一些中草藥來給吃，所以他從小就知道中藥小方是中國人維繫健康的一種重要手段，肯定不是偽科學，不是騙人的。

雄安新區的設立就尊崇了傳統文化

十八大習近平上台後提出恢復傳統文化，讓一些曾經的禁忌或敏感話題重新回到公眾面前。比如被多家大陸媒體稱為「雄安設計師」的中國京津冀協同發展專家諮詢委員會組長、中國工程院主席團名譽主席徐匡迪，6 月 6 日出席「中國城市百人論壇2017 年會」透露，雄安新區選址是依據中國傳統文化中的「山川定位」哲學思想，立刻引起輿論界的爭議。

徐匡迪具體解釋道，有兩條依據中國傳統的山水地理軸線，精準定位了雄安新區，一條軸線叫做「人民軸」，一條軸線叫做「千年軸」。

什麼是「人民軸」？徐匡迪解釋，在白洋淀的西北部，西起「人民廣場」，中經「雄安中華民族復興碑」，東到雄縣古城，這一橫貫雄安的東西軸線稱為「人民軸」。

對於「千年軸」？徐匡迪解釋稱，「先有潭柘寺，後有北京城」，潭柘寺比北京城還要早五百年，由潭柘寺往南這條千年南北軸線，雄安新區恰好位於這條軸線正下方，是為「千年軸」。

兩條軸線交匯處，是為雄安新區。這種解釋和中共一貫主張的無神論明顯不同調，立刻引發熱議。

支持方認為這蘊含了中國的古老智慧。質疑者則指責將「科學嚴肅的事情」訴諸於風水哲學「非常荒謬、不可思議」。

對於習近平近年來恢復傳統文化的言論，時事評論員夏小強表示，習近平上任之後，發表的一些講話和措施，是提倡中國傳統文化的。但是，中共在馬克思主義招牌下的黨文化，與中國傳統文化格格不入，中共的黨文化宣揚仇恨和摧毀傳統和秩序，中國傳統文化講寬容仁愛和家庭親情等。中共正是扼殺傳統文化和道德信仰的劊子手。

夏小強表示，朱清時院士在演講中提到的真氣是屬於中國傳統文化中修煉文化的一部分，是屬於中國真正的傳統文化，其理念和內容也符合習近平提倡的傳統文化，因此，遭到中共黨文化的抵制和攻擊，也不奇怪。這也說明，在中共的體制下，包括習近平在內的任何人，想要提倡和恢復傳統文化都是困難重重。也只有擺脫了中共政權的束縛，中國才有可能真正復興傳統文化，才能實現未來中華民族和中國的偉大復興。

第二節

法輪功書籍出版禁令被廢
暗藏生死搏鬥

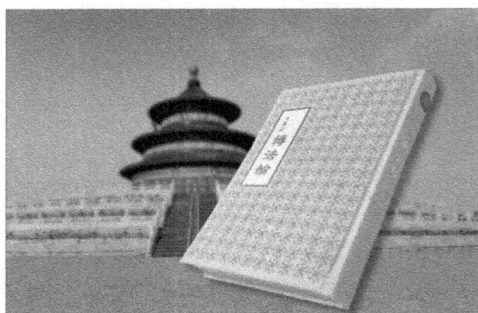

1999 年中共江澤民禁止法輪功書籍出版的禁令，已於 2011 年 3 月被胡錦濤政府廢除。（大紀元合成圖）

江澤民鎮壓法輪功的禁書令被廢除

2017 年 6 月 24 日，海外明慧網報導，1999 年中共江澤民禁止法輪功書籍出版的禁令，已於 2011 年 3 月被廢除，不過，當時在江澤民派系全面掌權的情況下，胡溫政府這一決策難以實際執行。習近平上台後，迫害法輪功的多個江派大佬落馬。

2011 年 3 月 1 日，胡錦濤、溫家寶執政時期，中共新聞出版總署發布第 50 號令，公布《新聞出版總署廢止第五批規範性文件的決定》，該決定廢止了 161 件規範性文件，涉及的文件發布時間從 1953 年到 2009 年。

第 50 號令附件的目錄顯示，被廢止的第 99 項和第 100 項分別是 1999 年 7 月、8 月中共前黨魁江澤民鎮壓法輪功時的禁書令。

第 99 項：關於重申有關法輪功出版物處理意見的通知。文號：新出圖 [1999]933 號；發布時間：1999 年 7 月 2 日。

第 100 項：關於查禁印刷法輪功類非法出版物，進一步加強出版物印刷管理的通知。文號：新出技 [1999]989 號；發布時間：1999 年 8 月 5 日。

第 50 號令稱，《決定》在 2010 年 12 月 29 日新聞出版總署第二次署務會議已通過，只是在三個月後才公布。

不過，在江澤民派系全面掌權的情況下，胡溫政府這一決策難以實際執行，而中共對法輪功的迫害也持續未減。明慧網表示，中共治下的新聞出版總署沒有資格決定法輪功書籍是否可以出版發行。但這一決定說明，根據中共自己的規定，法輪功書籍都是合法的，公民擁有、閱讀和傳播法輪功書籍也是合法的。任何以公民擁有、閱讀和傳播法輪功書籍為藉口進行迫害都是非法的。

胡錦濤訪美之後 公布廢除禁令

在廢止江澤民對法輪功書籍出版禁令公布前，胡錦濤曾於 2011 年 1 月 18 日至 21 日訪問美國。

時任美國總統奧巴馬為胡錦濤舉行私人小型晚宴。據港媒透露說，在這次關門會談中，奧巴馬提出「停止針對龐大的法輪功體系的政治壓制」的建議，胡向奧巴馬承諾，將在中共黨內高層討論奧巴馬的這個建議。

江澤民對法輪功書籍出版禁令被廢止，或是胡錦濤對奧巴馬這一要求的回應。

胡錦濤遭遇三次暗殺

值得注意的是，上述廢止江澤民對法輪功書籍出版禁令，是在胡錦濤遭遇三次暗殺後。三次暗殺的動機也引發外界關注。

第一次，2006 年 5 月，胡錦濤視察北海艦隊時，兩艘軍艦突然向胡所在的旗艦開火夾擊，當場打死艦上五名海軍士兵。胡錦濤急令旗艦以最高航速逃離演習海域。胡錦濤遭遇上述暗殺不到一個月後，於 2006 年 6 月下令調查時任中共上海市委書記的陳良宇。9 月 24 日，陳良宇被免職。陳良宇是江澤民原來想培養的十八大接班人，為此江澤民不得不選胡錦濤也能接受的習近平作為接班人。

這一時期，《大紀元》首次披露江澤民集團活摘法輪功學員器官的黑幕，震驚世界。中共當局受到國際調查的壓力。

第二次，2007 年 10 月 2 日，上海世界夏季特殊奧運會在上海開幕，胡錦濤出席開幕式。港媒披露，這次又發生了對胡的未遂暗殺。

第三次是 2009 年 4 月 23 日，中共海軍史上規模最大的多國海上閱兵活動在青島海域舉行。在閱兵開始前，胡得到密報：江澤民的人馬準備在 23 日早上 9 時開始閱兵時、在 14 國海軍艦艇的面前，將胡擊斃，搞個震驚世界的「黃海謀殺案」。胡改變計畫，先行防範，令江派暗殺企圖落空。

胡錦濤這三次被暗殺的經歷無法得到官方證實，不過，2012 年維基解密曾公布美國領事館電報引述中國學者觀點說，政治謀殺向來是中共權鬥棋子，十七大前就曾有多宗政治謀殺。

這份美國駐上海領事館於 2007 年 10 月發往美國華府的電報引述消息說，2006 年胡錦濤兒子胡海峰成為暗殺目標，但沒有成

功，對他的保安因此加強，包括他當時的工作單位清華大學子公司同方威視公司。

迫害政策 胡錦濤與江澤民不同調

《大紀元》此前報導，中共江澤民集團發動的這場對法輪功團體的鎮壓運動，當時七名政治局常委中，除江以外的其他人都對鎮壓持反對態度。口碑極差的薄一波聽說後出來表態，堅決支持江。

後來，江澤民按照他的設想成立了一個專門處理「法輪功」問題的領導小組，由李嵐清任組長，並根據中共「槍桿子、筆桿子」的理論任命羅干和丁關根任副組長。江還任命公安部副部長劉京等有關部門的負責人為主要成員，統一研究解決「法輪功」問題的具體步驟、方法和措施，並指示中央和國家機關各部委、各省、自治區、直轄市密切配合。該機構於 6 月 10 日成立，故稱其為「610」辦公室。

《大紀元》2012 年 3 月報導，據北京消息人士透露，時任總理溫家寶不僅多次在中高層會議上提出平反「六四」以及平反胡耀邦和趙紫陽，還提出了平反「法輪功」，一直以來遭到周永康等江派的反對。

胡、溫上台後，因江派的「政法委第二權力中央」的存在，再加上曾慶紅對中央書記處的五年把持；黃菊、回良玉、曾培炎等人對國務院的掌控；李長春、劉雲山對文宣的控制；周永康對「公、檢、法」的獨裁；江澤民對軍隊的操縱；連外交部、商務部都在很長時間內被江派所控制，整個胡、溫 10 年，政令不出

中南海，其實舉步維艱。

當時胡錦濤不便表態的狀況下，直接出面處理王、薄、周事件的高層台面人物就是溫家寶。十八大結束日（2013 年 3 月 14 日）溫家寶舉行了他任內最後一次的人代記者會，公開表示要依法處理王立軍，並暗示薄熙來是「文革」遺毒。

胡錦濤在十八大後再用「裸退」方式，逼退江澤民老人干政，並拿下薄熙來，為習近平順利接任掃清了一些障礙。

習上台 迫害法輪功的江派大佬落馬

中共十八大前後，胡錦濤與習近平結盟。習近平上台後，跟隨江澤民迫害法輪功的很多江派大佬落馬。

十八大以來，習近平取消了臭名昭著的勞教制度，整頓並降格政法委，把政法委書記從常委中剔除，並在五年內通過政治、經濟、軍隊等改革和反腐，拿下了周永康、徐才厚、郭伯雄等在內的一批江派大老虎，清除很多阻礙改革等江派及權貴利益集團，目前整肅已經逼近江澤民、曾慶紅本人。

2013 年 12 月 20 日，官方公布中央「防範和處理 X 教問題」領導小組副組長、辦公室主任，公安部黨委副書記、副部長李東生涉被調查。之前八天，歐洲議會通過一項緊急議案，要求中共立即停止活體摘除器官；並呼籲中共「立即釋放」包括法輪功學員在內的所有良心犯。

《大紀元》獲悉，李東生落馬的原因之一即是 2013 年 12 月 12 日歐洲議會通過的反活摘器官議案；中南海高層研判，該議案全球範圍曝光中共活摘器官，是法輪功在全球範圍「講真相」活

動所導致，引起中共高層震驚，活摘器官罪惡正在全球曝光，現任高層為留後路則要迅速拿出相應對策。

而且，官方公布李東生的「610」頭銜是首次正式對外公開「610」這個祕密組織。李東生是屬中共迫害法輪功機構中，中央第二層指揮鏈的最高官員。

同月，中共政治局決定對前任中共政法委書記的周永康進行調查。周永康是前「中共中央處理法輪功問題領導小組」組長，屬中央第一層指揮鏈的官員。

倫國智表示，在法輪功問題上胡錦濤和習近平與江澤民都不同調，在 2012 年王立軍逃美領館事件令中共高層徹底決裂並內鬥公開化後，江澤民傾盡國力對法輪功的迫害政策成為繞不開的核心問題，習在中共十八大後，在對江派的一系列清洗中，清理了大批跟隨江澤民參與迫害法輪功的高官，對江澤民的一些政策進行了否定。

據明慧網消息統計，從 2016 年上半年至今，中國已有山西、河北、遼寧、江蘇、北京、黑龍江、廣東、天津、安徽、山東、內蒙古、四川、重慶、湖北、河南、吉林、廣西共 17 個省、直轄市出現無罪釋放甚至當庭釋放法輪功學員的案例。這在江澤民執政時期不可能發生的事情。

不過，中共迫害法輪功的政策並未改變，迫害仍在持續，僅據明慧網 4 月份統計，中國大陸就新增 117 名法輪功學員遭非法判刑。

第三節

記法輪大法洪傳 25 周年

2017 年 5 月 12 日，逾萬法輪功學員在
紐約慶祝法輪大法弘傳世界 25 周年，
大遊行場面壯觀。（大紀元）

　　在漫長的文明長河中，人類，從未停止過對神的信仰和追尋。
釋迦牟尼、老子和耶穌幾乎在同一時代出現，分別在東西方講法
傳道，展現神蹟，為後世留下修煉文化。千百年來，不同民族的
預言都提到，在一個特定的時刻，人類將經歷一場毀滅性的大災
難。屆時，一位至尊聖者將出現、拯救世人於危難之中，並指引
人類回升的道路，開啟新的紀元。

　　今日，在物質文明的繁榮表像背後，社會敗象頻出，天災人
禍不斷。傳統被顛覆，道德在滑落，動盪和混亂使和平與安寧不
再。誰能力挽狂瀾？誰是人類最後等待的聖人？迷茫中，心靈在
焦渴地尋找未來的方向，等待啟迪的鐘聲。

大法傳世間

1992 年 5 月 13 日，在中國吉林省長春市第五中學的階梯教室，法輪功創始人李洪志先生舉辦了第一期學習班，公開向社會傳授佛家上乘修煉大法——法輪大法。這一天，正是李洪志先生 41 歲生日。

當時，約有 180 人參加了學習班。李洪志先生對第一批學員說：「你們來了，第一期，難得啊！我給你的是多少年也得不到的。」

一個偉大的傳奇，由此拉開了序幕；一部萬古不遇的大法，從這裡走向世界。

法輪大法以宇宙根本特性「真、善、忍」為原則，性命雙修，包含五套舒緩、優美的功法動作，講究修在先，煉在後。李洪志先生明確指出，人生的意義在於返本歸真。

據長春學員回憶道，「階梯教室的桌椅都很舊，前面一個講桌，一塊黑板，非常簡單。」「師父講完法之後開始教功。師父教功的時候是手把手地教，一邊教動作，一邊給大家清理身體。」

李洪志先生在長春舉辦了七期學習班，許多學員見證了師父妙手回春、大法令人起死回生的神蹟。

第二期班結束之後，李洪志先生於 1992 年 8 月 9 日在航空俱樂部舉辦了一次帶功報告，專門為兩期班的學員和親朋好友義務調病。

在第三期班上，有位中年婦女，在糧庫上班被米袋砸了，癱在床上很長時間。家人把她從醫院抬到了李大師授課的航空俱樂部。學員回憶說：「師父講課之前，讓她家人把擔架抬到講台上，短短幾秒鐘的時間，師父讓她坐起來，她就坐起來了；師父讓她

站起來，她就站起來了；接著師父讓她走一圈看看，她就真的在台上走了一圈。家裡人和跟來的病友們感激不已，從此，全家人走進大法開始修煉。」

在第七期學習班上，有兩位腦血栓患者扔掉了拐杖，其中一位是退休高級工程師李鳳鳴。他的老伴當晚給師父寫感謝信，代表全家感謝師父，決心煉好法輪功，報答師父的恩德。

1992 年 12 月，李洪志先生率領弟子參加了在北京國貿大廈舉辦的「東方健康博覽會」。

有一天，一位中年婦女在丈夫攙扶下來到了法輪功的展台前，向李洪志大師求助。她的肚裡有個瘤子，腹部脹大，醫院無法治療。李大師當即出手為她調理，也就是 10 至 20 多分鐘的樣子，她的肚子一下子就癟了，恢復了正常。圍觀的人群一開始靜靜的，等到反應過來後，大夥兒爆發出長時間雷鳴般的掌聲。病人夫妻激動地給李大師跪下叩謝。

1992 年在法輪功學習班上當場能走路的原腦血栓患者李鳳鳴。（明慧網）

夫婦倆寫了一封感謝信送到大會組委會。博覽會總指揮李如松在廣播中宣讀了感謝信，並說：「在博覽會上收到的第一封表揚信就是讚揚法輪功的，收到表揚信最多的也是法輪功。」博覽會總顧問姜學貴教授也說：「我親眼看到李洪志老師為這次博覽會創造了很多奇蹟，法輪功不愧為這個博覽會中的明星功派。我做

為博覽會的總顧問，向大家推薦法輪功。」

一時間，法輪功的超常和神威轟動了京城，學員人數呈爆炸式增長，上至國家級領導人，下至黎民百姓，無論老幼，人們口耳相傳，紛紛學煉。

從 1992 年 5 月 13 日到 1994 年 12 月 31 日，在兩年多的時間裡，李洪志先生先後在大陸 23 個城市舉辦了 56 期法輪功學習班，共有 6 萬多人次參加。法輪功使人身心受益，效果顯著，通過「人傳人，心傳心」的方式，在全國迅速傳開。

1994 年 12 月，李洪志先生的主要著作《轉法輪》在中國出版發行。1995 年 3 月 13 日至 19 日，李洪志先生赴法國巴黎傳授功法，法輪功正式傳向海外。

至 1999 年初，據中國官方統計，全國已有近 1 億人修煉法輪功，煉功人遍布社會各個階層，有力地促進了社會穩定。當時，官方的多家報紙、電台和電視台都報導了法輪功洪傳的盛況以及淨化身心的神奇功效。

那時，中國各地的法輪功煉功點是一道道祥和美麗的風景線，留在時光的記憶裡。

湖北武漢法輪功學員 1996 年集體煉功，排成了法輪圖形。

法輪是法輪大法的標記。學員們通過排字，表達對

1996 年，湖北武漢法輪功學員集體煉功，排成法輪圖形。（明慧網）

2016 年 11 月 26 日，約 6300 名法輪功學員在台灣台北中正紀念堂前排出壯觀的「法輪圖形」及「真善忍」。（大紀元）

李洪志師父的感激和思念，同時期望有更多民眾感受到法輪功的美好。

自 2000 年開始，台灣和海外各地的法輪功學員每年都組織盛大的排字活動。殊勝的排字圖片，記錄了大法洪傳的光輝歷史。

法輪大法的光芒四射，照耀中國大陸，照耀寶島台灣，照耀美國紐約，照耀五洲四海。

烈火煉真金

然而，自古正邪如冰炭。這麼大面積正直、善良的人群卻被共產黨視為眼中釘，樹欲靜而風不止。

1996 年 7 月，中宣部出版部門開始禁止出版發行《轉法輪》等法輪功書籍。1997 年初，中共政法委書記羅干指示公安部在全國調查法輪功，因各地對法輪功正面的反饋，調查不了了之。1998 年 7 月，公安部一局下發文件，密令各地深入調查法輪功，羅織罪名。1999 年 4 月，羅干的親戚何祚庥發文攻擊法輪功，引發中南海萬人和平上訪。

1999 年 7 月 20 日，「恐怖大王從天而降」。中共江澤民集團發動了對法輪功的全面鎮壓，以惡毒謊言誹謗法輪功創始人、誣衊法輪功。一場史無前例的人權浩劫掃蕩中原大地。

江澤民直接下令、成立了專職鎮壓法輪功的「610」辦公室，該機構可任意支配國家資源；邪惡集團推行「名譽上搞臭、經濟上搞垮、肉體上消滅」的群體滅絕政策，動用千百種酷刑和各種精神迫害手段，折磨法輪功學員，強迫他們放棄修煉。另外，全中國的媒體、司法、教育、文化等各級機構都被裹挾，全方位參與鎮壓。大批法輪功學員被迫害致死、致傷、致殘。據明慧網不完全統計，截至 2017 年 7 月，通過民間途徑傳出消息有名有姓的，已有 4114 名法輪功學員被迫害致死。甚至還出現了「這個星球上從未有過的邪惡」——中共活摘法輪功學員器官。由於中共的掩蓋，更為慘烈的迫害尚不為人所知。

面對血雨腥風，法輪功學員以良善抵抗暴虐，用生命維護信仰。在師父的呵護和指引下，海內外大法弟子走上了正法之路。他們身處魔難，依然心懷慈悲，和平理性地講真相、救世人。

在迫害之初，法輪功學員首先去各級政府部門上訪、反映情況，繼而衝破阻撓，進京上訪。當時，通往北京的交通要道被封鎖了，許多學員便步行或騎自行車，穿山越嶺，趕赴京城。

1999 年 10 月 28 日，30 多名大陸法輪功學員冒著生命危險，在北京成功召開了首次「中國大陸法輪大法新聞發布會」，第一次通過西方媒體曝光了中共迫害法輪功學員的黑幕，引起國際社會震動。

在 2000 年至 2001 年間，大約有 10 萬到 15 萬法輪功學員走上天安門廣場，舉起了「真善忍」和「法輪大法好」等橫幅，高

呼「法輪大法好」。

2002 年 3 月 5 日晚 8 時，法輪功學員在吉林省長春市有線電視網路的八個頻道插播了法輪功真相電視片，揭露中共導演的天安門自焚偽案。數十萬長春市民由此了解了真相。插播事件震驚海內外，令江澤民驚恐萬狀。主要參與插播的學員被抓捕、被判重刑，其中多人被殘酷虐殺。英雄們燃燒生命發送的真相電波，將永載史冊。

千百萬大陸法輪功學員不畏邪惡的瘋狂打壓，前仆後繼，付出了鮮血和生命的代價。「法輪大法好」的呼聲響徹大江南北，「法輪大法好」的訊息深入千家萬戶。傳單、標語、橫幅、光盤、日曆、護身符、「三退」信息錢幣、「九評」書冊等，源源不斷地被印刷、發送、張貼、懸掛……真相，遍地開花。

在海外，法輪功學員創辦了網站、報紙、雜誌、電台、電視台、國際調查組織、全球退黨服務中心，並通過法律訴訟、電話講真相等多種方式傳播真相，揭露迫害。

在著名旅遊景點、中共使領館前、中國城等地，學員們長年堅守，表達和平訴求，傳「九評」，促「三退」。此外，大法弟子還舉辦反迫害的遊行、集會、徵簽，並且積極參加當地的社區活動，展示大法的美好，破除中共的謊言。

隨著真相廣傳，越來越多的大陸民眾看清了迫害的事實，認識到中共的邪惡，很多人退出了中共的黨、團、隊。近年來，普通民眾聲援營救法輪功學員的事件此起彼伏。一批批律師挺身而出，為法輪功學員進行無罪辯護，並當庭指出：中共的鎮壓是非法的，江澤民迫害法輪功有罪。各地法輪功學員被無罪釋放，被撤銷原判的例子不斷出現。

　　另一方面，迫害法輪功的中共貪官們，從周永康、薄熙來、徐才厚、郭伯雄、李東生、蘇榮等高官，到各級官員、「610」打手，一個個厄運降臨，或被抓捕、被判刑，或病或死。明慧網記載了近萬起因為迫害法輪功而遭報應的事例。這是善惡必報的天理在人間的顯現。

　　在新的形勢下，不少曾經參與迫害者幡然醒悟，選擇幫助法輪功學員，有人甚至加入修煉的行列。

　　2016年6月13日，美國國會眾議院一致通過了343號決議案，譴責中共強摘良心犯器官、要求中共立即停止迫害法輪功並釋放關押的法輪功學員。

2016 年 6 月 13 日，美國國會眾議院一致通過了 343 號決議案，要求中共立即針對法輪功學員等良心犯的「強制摘取器官」行為。（Getty Images）

　　2016 年 9 月 12 日，在歐洲議會全體會議上，歐洲議會主席舒爾茨宣布了 48 號書面聲明，要求歐盟採取行動制止中共強摘器官。

　　據明慧網統計，自 2015 年 5 月至 2016 年 10 月 25 日，至少有 20 萬 9900 多名法輪功學員及家屬向中共最高司法機關控告迫害元凶江澤民，罪名包括「反人類罪」、「酷刑罪」和「種族滅絕罪」。在亞洲各地，有 138 萬民眾簽名參與刑事舉報江澤民的

全球聯署行動。

　　正義的浪潮不斷推進，中共的迫害難以為繼，中共在迫害中走向解體。

法輪天地旋

　　法輪功學員在受難中，反迫害、講真相，同時致力復興中華傳統文化，尋回失落的文明寶藏，啟發人們回歸對神的信仰。

　　2006 年，神韻藝術團在美國紐約創立。這是全球頂級的中國古典舞與傳統音樂藝術團，吸納了世界一流的藝術家。神韻每年創編一套全新的節目，在世界頂級劇場演出，以純真、純善、純美的歌舞形式，將五千年神傳文化淋漓盡致地呈現在舞台之上。

　　11 年來，神韻不斷締造新的奇蹟與輝煌，現已擁有 5 個同等規模的藝術團和現場伴奏樂團，每年巡迴大約 20 個國家的 100 個城市，累計現場觀眾達數百萬人。

　　各族裔觀眾驚歎於神韻的藝術表現力，盛讚神韻的音樂、舞蹈、服飾和節目編排，並且感激神韻的精神啟迪。神韻展示了真正的中國，讓華人找到了文化的根。神韻已經成為各界公認的世界第一秀。

　　人們這樣形容神韻：「傑出」、「壯觀」、「神聖」、「觸動人心」、「昂揚振奮」。對於創建神韻的藝術總監，觀眾心懷敬仰。這位超凡的編導，賜予紅塵眾生心靈的洗禮、最美好的福音。

　　走過 18 年的風雨坎坷，法輪功學員頂住了強權迫害，不僅沒有消失，反而日益壯大，法輪功蓬勃發展，洪傳世界。

　　越來越多的人意識到：法輪功所弘揚的「真、善、忍」，

2017 年 4 月 30 日，神韻北美藝術團在內布拉斯加州奧馬哈奧芬劇院（Orpheum Theater）上演，觀眾反應格外熱烈。（大紀元）

是當今世界最需要的精神價值，是能夠挽救人類於危機的唯一希望。法輪功學員所展現出的堅忍、和平、理性，獲得主流社會與普通民眾的讚賞，同時激勵著受迫害的同胞反抗暴政、堅守良知。法輪功學員所倡導和推動的「三退」掀起精神覺醒的大潮，波瀾壯闊。法輪功學員所實踐的復興中華傳統道德文化的運動，啟迪神性，喚醒善念，給整個人類社會帶來積極而深遠的影響。

25 年彈指而過。今天，法輪大法洪傳全球一百多個國家和地區，修煉者遍布亞洲、歐洲、非洲、北美洲、南美洲和大洋洲。

多年來，海外法輪功學員經常舉行聲勢浩大的遊行集會，向公眾傳播真相，並聲援大陸同修。每一次遊行都放射出強大的震撼力，令觀者驚歎不已。

在與大陸一水之隔的香港，每次法輪功的集會遊行，都吸引了眾多大陸遊客，有人眼中含淚，有人久久凝視。湖南衡陽的李太太說：「法輪功學員肯定是好人，我就是發自內心的感動、激動。我支持他們的選擇，我也佩服他們。」

紐約曼哈頓，這個繁華的世界之都，見證了許多珍貴的畫面。近年來，全球各地不同種族、文化、年齡的部分法輪功學員於每

年 5 月 13 日相會在紐約，舉行心得交流會並慶祝「世界法輪大法日」。他們自由地表達、訴說，盡情地把真相傳揚。雄壯的鼓樂，奏響神威；明豔的黃色，閃動希望。莊嚴的隊列，放射「真、善、忍」之光，展示信念和力量！

2016 年和 2017 年，紐約萬人慶祝震撼了中西方民眾。大陸的徐先生說：「我真是震撼啊，遊行太壯觀了！我感到，當人類敗壞到如此地步的時候，只有法輪大法能夠淨化人類的心靈、拯救人類，法輪大法是人類的希望啊！」

四海同感恩

2000 年 1 月 1 日，世界各地的人們歡呼雀躍，慶祝渡過重重危機、邁進新的千禧年。然而，在欣喜的背後，有誰人知道，當 1999 年「恐怖大王」從天而降之時，法輪大法的師父，為眾弟子和眾生承受了什麼？

明慧編輯部 2000 年 7 月在《慈悲偉大的師父》一文中說：「面對這樣邪惡的危險情況，師父將所有的這些壓向學員的業力與邪惡構成的巨大物質因素聚在一起，由師父用自己的身體承受，同時銷毀著這些邪惡的巨大因素。」

李洪志先生傳法度人的艱難，難以言述。李先生在《洪吟》一書的《苦度》詩中寫道：

危難來前駕法船，
億萬艱險重重攔；
支離破碎載乾坤，

一夢萬年終靠岸。

25 年前，李洪志先生向社會公開傳法，走遍中國各大城市。李先生不講排場，不擺架子，平易近人，優雅從容。李大師所到之處，人們爭相一睹風采。在中國，從高層領導到平民百姓，都有人模仿他的舉止與風度。覺者的風範，深受敬仰。

今天，全世界上億的各族裔民眾堅定地追隨著李洪志先生。弟子們為他所傳授的法理所吸引，為他捨己為眾生的境界所折服。

法輪大法的出現，正是在人類道德迅速下滑的時期。很多人沉迷於現實利益，不再相信神佛的存在，忽略了生命的意義。此時，李洪志大師開啟天機，為迷茫中的世人指引大道。

在邪惡政權鋪天蓋地的謊言和暴力鎮壓下，李洪志先生教導弟子以大善大忍之心和平抗爭，造就了千千萬萬勇於為真理獻身的聖徒。

由於法輪功為人類社會帶來的貢獻，李洪志先生和法輪大法迄今獲得各種褒獎達 3000 多項。李洪志先生所著《轉法輪》已經被翻譯成 40 種語言。

25 個春夏秋冬，四分之一個世紀。這段歲月，記載了最深重的黑暗和最偉大的覺醒。這段歲月，將成為不朽的神話，被永世傳頌。

5 月 13 日，是永恆閃光的起點。這一天，法輪大法在世間傳出；這一天，也是李洪志先生的生日。感恩的歡笑、淚滴，溶入敬仰的目光，匯成讚美的潮水，激盪在這神聖的日子。

此刻，大地、藍天、山川、草木、河流、星空，都在靜靜地、靜靜地傾聽，傾聽宇宙間最壯麗的詩篇、最深情的讚歌。

郭文貴事件背後　王岐山擊退政變

第十一章

王岐山
隱身 40 天後還擊

在隱身 40 天後，王岐山 6 月 22 日在貴州現身，強調要當好政治生態「護林員」，以迎接中共十九大。在中共官場中問題嚴重的一把手，就是要被拔的「爛樹」。在拔除周永康、徐才厚、郭伯雄等之後，矛頭指向曾慶紅、江澤民。

王岐山隱身 40 天後選在貴州現身。（新紀元合成圖）

第一節

王岐山隱身 40 天
擬拔「爛樹」

在中共官場中問題嚴重的一把手，就是要被拔的「爛樹」。在周永康、徐才厚、郭伯雄等之後，夠級別的高官非曾慶紅（圖）、江澤民莫屬。（AFP）

　　2017 年 6 月 16 日，距離北戴河會議只有兩個月了，6 月 22 日，中紀委官網報導稱，中紀委書記王岐山 6 月 20 日至 22 日在貴州省檢查紀檢監察工作，召開了省紀委和修文縣委紀委座談會，還考察了貴陽大數據應用展示中心。

　　此前《新紀元》周刊報導過，利用大數據應用，就能讓貪官的黑錢，變成一堆廢紙。習近平 2016 年成立的監察委，就是為王岐山留任做準備的。

　　這是王岐山隱身 40 天後現身。2014 年到 2016 年間，王岐山曾五度避開官方活動，潛行辦理大案。比如在 2014 年 5 月 19 日到 6 月 22 日，王岐山隱身逾月，復出後不久，中紀委就宣布前中共軍委副主席徐才厚、前中共政法委書記周永康遭到調查。

時事評論員周曉輝分析說，「王岐山貴州現身，曾慶紅要被祭出？」在貴州講話中，王岐山表示要對照習近平講的「七個有之」，查找在本地區的突出表現，準確把握政治生態的「樹木」與「森林」狀況。

「七個有之」是習近平在中共 18 屆四中全會上提到的中共官員的一些問題，具體指「搞任人唯親、排斥異己的有之；搞團團伙伙、拉幫結派的有之；搞匿名誣告、製造謠言的有之；搞收買人心、拉動選票的有之；搞封官許願、彈冠相慶的有之；搞自行其是、陽奉陰違的有之；搞尾大不掉、妄議中央的也有之」。

有這樣官員的中共官場，顯然政治生態也是個大問題。習近平在 2014 年 6 月 30 日首次提出「政治生態」一詞，同日，徐才厚等四隻「老虎」被開除黨籍。此後的幾年來，習近平在多次講話中都提到了要淨化政治生態，值得關注的是 2015 年兩會期間習近平在江西代表團發表的關於政治生態的講話。當時習近平先從保護環境談起，稱對破壞生態環境的行為「不能手軟，不能下不為例」，隨後又轉到政治生態，稱嚴懲腐敗分子是為了「保持政治生態山清水秀」，黨內如果還有腐敗分子，政治生態必然會受到污染，因此要大氣力拔「爛樹」、治「病樹」、正「歪樹」等。

習近平在江西團發表這番言論，顯然意有所指，因為江西不僅是江澤民的大總管、曾任政治局常委的曾慶紅的老家，而且江西還有個「江西幫」，幫主正是曾慶紅。2015 年兩會前，「江西幫」的主要大員，如曾慶紅的心腹、原江西省委書記蘇榮，江西省副省長姚木根，江西省常委趙智勇，江西省政協原副主席宋晨光，江西省人大常委會原副主任陳安眾以及國安部副部長馬建等皆已落馬，而這正是拔「爛樹」的結果，後五名高官都與蘇榮存

在不少交集，應都是曾慶紅的馬仔。

爛樹病根就是曾慶紅 曾家早被盯住

就在習近平這番講話後的 6 月，中紀委推出的系列文章中有一篇專門談及了如何把握「樹木與森林」的關係，稱有的「病樹」「爛根」長得還很大，因此，治病樹、拔爛根，是「治樹護林」之舉。文章中還有這樣一句：「對問題嚴重的一把手，哪怕是難辦也要先辦。」換言之，在中共官場中問題嚴重的一把手就是要被拔的「爛樹」。作為「江西幫」後台的曾慶紅也應在被拔除之列。

無疑，要當好政治生態「護林員」的王岐山的重要職責就是拔掉「爛樹」，而從目前的情勢看，要拔的這棵樹「爛」的時間長、根子「爛」得深，而且危害大，在周永康、徐才厚、郭伯雄等之後，夠級別的高官非曾慶紅、江澤民莫屬。不過，結合此前的習近平在江西代表團之語，這棵「爛樹」極大可能是曾慶紅。

從此前披露的信息看，曾慶紅早已是四面楚歌。除了「江西幫」成員被抓，曾慶紅「石油幫」的幾個心腹也相繼落馬，曾慶紅的弟弟曾慶淮、侄女曾寶寶、兒子曾偉和內侄女王曉玲等的問題也一個個被媒體隱射或直接披露，作為幫主的曾慶紅在習近平上台後也不斷被敲打，除了習一再釋放「反腐沒有上限」、「反腐沒有鐵帽子王」之語外，2015 年兩會前的 2 月，中紀委網站還發表《大清「裸官」慶親王的作風問題》一文，影射曾慶紅賣官、斂財、生活糜爛等。

就在王岐山貴州之行的同時，6 月 20 日，有習陣營背景的「學

習小組」刊發了《警惕權力遊戲》一文，暗示圍繞在以江澤民為核心的「權力中心」的權貴階層和「白手套」都是被清剿的對象。這中間也應該包括曾慶紅。

王岐山此次隱身 40 天後，現身前夕，6 月 13 日安邦集團董事長與總經理吳小暉被帶走調查的消息獲證實；6 月 21 日富商黃如論被免政協職務，6 月 22 日萬達股票大跌。吳小暉被披露是曾慶紅兒子曾偉的「白手套」，並深涉江澤民家族政商利益圈；而黃如論被指涉江派前常委賈慶林家族腐敗等，萬達王健林是薄熙來扶持起來的富豪。

這些跡象表明，王岐山還牢牢掌控著反腐大權，習王反腐並不因郭文貴爆料而停滯不前，相反，王岐山對郭文貴的老領導的查處將會更嚴。

習王正待機拋出「極高層」

2017 年 6 月 21 日，香港東網發表評論文章《看誰跳出 一舉殲之》。文章稱，政治局常委、中紀委書記王岐山在中共十九大時的退留問題，一直是這些年的人事政治焦點。此問題又分幾個層面，王岐山如果不留任，對習近平的權力地位和全面深化改革大計有何影響？如果王岐山留下來，習近平要付出多大的代價？要和不贊成王岐山留下的勢力做怎樣的「博弈」？

十八大後，習、王反貪「打虎」，得罪了很多既得利益者。其中含藏尖銳複雜、你死我活的鬥爭，而十九大的召開將成決戰。

評論稱，現在無人能推倒習近平，也無人能挑戰習核心，但可以阻擊王岐山；於是，有「外逃奸商」瘋狂爆料，試圖與黨內「倒

王」勢力裡應外合，然「調查處理之權」不在「倒王」勢力手中，爆料只能是隔山打牛，難起作用。

文章最後表示，習、王更有底氣的是，經過幾年反腐，所有「內應力量」的材料已掌握，之所以一直忍而不發，就是在等待時機，看誰會跳出來，一舉殲之。

現在郭文貴藉助曾慶紅的力量跳出來了，曾慶紅也就成了一舉殲之的對象了。

第二節

王岐山現身拿下劉善橋
李鴻忠異常緊急行動

敏感時刻，深具江派背景的李鴻忠
（圖左）高調突出王岐山，外界質疑
李藉「捧殺」王岐山、貶低習核心，
以離間習、王。（新紀元合成圖）

　　中共政治局常委、中紀委書記王岐山在隱身 40 天後，於
2017 年 6 月 20 日至 22 日在貴州現身，檢查紀檢監察工作。在他
離開當地之後，中共貴州省委即在 6 月 23 日召開會議「學習」
王岐山的有關講話。

　　罕見的是，中共天津市委也同時跟進，於 23 日召開中共市
委常委會議，「傳達學習王岐山重要講話精神」，主持會議的是
天津「一把手」李鴻忠，他再次發表挺習講話。

　　在中共的政治生態中，中央政治局常委一級的高官赴地方視
察，當地通常會在稍後召開省委常委會議學習「講話精神」，這
是一種慣例。而天津市和被視察的貴州同步召開常委會議傳達王
岐山的講話，則較為少見。

　　現年 61 歲的李鴻忠仕途從遼寧起步，之後被調往廣東長期

任職。在李長春、張德江主政廣東期間，李鴻忠先後任中共廣東省委常委、副省長、深圳市委書記。據稱，李鴻忠受到江澤民姘頭黃麗滿關照和提拔，並成為黃的心腹。

2007 年 12 月，李鴻忠調任中共湖北省副省長，代理省長；2008 年至 2010 年，任中共湖北省省長；2010 年至 2016 年 9 月，任中共湖北省委書記。2010 年 3 月中共兩會期間，李鴻忠搶奪女記者的錄音筆成為當時的熱門話題。李鴻忠也因此被譏為「奪筆書記」。

李鴻忠曾緊跟薄熙來在湖北大搞「唱紅」。他在深圳及湖北等地任職期間，都緊跟江澤民迫害法輪功，被「追查迫害法輪功國際組織」發出追查通告。

習近平上台後，隨著薄熙來、周永康、令計劃等江派高官紛紛落馬，李鴻忠不斷向習近平表忠心，成為江派官員的反水典型。令計劃被查後，李鴻忠主持的湖北省成為第一個表示擁護中央決定的省份。2016 年初，李鴻忠成為第一批在中共省級常委會上提出「習核心」的地方大佬之一。

李鴻忠因其江派色彩、露骨的溜鬚拍馬、惡劣對待媒體的表現，而備受輿論詬病，其於 2016 年 9 月接任中共天津書記，曾令外界大感意外。

李鴻忠「捧殺」王岐山？

李鴻忠特別吹捧王岐山已不是第一次。

湖北省官媒報導，2015 年 3 月 21 日到 4 月 3 日，中共湖北省當局培訓全省 2000 餘名副廳級以上官員，旨在「學習貫徹」

習近平系列重要講話、王岐山講話和十八屆中紀委五次全會「精神」。據報，培訓計畫由李鴻忠親自審看。

不過，像這樣將「習、王」講話單列放在一起，卻並不尋常。在其他 30 個省級黨委中，並無類似舉動。

2016 年中共六中全會確立了習近平的「核心」地位。中共江澤民集團圍攻王岐山，離間習、王的關係。

敏感時刻，李鴻忠又立即第二次高調突出王岐山，這令人懷疑，深具江派背景的李鴻忠是否在繼續實施另一種「捧殺」王岐山、貶低習核心，以離間習、王的陰謀？

湖北「第四虎」劉善橋落馬耐人尋味

2017 年 6 月 26 日，中紀委官網通報，中共湖北省政協副主席劉善橋落馬被查。劉善橋是中共十八大以來湖北繼政協副主席陳柏槐、副省長郭有明和省委組織部長賀家鐵之後的第四名被查的副省級官員。

61 歲的劉善橋是湖北隨州人，仕途一直在湖北官場。自 1990 年 1 月開始，他歷任中共湖北隨州市副市長、中共宜城市委副書記、市長、中共襄陽市委書記、中共襄樊市委副書記；自 2002 年 11 月至 2006 年 7 月，任中共黃岡市委副書記、市長；2006 年 7 月至 2013 年 1 月，任中共黃岡市委書記，十屆湖北省委委員；2013 年 1 月至今，任中共湖北省政協副主席。

劉善橋在湖北多個重要城市主政，是典型的湖北「坐地虎」。劉善橋自 2002 年開始主政的湖北黃岡市是迫害法輪功的重災區，曾被海外明慧網多次曝光。

劉善橋 1999 年至 2002 年任襄樊市（2010 年後稱襄陽市）副書記，搭檔的書記是孫楚寅。孫楚寅於 2003 年 12 月被捕、2005 年被判刑 17 年，官方罪名只是「受賄、賣官」。其實孫楚寅主政期間有更具體的罪惡，是積極指揮襄樊全市各級官員參與對法輪功學員的殘酷迫害，包括多起致命案例，同時將迫害延申一般民眾，如曾經引發全國關注的「高鶯鶯事件」，花季少女高鶯鶯被性侵後被自殺、遺體被強行火化。

高鶯鶯事件發生的 2002 年，正是江澤民鎮壓法輪功的高峰，孫楚寅因此才能私自調動武警鎮壓家屬與民眾，而且那時候全國宣傳「自殺」、「自焚」之類的「案例」，誠如時評：高鶯鶯不「自殺」行嗎？不「自殺」能「和以江澤民為首的黨中央保持高度的一致」嗎？對高鶯鶯這個孩子的殘害，更使人想到他們對法輪功學員的殘害。

不過就像多數參與迫害的官員一樣，作為孫楚寅重要副手的劉善橋並不引以為鑑，並且在他 2003 年起主政黃岡市近 10 年來，不論是劉善橋市長，還是劉善橋書記，不論是他在「年度政府工作報告」中，還是他在與各縣區委書記的座談會上，他的高頻詞都是「嚴防和打擊法輪功」。尤其是他將法輪功學員劃為「七類特殊人群」實行「六有三包」的迫害，都讓黃岡市成為湖北省迫害重災區。

然而就在王岐山這次隱身後復出，沉寂一年多的湖北官場再度震盪，首先就是從 1999 年起迫害法輪功的劉善橋倒在 18 年後的今天。

雖然劉善橋已經沒有機會，但對其他現在仍在為江澤民迫害政策賣命的人，不啻又是一個引以為鑑的機會，包括剪護照

阻王治文與女兒團圓，以及囚禁加拿大公民、女企業家孫茜的幕後黑手。

同時可以發現，在 2016 年下半年王治文、2017 年初孫茜等事件引起國際關注譴責後，國安、政法公安等系統也遭受一輪內部清洗。

這麼多年來，外界不斷奉勸那些靠迫害上位而且還在猶豫不決的人不要成為被江澤民利用到最後一刻的工具，同時也告誡現任當局，江澤民問題一日不公開，一些官員就會延續江的政策。

誠如社科院首任所長、曾在趙紫陽治下的「政治改革辦公室」工作、也曾與王岐山等人合編《走向未來》叢書的嚴家祺表示：如果不進一步清算江澤民的話，那江澤民的殘餘勢力，就可能在十九大或者是二十大，就會把這幾年反腐的成果全部否定，也影響整個中國的發展。

劉善橋落馬時間點有多重敏感性。

其一，適逢王岐山隱身 40 天、剛現身後第四天。此前外界就關注王岐山隱身是「打虎」的徵兆。

其二，正處於中共湖北省黨代會召開期間。中共十九大前省級黨委換屆最後省份湖北的黨代會於 6 月 25 日召開。劉善橋落馬，直接震懾正在換屆中的湖北官場。

其三，適逢李鴻忠特別吹捧王岐山後的第三天。

在 2007 年 12 月李鴻忠調任湖北後，劉善橋是李鴻忠的下屬，二人在仕途上有近十年的交集，互動密切。

劉善橋自 2013 年退任政協閒職後，仍多次同李鴻忠一同參加高層公開活動。如，2015 年 12 月 4 日，劉善橋與時任中共湖北書記的李鴻忠、中共湖北省長王國生等人會見香港新恆基集團

董事局主席高敬德一行。

　　李鴻忠舊部劉善橋落馬，緊隨著李鴻忠吹捧王岐山的舉動之後發生，二者之間的相關性耐人尋味。有兩種可能解讀，一種是，習、王識破江派裡應外合的離間計陰謀，迅速查處李鴻忠的舊部，作出回擊。另一種是，李鴻忠提前知曉舊部劉善橋被查的消息，緊急向王岐山輸誠，擾亂外界視線，以圖與劉善橋切割。

　　真相到底如何，還需等事件後續發展來驗證。

李鴻忠仕途充滿變數

　　天津是江派「天津幫」的老巢，李鴻忠何以得以升任中共天津書記，背後涉及什麼樣的交易和妥協，目前不得而知。但李鴻忠調任中共天津書記前後，習、王的一些動作已為清算李鴻忠埋下伏筆。

　　李鴻忠調任中共天津書記前後，傳出中紀委多次約談李鴻忠的消息。據稱，中紀委多次責成李鴻忠主動把在廣東深圳擔任領導期在經濟上、利用職權上的違紀情況、生活作風墮落問題交代、檢查，爭取從寬處理。

　　中共天津市委書記按慣例是由政治局委員兼任，但自 2014 年 12 月孫春蘭由中共天津書記轉任中共統戰部長後至今兩年半以來，已落馬的代理天津書記黃興國與現任天津書記李鴻忠均非政治局委員。這也說明，中共天津書記是否由政治局委員兼任，對中共高層政治並無影響。

　　另一方面，習近平親信舊部蔡奇在短暫任職中共北京市長後已接任中共北京書記，習其他的幾名親信、中共上海市長應勇、

中共重慶市長張國清、中共廣東省長馬興瑞將在十九大前後晉升黨務一把手，進政治局的態勢也很明顯。

現任中共天津市長的王東峰與習近平是老鄉，都是陝西人，又與現任中辦主任栗戰書在陝西有工作交集。比照其他直轄市市長的升遷模式，王東峰在十九大前後快速晉升中共天津書記、進入十九屆政治局，也有可能。

如上分析，中共天津書記是否還有政治局委員兼任？李鴻忠是否能以中共天津書記的身份晉升十九屆政治局？充滿變數。隨著習江鬥升級，李鴻忠是否能平安著陸，也是未知數。

李鴻忠的真實派系背景、及其升遷背後的高層博弈內幕，料將在十九大前後逐漸明朗化。

第十二章

不被離間
習王瞄準權力圍獵者

儘管不斷遭受攻擊，王岐山的地位依舊。外媒盤點習近平執政五年的三大戰役，每一步都有王岐山打虎的功勞。從6月以來習、王的行動中，看出兩人依舊緊密聯盟。習王繼續打虎，瞄準權力圍獵者、擁有最多「白手套」的曾慶紅與江澤民。

儘管有人在美國不斷攻擊王岐山，習、王二人依舊緊密聯盟、不被離間。習王繼續打虎，瞄準權力圍獵者。（AFP）

第一節

吳小暉被抓 是江曾「白手套」

吳小暉檔案照。（大紀元資料室）

自 2017 年 4 月底，與王岐山關係密切的財新網高調起底安邦之後，雙方展開激烈對陣，相互指責對方欺詐，並聲言將訴諸法律。

6 月 13 日，在發出聲明指控財新傳媒總編胡舒立「捏造事實」14 天後，安邦集團發出了吳小暉「因個人原因不能履職」的聲明。一場關於財新網「誹謗」吳小暉的爭論落下帷幕。

6 月 13 日，《財經》首家爆料吳小暉 6 月 9 日被帶走，次日保監會相關人士赴安邦集團開會，小範圍宣布了吳小暉被帶走的消息。

習近平召開十九大前，中國政局驚風密雨。明天系集團控制人肖建華、中國保監會主席項俊波、萬億資產帝國安邦控制人吳小暉先後被抓。吳小暉將涉及哪些權貴之家？是誰的白手套呢？

吳小暉 2013 年 11 月正式擔任安邦保險集團董事長兼總經理，

之後安邦大舉投資股市，海外四處併購，攪動了整個世界。但安邦背後的股東外界仍無從知曉。

中國媒體曾經炒作吳小暉是鄧小平的外孫女婿，安邦董事中有前總理朱鎔基之子朱雲來，前元帥陳毅之子陳小魯。據財新網報導，陳小魯公開回應，他就是顧問，一諮詢，二站台，無股份，無工資。朱雲來則是「掛名董事」，從未簽署任何相關法律文件。吳小暉確實娶了鄧小平之女鄧楠的女兒鄧卓芮，但「目前夫妻關係已確認中止」。2014 年，「鄧家曾小範圍開會討論過安邦的事宜，確認已與鄧家無關」。

「朱雲來、陳小魯、鄧卓芮」雖然喧鬧一時，但在當前的中國政局下，能夠擺在媒體上說的關係都不是真正的後台。吳小暉的靠山，另有其人。

權貴家族的墊腳石

安邦成立於 2004 年，是一家未上市的、私人擁有的財產和意外保險公司，在上海附近的寧波註冊。上海汽車工業集團是安邦 2004 年最大的發起股東，出資 1 億元，占股 20％。2005 年首次增資時，中石化被引進為新股東，出資 3.38 億元，占股 20％。上汽也增值到 3.38 億元，同樣占股 20％。所以吳小暉的初始資本來自中國最大的兩家國有企業：石油巨頭中石化和最大的汽車製造商之一上汽集團。

到 2011 年 5 月安邦第五次增資到 120 億元時，兩家國營企業股份合起來已被稀釋到只有 9.1％。但安邦在對外宣傳時，依然把上汽和中石化「頂在最外面」。

安邦成立時叫安邦財產保險股份有限公司（簡稱「安邦財險」）。據《人民日報》旗下的《中國經濟周刊》5 月 8 日的報導，安邦財險首任董事長就是上汽集團時任總經理胡茂元。直至 2014 年，胡茂元仍為安邦集團法定代表人，後變更為吳小暉。胡茂元長期擔任上汽集團公司總裁。

上汽集團最著名的董事會成員是江澤民之子江綿恆。江綿恆還是上汽控股公司上海聯投的董事長。

2005 年，上汽子公司——上海通用汽車與安邦簽訂戰略合作協議，使安邦在上汽的諸多 4S 店代理銷售車險。開業第一年，安邦的保費收入突破了 10 億元，並在全國 22 個點鋪設了業務網絡。

「這點很不容易。」一位保監會官員告訴《南方周末》的記者，保險業類似銀行業，開設分支機構時，需要得到各地保監局的審批核准。

《大紀元》記者經過查詢發現，各地保監局歸中國保險監督管理委員會（簡稱保監會）垂直管轄，可見安邦的實際控制者早在成立之初就能搞定保監會。時任保監會主席是吳定富。

安邦另一家初始股東中石化來頭也不小。中石化董事長陳同海是曾慶紅一手提拔的親信，也是替曾慶紅、周永康掌管石油能源行業的得力幹將之一。

《南方周末》2015 年 1 月 29 日的報導披露了很多信息，報導指中石化「入局」得益於安邦實際控制者們早年與陳同海的「交情」。陳同海和其父親都曾在寧波工作多年。陳同海 2003 年至 2007 年任中石化董事長。2007 年 7 月被調查，兩年後被判處死緩。

美國之音引述政治分析人士的觀點點出，吳小暉得到曾慶紅

的支持。曾慶紅曾任國家副主席，是江澤民多年的「軍師」。

蹊蹺的是，等到安邦進入快速發展和盈利周期之後，兩家國企居然以低溢價退出。

《東方日報》6月16日發表評論說：「這些國企在安邦風險最大時堅守，在摘果子時卻毅然退出，將成果拱手相讓給吳小暉，實在令人費解。」

唯一的解釋是這些國企「充當了權貴家族的墊腳石」，「國企出錢搭平台，這個平台如果賺錢，國企就找理由退出，轉讓給權貴或其代理人；如果這個平台虧錢，虧的也是國家的，與權貴無關」。

以上信息不難看出，這裡涉及的權貴家族即江綿恆和曾慶紅。

李春城助吳小暉「蛇吞象」

安邦發展最關鍵的一步還是 2011 年入主千億資產的成都農商行。這筆典型的「蛇吞象」收購，讓安邦資產規模從幾十億衝到千億級別。

成都農商行原來是農村信用社，2010 年 1 月正式掛牌，由成都市政府企業控股。截至 2010 年底，資產總額達 1603 億元，多是農戶的存款，穩定可靠，註冊資本排名全國第一。

2010 年 12 月成都農商行計畫增資擴股，引進戰略投資。2011 年，註冊資本僅 51 億的安邦作為「戰略投資者」被農商行引進，獲得後者 35％的股份，成為第一大股東。而成都市國有系統的五家原控股企業在農商行的合計持股下降至 21.99％。安邦人馬同時進入農商行管理層，囊括董事長、副董事長、行長的職

務，並占據董事會一半成員。

被收購以來，成都農商行一直是安邦萬億資產版圖中最重要的一塊。數據顯示，在 2013 年末，安邦總資產約 7000 億元時，成都農商行的總資產是 4293 億元；而到 2014 年底，安邦達到「萬億元」規模，成都農商行的總資產約為 6000 億元。截至 2016 年年末，全行資產總額達 6731 億元，仍超過安邦所有其他業務的總和。

併購時，安邦註冊資本只有 51 億元，總資產 256.74 億元。《南方周末》說，即使在保險行業裡，安邦也是「不起眼的小角色」。由它來併購成都農商行的千億元資產，是一個不折不扣的「蛇吞象」交易。成都多位官員、商人表示，這樁交易有「賤賣國有資產」的嫌疑，從一開始就在成都的政界、商界，引起了較大爭議。

2011 年 11 月，中國銀監會批覆同意了這一增資擴股方案。至此，安邦保險對成都農商行的「蛇吞象」交易，鐵板釘釘。

《南方周末》特意點出，就在同時，成都市主要領導更迭，時任市委書記李春城離任。該市市委一位官員對《南方周末》記者說，新任的成都市委領導，至少兩次在會議上，對安邦收購農商行的這一交易，表示嚴重不滿，並稱當時這樁上千億元的國有資產買賣，「都沒有上市委常委會討論」。

在這樁交易期間主政成都的幾位主要官員，之後紛紛落馬。如成都市委書記李春城 2012 年 12 月被查；市委常委、副書記李昆學 2015 年 11 月被查；市委常委、常務副市長孫平 2014 年 8 月被查；市委常委、祕書長鄧全忠 2016 年 12 月被判無期徒刑；市委常委、組織部長趙苗 2014 年 4 月被查；市政協副主席付毅 2014 年 7 月被查；市長助理陳爭鳴、劉俊林、周鴻德在 2014 年

也先後被查。

安邦入股之前成都農商行第一大股東、時任成投集團董事長吳忠耘，2013 年 12 月也被紀檢部門調查，2014 年 12 月一審被判處死緩。

這些官員的涉案材料、司法文書迄今未予公布。《南方周末》記者向有關部門詢問，遭到拒絕。

值得一提的是，有關安邦集團和吳小暉的種種傳聞始於四川省委副書記李春城落馬之時。香港《亞洲周刊》2012 年 12 月 9 日報導，李春城案牽涉面甚廣，除周永康之外，鄧小平的外孫女婿吳小暉亦被捲入，安邦將旗下和諧健康險總部遷往成都，吳小暉和李春城一起出席了慶典。

李春城與郭永祥、李崇禧、譚力、魏宏、李成雲均為前政治局常委周永康的親信，都官至副省級以上，他們都因貪腐落馬，號稱「四川六虎」。

周永康在四川省委書記任上提拔李春城為享受副省級待遇的成都市長，李號稱周家的「錢袋子」。他是中共十八大後落馬的首個老虎，由此引發四川官場和商界「地震」。

李春城主政成都市委時為何要將成都農商行賤賣給吳小暉？他是否受了周永康指使？目前難以查證。但據法庭公布的信息：2001 年 9 月至 2011 年 7 月，李春城擔任成都市長、市委書記期間，在周永康的授意下，為他人謀取不當利益提供幫助，致使公共財產遭受重大損失。李春城受賄近 4000 萬，因有重大招供行為，被輕判 13 年。

吳小暉是中共權貴哪一戶人家的「白手套」？從安邦上述起步和發展的軌跡來看，它不姓鄧、不姓朱、不姓陳，最可能姓江

（綿恆）、姓曾（慶紅）、姓周（永康）。所謂「白手套」，就是充當「黑錢」漂白的中間人，或是實際從事「非法」事務的「合法」外衣。

在安邦後續的發展中，保監會扮演了重要角色。

《人民日報》旗下《中國經濟周刊》2017 年 5 月 8 日的報導總結了安邦的發家史。文章暗示安邦利用官商勾結運作模式，「每一步都踩準了政策的節奏，甚至提前布局，一旦政策之門打開一條小小縫隙，安邦就閃身而入」。可以說吳小暉和保監會相互勾結造就了他今日的萬億資產帝國。保監會主席項俊波 4 月 9 日已經落馬。

第二節

習打擊影視大鱷
曾慶紅心腹失聯

2003 年起曾慶紅主管港澳工作，其弟曾慶
淮（圖）幕後一手掌握京、港、澳三地娛
樂圈達二十多年。（大紀元資料室）

　　阿里影業 2017 年 6 月 23 日發布公告，張強已辭任執行董事，
也不再擔任董事會執行委員會成員。入職阿里前，張強是中影集
團董事兼副總，在影視傳媒行業資歷逾 25 年。然而，阿里影業
的隱形顧問董平，才是真正的操盤手。董平是阿里影業前身「文
化中國」的創辦人。

　　不過，董平人前是影視大鱷，人後是曾慶淮的頭號白手套。
董平目前的公開身份是港股上市公司「歡喜傳媒」董事會主席，
而他最近一次負面傳聞是 2017 年 3、4 月間因肖建華案再度被帶
走問話。

　　而媒體報導顯示，早在周永康案發時，董平與周永康的兒媳
黃婉就曾合作過不少影視節目，大約是 2014 年 1 月前後董平第

一次傳被帶走調查。

2014 年 6 月，麻煩上身的董平開始「脫產」，文化中國發出公告，阿里巴巴以 62.4 億港元取得 59.32％股份成為第一大股東，文化中國隨即改名阿里影業，董平退隱公司顧問。不過後來的財報顯示，阿里以重金（收購前的市值翻倍）承接的是一個「爛攤子」。馬雲被迫入局，只因董平身後的曾慶淮。

習向演藝腐敗開刀 打擊曾慶淮

其實從董平首次出事那年演藝界風暴驟起來看，正是習釋放整頓的強烈信號，除瞄準影視大鱷之外，也包括他們背後的曾慶淮。

2014 年以來，演藝圈突然颳起「反毒」風暴，多位知名演藝人員接連因為沾染毒品而被拘捕。其中之最是 8 月的「房東」事件，香港演員房祖名、台灣演員柯震東在北京住所吸食大麻，雙雙被捕。房祖名是港星成龍之子，成龍是 2009 年周永康掌政法委時公安部聘任的「中國禁毒宣傳形象大使」，圈內皆知，成龍也是曾慶淮娛樂勢力中的一隻影視大鱷。

無人不知曾慶淮是曾慶紅的弟弟，隨著曾慶紅在「六四」事件後得勢，曾慶淮於 1980 年代末期進入中共文化部工作，從司長到特別巡視員，一路高升。1995 年，曾慶淮派駐香港。2003年起曾慶紅主管港澳工作，曾慶淮也幕後一手掌握京、港、澳三地娛樂圈達二十多年。

在 2016 年曝光的「巴拿馬文件」中揭示，曾慶紅為中共前副主席（2002 到 2007 年）時期，他的兄弟曾慶淮是 China Cultural

Exchange Association Ltd. 的董事。該公司一開始在太平洋中南部島國紐埃（Niue）註冊成立，之後在 2006 年遷冊到另一個太平洋島國薩摩亞。

在曾慶淮轉移離岸公司的 2006 年，當年 4 月《法制晚報》也披露，廣電總局官員陸紅實語出驚人表示：「近兩年（2004 至 2006 年），我國每年都有百多部濫片不能上院線，原因之一恐怕是有不少人拍片是為了洗錢。」

十多年後的 2013 年，山東籍青年導演李克龍炮轟影視圈：「有人拿千萬拍片洗錢，用 200 萬拍片，要出 1000 萬的帳目。」前不久，大陸明星孫紅雷在接受採訪時，也發出同樣炮轟：「有些土豪投資電影就是為了泡妞洗錢。」這二十多年來，演藝影視娛樂主管文化部門，曾慶淮背靠曾慶紅，長期在此系統擁有極大權勢，並與京、港、澳三地娛樂大腕、頭號王牌、影視大鱷的合作遍布。當然，腐敗黑幕也到處都是。

但至少在 2014 年時，習近平就向演藝腐敗開刀，打擊董平、成龍等一班影視大鱷及一直在幕後的曾慶淮，旨在公開顯示曾慶淮已經失勢，曾慶紅想保也保不住。

曾慶淮製片助薄熙來「問鼎」中央

如果說有哪一個領域非常容易集結「權錢色」，那就不能排除充斥著俊男美女的娛樂圈。而在這近二十多年來，在北京、香港與澳門這三個地方的娛樂圈勢力巨大的「娛樂大亨」，莫過於曾慶紅之弟曾慶淮。

公開報導可見，曾慶淮涉獵廣泛，尤其由他擔任顧問、製作、

策劃等大大小小的電影、電視劇，不論是親自掛名的，還是找人代名的，這些年來不知凡幾。而在這當中，2008 年的電視劇《警察故事》也是集「權錢色」之大全。

該劇出品人吳兵，既是曾慶淮娛樂傳播事業的重要夥伴，也是周永康家族的頭號代理人。一號女主演梅婷，圈內皆知是曾慶淮情婦。主要拍攝地點是薄熙來主政的重慶，期間獲周永康公安部全力支持，片子殺青後在劉雲山主管的央視黃金時間熱播。

重慶在 2008 年時「唱紅打黑」正高潮，這部電視劇不論當時還是拿到現在來看，想要捧紅的不只梅婷而已，還意圖宣傳「重慶模式」、助薄「問鼎」中央。

而在 2012 年薄熙來、王立軍出事後，一名重慶警察親書 13 萬餘字的紀實報告，披露王立軍是極盡瘋狂的標準法西斯分子，幾年來重慶「黑打」製造了一幕又一幕的人間悲劇。報告內容引爆網上圍觀。

除此之外，彼時另一個引爆網路輿情的，就是在 2012 年 2 月 9 日官方證實對前重慶公安局局長王立軍進行調查後，也於 2012 年 2 月 29 日突然關門停產的哈根斯人體塑化工廠，有多名其他省份的網友甚至親赴大連實地探險勘查這家工廠。

薄熙來批准哈根斯建人體塑化工廠

哈根斯當初落戶大連，據工商登記資料，審批項目的就是薄熙來本人，薄熙來還曾經授予哈根斯大連榮譽市民的稱號，顯示政商關係頗為交好。

在王立軍事件後被查封的哈根斯工廠，其屍體加工的種種黑

幕開始被披露上網，則是在薄熙來妻子薄谷開來涉嫌謀殺英商海伍德案開審的前後。特別是一具在展覽中英文說明是「中國孕婦和她八個月大的孩子」的懷孕女屍標本，被指有可能是薄熙來情婦但遭薄谷開來報復而人間蒸發的大連電視台女主播張偉杰。

但在海內外，更多輿論認為大連哈根斯的存在，間接證實了國際社會一直以來對薄熙來與王立軍迫害法輪功、活摘法輪功學員器官的指控。大連哈根斯公司就建在三個勞教所附近，儼然是就地取材的方便。在薄熙來掌大連時，勞教所關滿了法輪功修煉者，馬三家教養院曾把18個女學員投入男牢輪姦，導致至少5人死亡、7人精神失常、餘者致殘。

據當時報導，在薄熙來任大連市長期間，海伍德就替他吸引外資入大連。薄熙來夫婦涉及器官販賣、活體摘取器官和非法販賣屍體等黑幕，或許知情的海伍德極可能捲入此案而遭謀殺。

當年薄谷開來案審理過程中外界對此猜測的，正如2016年「巴拿馬文件」披露薄谷開來的海外藏金，這些年她洗出去的不僅是黑金，可能還有活摘販屍的血腥錢。當然，這舉世無雙的血腥產業的最上游，是曾慶淮的哥哥曾慶紅及江澤民。更多詳情，請看《新紀元》叢書NO.3《薄谷開來案中奇案》，和NO.20《中共活摘器官》。

血腥產業最上游——曾慶紅、江澤民

另外，據《爭鳴》雜誌2017年4月披露，中共兩會結束不久，3月18日，中紀委和中央書記處再次約談了曾慶紅和曾慶淮。這是自2015年1月7日以來，當局對他們進行的第三次約談，而

且「情況已經發生變化」。當局明確告訴他們問題「很嚴重」，放棄「不切實際的幻想」。要求他們自覺配合調查、動員境外親屬回國主動交代問題、「爭取寬大處理」等等。

據知，曾慶紅之子曾偉已經四年未回國探親。這一現象被認為是迫於追查的風聲越來越緊，擔心一旦回國可能「有來無回」。

神華寧煤紀委書記甄久春被立案

6 月 23 日，最高檢網站披露，內蒙古檢察院對神華寧夏煤業集團有限責任公司黨委原副書記、紀委書記甄久春（正廳級）涉嫌受賄罪進行立案偵查。案件偵查工作正在進行中。

甄久春的落馬並不出人意料。在過去的幾年中，神華集團已有多名高管被查，他們是神華北電勝利能源原董事長隋國文，神華集團公司總經理助理、神華科技發展公司董事長張文江，神華寧煤安監局主任劉寶龍，神華集團旗下公司中國神華原副總裁華澤橋，神華寧煤安監局黨委書記、副局長牛進中，神華能源股份有限公司高級副總裁郝貴，還有另一個高級副總裁王品剛跳樓自殺。而與神華寧煤有關聯的寧夏「首虎」、寧夏回族自治區政府副主席白雪山也在 2015 年 11 月被拿下。

神華寧煤集團是神華集團的控股子公司，集團地跨石嘴山、銀川、吳忠三市，總部位於銀川市。筆者此前分析指，神華集團高管接連出事，應與中央巡視組反饋的「神華集團在煤炭生產經營銷售、資產併購重組、工程項目和物資採購招投標方面聚集較大腐敗風險」一致。作為神華寧煤紀委書記的甄久春顯然對內部出現的腐敗問題負有責任。

事實上，甄久春落馬的跡象在 2017 年 4 月就已顯露。當時，中央巡視組原副部級巡視專員張化為被通告因「涉嫌嚴重違紀接受審查」，而張化為 2012 年 4 月巡視的大型國企就包括神華集團，由神華寧煤董事長王儉及甄久春等陪同，隨後，寧夏自治區主席王正偉會見了張化為和神華集團董事長張喜武一行。

可以肯定的是，神華集團以及神華寧煤出現如此多的問題，作為中央監管代表的張化為的責任同樣不小，而甄久春在其中扮演了什麼角色不難想像。

甄久春的頂頭上級王儉，亦曾曝出醜聞。2011 年 6 月，網上曾流傳一個帖子，是自稱神華寧煤員工發的，揭幕上市公司萬邦達未經過任何招投標程式就獲得了神華寧煤 5 億元幾十個項目的合同，原因是其重要持股人之一張標是神華寧煤集團高層領導王儉的妻弟，王儉正是張文江的繼任者，而王儉與白雪山也多有互動。

還是這家北京萬邦達公司，2015 年股災發生時，董事長王飄揚及其弟妹和多位董事、監事、董祕大幅減持，套現近 60 億元，公司股價也從 50 多元暴跌至十幾元，導致眾多股民損失慘重。多方分析都指，做空股市和救市背後是兩大政治力量的殊死博弈，而如果與神華集團有關係的萬邦達公司捲入了江派勢力打造的經濟圈，其在股市暴跌前大量減持，就絲毫不奇怪了。

曾慶紅心腹張喜武「失聯」後被查

一個問題是：王儉的前任和下屬均被查，他難道會置身其外？作為上述落馬高管的上級領導的神華集團原董事長張喜武或許早

已被「盯上」，其 2014 年從工作了 20 年、任一把手六年的神華集團調到國資委任副主任就是一個信號，而自 2017 年 4 月起，其沒有任何理由地缺席國資委關鍵會議且「失聯」。果然，7 月 3 日張喜武被宣布立案審查及降職。

據《21 世紀經濟報導》4 月 15 日報導，12 日，國資委黨委召開學習會，傳達習近平重要講話和國務院有關設立雄安新區的精神，國資委領導悉數出席了這次學習會，但唯獨不見張喜武。當時外界就推測這是他或已出事的信號。

張喜武出事，背後絕不簡單。眾所周知，眾多央企、國企及多個壟斷行業等都受江派權貴勢力長期盤踞和操控，神華集團也不例外，其不少合作方的背後都有著江澤民大總管曾慶紅的影子。

如 2009 年，神華集團與華潤集團在香港簽訂全面戰略框架合作協議，稱未來五年前者將向後者供應電力用煤 8500 萬噸，張喜武與華潤集團董事長宋林出席簽字儀式。再如 2011 年 5 月，神華集團江西國華九江煤炭儲備（中轉）發電一體化項目落地江西，張喜武與江西省委書記蘇榮共同為公司揭牌。宋林和蘇榮都是曾慶紅的心腹，先後落馬。

同樣是在張喜武任神華董事長期間，神華還表示與國家電網公司加強合作，張喜武亦曾與時任國家電網公司總經理的劉振亞會談，而劉振亞也是曾慶紅的親信，為曾家輸送了大量利益。

是以，有消息指，張喜武亦是曾慶紅的心腹。2004 年 7 月，時任中共國家副主席的曾慶紅與南非簽署了政府間的 27 個合作協議，隨同他出訪的九大企業集團中就包括了神華集團，時任總經理正是張喜武。

　　顯然，清剿神華集團高管之後，目標業已指向了其最高掌權者，而甄久春落馬是張喜武被祭出的前奏，而 7 月 3 日張喜武被祭出，不僅是圍剿曾慶紅在外圍的又一步，也是曾慶紅這棵「爛樹」被拔除的前奏。

第三節

賀國強長子被捕 係曾慶紅心腹宋林供出

2017年6月1日，賀國強（圖）長子賀錦濤被捕，涉貪污、受賄等，總資產超過600億元人民幣。（AFP）

賀錦濤歎息早知過不了十九大

港媒報導，曾慶紅心腹宋林2017年6月1日以貪污受賄罪名被判刑14年。判決書中指，宋林「主動揭發」，因此從輕處罰。

就在華潤集團董事長宋林被一審宣判當晚，前中共政治局常委、前中紀委書記賀國強長子賀錦濤被批捕。賀錦濤貪污、受賄、侵吞財產、資金，總資產超過600億元人民幣。報導指，賀錦濤是被曾慶紅心腹宋林供出。賀國強家族和曾慶紅家族貪腐之巨不相伯仲，同屬「特大老虎」之列。

現年46歲的賀錦濤，曾參軍服役，部隊轉業後，參與過廣杔國際投資信託公司的改組，創建了私募基金Nepoch Capital，曾與摩根斯坦利、華潤集團合作多個投資項目，妻子和孩子已移民

美國舊金山，從事房地產和酒店投資。

宋林自 2014 年 4 月 17 日被中紀委宣布調查，至 2017 年 6 月 1 日一審宣判，中間跨越三年多，時間之長超過周永康案、郭伯雄案和令計劃案。

報導說，6 月 1 日當晚，已被軟禁在家的賀錦濤被批捕。他在逮捕通知單上簽字後，絕望的說：「通知了我父親」，「早知過不了十九大」。

宋林與曾家、賀家關係密切

宋林落馬前，不但控制中共在香港老牌企業華潤集團，也是香港的中共地下黨主要負責人。而曾慶紅曾任中共中央港澳工作協調小組組長，香港歷來是曾慶紅地盤。

《大紀元》調查披露，宋林當年奇跡般地從內部升遷為華潤董事長，打破華潤董事長由外經貿部副部長或部長助理出任的慣例，靠的正是曾慶紅。

在曾慶紅的授意下，宋林一直在香港力挺江澤民派系在香港扶植的特首梁振英，為將梁推上特首位置而賣力。此外，香港也是曾慶紅等家族洗錢的基地，華潤集團和曾慶紅家族利益相關。

宋林 2014 年被抓，被認為是中南海打擊曾慶紅的風向標。除了曾慶紅家族外，宋林和賀國強家族也有利益往來，他們都屬於江派人馬。

賀國強 1996 年空降福建任封疆大吏，三年後因時任重慶市委書記和市長不和，江澤民遂調賀出掌重慶，由此成為中共政治局成員，後又接曾慶紅成為中組部長，最終成為 17 屆中共政治

局常委、中紀委書記。

香港《南華早報》英文版 2014 年 5 月 26 日報導說，賀國強是毛澤東前妻賀子珍的侄子。

2014 年山西官場大地震後，陸媒就不斷揭露賀國強兩個兒子染指山西商界的內幕。新華社《經濟參考報》首席記者王文志更兩次向中紀委實名舉報，指時任華潤董事長宋林在收購山西金業中疑向賀錦濤送禮，造成 50 億元國資流失。

據報導，2010 年華潤與前山西首富「煤炭大王」張新明簽約，以 120 億元高價收購，較別的競爭對手開價多出 50 億元。而張新明背後是賀錦濤，華潤多給的 50 億元後轉入賀錦濤的私募基金。

另一名舉報過宋林的大陸記者李建軍亦對《德國之聲》披露，賀錦濤除涉宋林案外，他與其弟賀錦雷還涉及北大青鳥案。2014 年 4 月，北大青鳥總裁蘇達仁被調查。李建軍指蘇達仁曾為中共軍隊藝術學院的教授，後來經商，長期居於香港，而賀錦濤、賀錦雷都與蘇達仁有密切關係。當時李建軍還透露，賀錦雷已經逃到美國。

近百次舉報 中紀委五次約談

報導稱，早在 2010 年初，賀錦濤就被內部知情人士匿名舉報，指其無須任何擔保、抵押，從中資集團、國有銀行借貸 5 億 5000 萬創建私募基金，打著賀國強招牌和九家中資、港資財團合作投資項目，瘋狂斂財。

至 2012 年 10 月底，舉報賀錦濤的信函已達 95 件，但因賀

國強時任中紀委書記，這些舉報信都被打入「冷宮」。

2013 年 3 月中，海政文工團和二炮文工團向中紀委、中央軍委舉報賀錦濤等高幹子弟玩弄女性，軍委總政治部主任張陽和軍委海軍司令吳勝利知悉後力挺舉報，中紀委就此事責成剛退下的賀國強對兒子嚴加管教，賀國強還在組織生活會上做了檢查。

最後促使賀錦濤出事的，還是 2014 年宋林被抓後的招供。中紀委專案組的前三次約談，賀錦濤都矢口否認自己與宋林有任何關係，他一直聲稱自己與宋林以及華潤集團沒有任何經濟、金融上的交往，自己也沒有收受其一元錢云云。

直到 2015 年 5 月初專案組第四次約談時，賀錦濤才上交了第一份「交代和檢查」，承認自己的公司收受過三單仲介費，合計金額約 75 億 5000 萬元（人民幣），但他仍然聲稱，自己個人並沒有侵占這部分錢。

2015 年 8 月，專案組第五次約談賀錦濤時，賀感到「末日將降臨」，於是提出要給自己的父親賀國強打電話，以便讓他安心。專案組同意他們父子二人通電話約五分鐘。第二天，賀國強即心臟病發，住進了醫院。而就是在這一天，當局正式宣布賀錦濤接受調查。

如今王岐山動了賀國強家族，曾慶紅家族恐怕也熬不過十九大了。

第四節

不被離間　習王繼續打虎

習近平清理金融界，目的是要撼動曾慶紅、江澤民家族的核心利益。從江財富「管家」肖建華到吳小暉等都曾參與「經濟政變」。（大紀元合成圖）

《東方日報》：習近平五年打三大戰役

　　6 月 26 日馬來西亞的《東方日報》發表文章稱，習近平上台以來，發起了三大戰役，第一戰役是通過王岐山反腐，扳倒了郭伯雄、徐才厚和周永康、令計劃等政變集團，並進行軍隊和政法系統大改革，這成為習近平過去五年的重中之重。

　　第二大戰役是從 2016 年開始，當局不斷調查車峰、肖建華、吳小暉、黃如論等這樣的金融寡頭。習當局不僅清查寡頭們的財富來源和走向，更斬斷他們與官員的聯繫，挖出他們在政治上的代理人，通過一系列措施，削弱寡頭們的政治能力，遏止他們追逐權力的野心。

　　文章說，中國人創造的財富大量被權貴家庭所控制和霸占。中共官場事實上已形成寡頭集團，他們富可敵國。個個都是千億

萬億富翁，他們不僅具有龐大的經濟資源，而且有很強的政治動員能力，有些人甚至可以決策部長、省長的人選，參與到政治權力的分配。

第三大戰役是，十八大後王岐山出台了一系列措施，尤其是官員財產申報動真格，「逢提必查」等制度，想從制度層面遏制腐敗，不過，目前還不太見效果，因為大老虎還沒有打完。

習近平在五年之內開展三大戰役，每一戰都殊為不易，都是向既得利益集團開戰。比如徐、郭是江澤民在軍中最高代理人，架空時任軍委主席胡錦濤的內幕早已被外界曝光。

習當局扳倒周永康和徐、郭集團後，大陸官媒及軍報刊發了不少文章，多次指周、徐、郭的危害。中共軍報曾指，郭伯雄和徐才厚「藏姦懷二」，並提及郭徐「嚴重破壞軍委主席負責制」。「郭伯雄、徐才厚貪腐問題駭人聽聞，但這還不是他們問題的要害，要害是他們觸犯了政治底線」。

6月13日，安邦集團董事長吳小暉被證實遭帶走。有消息稱，從明天系掌門人肖建華到吳小暉等，都參與了「經濟政變」，即2015年中國股災。那次史上罕見的嚴重股災，被認為是江派針對習近平發動的經濟政變，目的是造成中國經濟動盪，從而促使習近平下台。

2月初，就有中南海權威人士向《大紀元》透露，肖建華案是目前中南海頭號大案，因為他充當了江澤民集團財富最大的「管家」、前國家副主席曾慶紅之子曾偉的「白手套」。

消息人士還透露，習當局2017上半年重點清理金融界，目的就是要撼動曾慶紅、江澤民家族的核心利益。如今引發大陸商人在美國對王岐山的殊死攻擊，這就是曾慶紅、江澤民等利益集

團的公開反撲。

習王同步離京 王親自考察接班人

2017 年初針對習王關係的系列爆料後，並沒有跡象顯示習王之間的關係出現裂痕，相反，僅從 6 月底這一周發生的事件來看，習王依舊緊密聯盟，依舊把反腐目標共同指向江澤民、曾慶紅為首的利益集團，反腐的步子並沒有因為有人反對而停歇。

一是習近平與王岐山同步離京。習 6 月 21 日到山西考察調研，王 20 日至 22 日在貴州視察紀檢監察工作。習王不僅行動一致，王還去了被視為胡、習政治高地的貴州，而公認胡是挺習的。

《新紀元》周刊此前報導了王岐山在隱身 40 天後現身貴州，考察了大數據運用中心，以便讓貪官無處可逃，6 月 30 日，自由亞洲電台發表了高新的評論文章，認為王岐山到貴州是為了「親自考察接班人」。

文章說，王歧山無論是十九大退休，還是在十九大連任常委但不繼任中紀委書記，都會有一個下屆中紀委書記花落誰家的問題，「如今北京政壇內有不少人都根據王歧山的最新去向，推測習近平可能已經為王歧山選好了中紀委書記接班人。」

文章說，王岐山在貴州現身，不僅粉碎了那些試圖打擊他的政治前途而傳出的謠言，而且「很可能代表中央完成了對貴州省委書記陳敏爾的政治考察」。

此前《新紀元》周刊分析了，王岐山會留任十九大常委，職務是人大委員長兼國家監察委主任，依舊是反腐領軍人物。因為習、王同體，一旦王岐山下去了，習近平的位置也坐不穩了。（詳

情請看《新紀元》出版的中國大變動叢書第 52 本：《王岐山十九大留任新職》。

2017 年 4 月 20 日，習近平特意到貴州參選中共十九大的黨代表資格。高新認為，習近平的政治履歷與貴州沒有任何淵源，卻選擇在貴州選出十九大的黨代表資格，目的就是要顯示自己對執掌貴州省委書記的陳敏爾的倚重，向外界表示陳敏爾是自己看重的人，相當於為陳敏爾打政治廣告。陳敏爾出任省委書記還不滿五年，若沒有習近平特別的照顧，陳敏爾很可能在十九大上選舉中央委員的投票中「吃虧」。

文章認為，光有習近平這樣的「領導垂青」還不夠，陳敏爾仕途要想「更進一步」，還必須經過中紀委這一層面的審查，而王岐山今次到貴州，就是到當地去聽陳敏爾的官聲及吏評，給其下政治結論。

路透社 2017 年 3 月引述三個消息來源稱，陳敏爾是一隻黑馬，在今秋召開的十九大可能一舉晉身七人組成中共中央政治局常委，至少是進入政治局。陳敏爾現為 205 名中央委員之一，如果「入常」將是「兩級跳」。

陳敏爾可能接班王岐山、出任中紀委書記的說法，這是首次傳出，2016 年底曾有消息稱，陳敏爾將調任廣東省委書記。從現在局勢看，胡春華到北京進入政治局常委，這是基本沒有懸念的，因此，陳敏爾在王岐山審查合格後，下屆調任廣東省委書記，這是非常可能的。

習王同主題發文 瞄準權力圍獵者

習近平與王岐山的緊密同盟，還表現在習王代言媒體就相同主題先後發文。6 月 20 日微信公號「學習小組」刊登習有關「權力中心」、「權錢交易」、「白手套」的論述，6 月 23 日中紀委旗下紀檢監察雜誌發文暢談官員的「圍獵者」，這兩篇文章從正面反面緊扣呼應同一個反腐主題。有王岐山背景的財新網曾把郭文貴定性為權力的圍獵者。

特別是《中國紀檢監察雜誌》一文，點名涉嫌賄賂而外逃美國、被國際刑警發出「紅色通緝令」追捕的郭文貴，之所以能夠迅速致富，全靠有政商權貴相助，當中包括曾任河北省委常委、政法委書記的張越。文章稱，張越被郭文貴破口大罵，卻總是唯唯諾諾，以致斯文掃地、尊嚴全失，更指「人必自侮然後人侮之，家必自毀然後人毀之」。

被坊間稱為河北「政法王」的張越，可謂位高權重，但文章引述前國家安全部副部長馬建稱，「郭文貴對張越總是破口大罵，張越總是對他唯唯諾諾」。消息傳出後，輿論一片譁然。

文中指，張越作為一個副部級領導幹部，卻對商人如此小心翼翼，甚至被人指著鼻子罵而默不作聲，實在可悲。「細細思忖，張越的忍氣吞聲正是肇始於違紀違法，一朝走上貪腐之路，或是有求於他人而不能得罪，或是有把柄在人手而不敢得罪，無論哪種，都已毫無形象可言，更遑論尊嚴。」

文章也暗示了郭文貴的後台很大，以至於張越對他唯唯諾諾。前不久，就郭爆料提告的大陸地產商、SOHO 中國董事長潘石屹也說過：郭背後的老領導在中國的勢力「比天大」。

《新紀元》周刊在 2016 年 12 月 22 日出刊的第 511 期封面

故事中指出，「王岐山將掌管人大和監察委，力推財產公示」。如今看來，雖然隨後一年王岐山被不斷攻擊，這恰恰從相反方面說明了習近平離不開王岐山。

十九大後，習近平依然會把王岐山安排進政治局常委，擔任人大委員長的同時，兼任監察委主任，王岐山依舊牢牢把握著反腐的方向盤。下一個五年中，習陣營在銷毀江澤民、曾慶紅等利益集團的過程中，必然還會與江派爆發更加驚險的搏殺。

郭文貴事件背後　王岐山擊退政變

第十三章

商幹特務郭文貴
被官方聲討

針對郭文貴近半年在海外的爆料，官方也首度透過媒體在 2017 年 7 月 10 日、11 日做出回擊，包括新華社關於海航的真相調查、澎湃網報導郭文貴被騙，均傳遞同一消息：郭文貴只是個底層無賴。

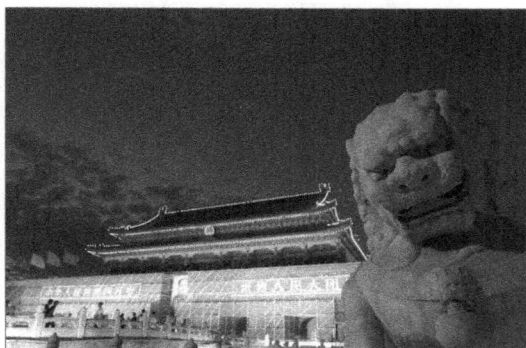

2015 年鬧得沸沸揚揚的郭文貴案件即表明郭是「商幹」特務。對於郭文貴的爆料，2017 年 7 月 10 日官方首次回擊。（Getty Images）

第一節

郭文貴是國安境外偵查的商幹特務

2017 年 5 月 30 日，網路上流傳一個帖子稱《郭文貴是偵查境外「反動」組織的商幹特務》，文章摘錄如下：

2015 年 3、4 月間鬧得沸沸揚揚的郭文貴案件，表明郭文貴也是「商幹」特務。郭文貴因被財新網等媒體起底，並被爆與落馬國安部前副部長馬建勾結斂財，引發郭文貴和財新網總編胡舒立的口水大戰。郭文貴在接受海外媒體採訪時，扯上王岐山。一個商人如何敢挑釁王岐山？

博訊網披露，郭文貴敢打著國家安全部的旗號，與他早年和國安部的「密切合作」經歷有關。因郭文貴持有美國綠卡以及香港護照，他曾被國安部列為合作對象。他長期為國安副部長馬建主管的國安部第十局工作。第十局是對外保防偵察局，主管駐外機構人員及留學生監控，偵查境外「反動」組織活動。

郭文貴威脅要讓數十名部級高官死

此前，有海外媒體爆料稱，郭文貴手中握有一套涉及中共「國家安全」的保密文件，以此要挾王岐山接受他的兩個條件。其一，本人不能繼續被查處，他的「民族證券」和國內的所有財產不得予以凍結，仍然屬於郭文貴家族。他本人不回國接受調查。其二，他的各級下屬不得受到查處。

郭文貴還威脅說：「如果共產黨讓我死，我會讓數十名部以上高官死，會啟動在中國大陸和香港的黑道程式，將讓郭文貴不爽的人血流成河。」他宣稱，他手上有馬建交給的中共駐外情報網的一份絕密名單，此名單一旦公布，將導致中共情報系統的致命重創。據稱，郭文貴握有這套涉及「國家安全」的保密文件是因為馬建落馬前預感大事不妙，於是派郭文貴前財務總監急赴美國去見郭文貴，將文件送到郭手中。這就不僅是互相勾結，利用國安特權斂財，而且是叛黨叛國。

郭文貴手握李長春等常委的光盤

郭文貴還手握部分高官的問題錄像，主要是政治局常委淫亂遭偷拍的視頻。郭文貴在北京擁有神祕會所，核心部分是在一座極隱祕的四合院。來這個會所尋求放鬆的要人都是副國級與正國級的，正部級的連門也摸不著。這只是一個粗泛的標準，但作為其政商合夥人的國安部副部長馬建自然隨便進出。還有馬建仕途恩人、前國安部長許永躍也隨便進出。部分高官的淫亂錄像協助製作的技術人員統統為國安部特工。

已知被錄光盤的有前政治局常委李長春等人。據說，有若干

現任政治局常委也被錄了。有人認為，若干現任政治局常委是屬於江澤民派系的。

　　馬建公器私用，屢次偷拍訛詐。他曾為郭文貴圈地而策劃、主導了偷拍前北京副市長劉志華淫亂視頻，並導致劉志華 2006 年下馬、2008 年被判刑，從而使得被劉志華沒收的郭文貴的繁華市段土地失而復得。馬建主導偷拍劉志華的證據被中紀委取得，成為決定抓捕劉志華的關鍵證據。然而，這也是導致馬建落馬的直接因素之一。

　　2017 年 1 月 26 日，郭文貴接受「明鏡」採訪，爆料說他的公司雖然是民營公司，卻是國安部的聯絡單位，由馬建及其部下負責聯絡。這就證明，郭文貴的公司為馬建的國安部工作，其實也充當白手套，為馬建等國安部幹部非法斂財服務。

郭文貴自己承認是商幹特務 自稱郭少將

　　4 月 19 日郭文貴接受美國之音專訪後，《大紀元》採訪了美國權威時政評論家郭寶勝。他認為，中共利用像富商郭文貴在海外做統戰工作，收集情報的現象非常普遍。

　　直播中郭文貴說：「中國安全部對一些有影響力、可以利用的商人進行所謂的『商業掛靠』，就是『讓你幹啥你幹啥』，當然不會讓你搞情報殺人，我不是特務，只是利用我的海外資源辦事，協助他們建立海外關係，還有聯絡海外的敏感人士，像是達賴喇嘛和民運人士。」他還說，在達賴喇嘛的專機花了好幾個億。

　　不過真實情況是反過來的，郭文貴是商幹特務，中共給他錢去聯絡達賴喇嘛，或中共給他其他好處作為補償。多年前《新紀

元》周刊報導過，目前年輕的西藏人都希望用強烈的方式抗議中共對西藏的欺凌，而只有達賴喇嘛還堅持用和平的方式與中共商談，因此，達賴喇嘛成了中共的統戰對象。

郭寶勝表示，郭文貴與國安部副部長馬建的關係，可能讓他見一些重要的人物，來替中共說話。郭寶勝以著名藝術家英若誠事情來佐證說：「他在快死的時候就承認他也是一個為中共國安部做了一輩子工作的人，他也經常來海外。」

郭寶勝分析促使郭文貴這樣的人當商幹特務的第二個原因：「再一個他就是脅迫抓住你的把柄了，然後叫你做這個事情。在海外也是這樣，很多的經濟逃犯，國內幹了很多見不得人的事情，或者想回國的，中領館或總參、國安部就叫他們做這些事情。所以郭文貴這次等於是自我的承認，尤其是博訊抓著郭文貴不放的一點，就是說郭文貴就是國安部的間諜，他們也掌握了一些材料，為國安部副部長馬建做了很多的事情，包括為傅振華做的事情。」

郭寶勝強調，直播上郭文貴是說「我是做了一些事，但我不是他們編制的人」，這是工作關係一種聯絡人身份，這等於郭文貴公開承認自己是商幹特務。

郭寶勝表示，當時郭文貴將他跟達賴喇嘛的照片在推特裡披露出來，很多人就疑問，但這次他也講清楚，他實際上跟達賴喇嘛聯繫是完成國安部交給他的任務，所以中共看到之後也不會生氣，因為派他去工作的。

郭文貴以前對人說，他是國安部的高級官員，相當於少將。後來這些話被人曝光出來，所以網上就有了「郭少將」的戲稱！

華府中國問題專家石藏山表示：郭文貴的少將，恐怕還是以訛傳訛。國安部，部長是總警監，大概是中將級。所以郭不可能

有軍銜，最多有個警衛。少將，相當於副部長了。當年賴昌星對盛雪說（書裡），他是少校情報官，大概不離譜。因為他是和總參情報部合作，主要針對台灣。

第二節

總參情報部商幹特務
陳光標的故事

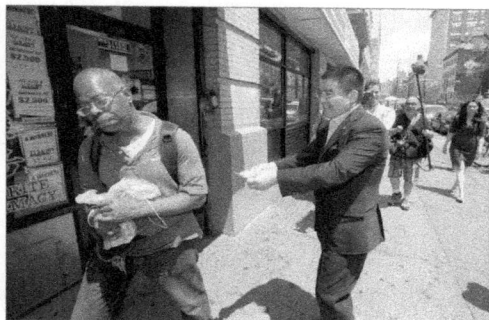

中共江澤民集團扶植的總參情報部
商幹特務陳光標 2014 年 6 月 25 日在
紐約街頭發送美鈔作秀，一位流浪
漢表現出不屑，甩臉而去。（大紀
元資料室）

　　商幹特務一般行事非常祕密，不為人知。在大陸，公開承認
自己是商幹特務的是賴昌星，不過他的故事已經是 20 多年前的
事了，最近幾年裡最有名的商幹特務，則是曾被樹為「大善人」
的陳光標。

　　《新紀元》周刊在第 411 期（2015 年 1 月 8 日出刊）曝光《統
戰部策劃陳光標紐約鬧劇》，文章指出，2014 年前後兩年，陳光
標打著「慈善」的幌子，不僅在中國大陸活動，而且還走向台灣、
日本、美國等國家，其實背後就有對外進行「統戰」的祕密任務。
陳光標的背景非常複雜，他不僅是中共總參的商幹特務和國安特
務，也是「610」特務和統戰特務。

　　掀開陳光標的老底，從陳光標身上也能看到不少郭文貴的

身影。

2014 年 1 月 8 日，在美國以收購《紐約時報》為名，上演醜劇的陳光標被曝是中共軍方總參情報部的高級商幹特務，他與中共特務圈中的江派人馬關係密切而複雜。陳光標在重大問題上直接向曾慶紅匯報工作，直接聽命於曾的指揮完成各項特務任務。

中共現行的特務系統主要分為：中共國家安全部、總參謀部、總政聯絡部、統戰部及各大軍區下設的情報系統。其中總參謀部的勢力最為龐大，分為總參二部（即總參情報部）和總參三部，其特務體系遍布世界各地及中國內陸，從事情報收集與執行特殊任務，如恐怖襲擊和暗殺等。

總參二部、三部有各自不同的工作重點，總參二部、三部及總政聯絡部都屬軍隊系統的特務機構。總參二部即為總參情報部，總參三部是總參技術偵察部，二者的工作側重點不同。

總參情報部過去主要負責蒐集軍事情報，包括三部分功能：向外國派遣以各種身份為掩護的蒐集軍事情報的特務；從外國的公開出版物上分析軍事情報；向駐外使館派出武官。其工作重心在國外的軍事情報蒐集，但近年來其工作範圍擴大到國內的各領域，已不僅限於對軍事情報的蒐集。在江澤民 1999 年發動對法輪功的迫害後，總參情報部直接參與對國內法輪功學員的監控、情報蒐集、祕密抓捕、審訊、關押等迫害。對海外法輪功學員的監控、情搜、破壞等也是總參情報部工作重點之一。

總參三部即為「總參謀部技術偵察部」，負責蒐集海外軍事情報，監聽並監查海內外電話、電郵、網路傳媒、網路通訊、破解無線電及各種密件、分析衛星情報等是總參三部的工作重點。

總參三部下設多個局，有十幾萬監聽大軍，負責監聽所有國

際長途電話。據悉，所有的國際長途電話都是監聽並錄音的，只是在錄音設備上預先輸入一些特別的詞彙，例如一些中國領導人的名字、一些敏感的事件名稱，以及一些隱諱的詞語，包括「法輪功」、「六四」等敏感字眼，當錄音機感應到這些詞彙時就會自動錄音，監聽人員就會立即對這個電話進行跟蹤監聽檢查。

江派對總參特務系統的控制

原總參情報部長楊暉是江澤民派系選中的人，江令其掌管著中共最龐大、最重要的特務系統——總參情報部。但在 2011 年，胡錦濤藉查辦黃光裕案把楊暉逼出總參，在時任中共國防部長梁光烈的運作下，楊出任江派老巢南京軍區參謀長，明升實降。

江澤民 1989 年入主中南海之前出任上海市委書記，他與南京軍區的高級軍官關係密切，到他掌權後，南京軍區將領隨即被提拔重用，漸漸成為江派在軍中的班底人馬，直到中共十八大前後胡錦濤、習近平才收回對南京軍區的實際控制權。江澤民當政時期的中共軍委四總部軍頭皆為江的親信，包括曾任總參謀長、國防部長的梁光烈，還有前總參謀長陳炳德，這些當時控制軍隊要害部門的人都出自南京軍區。

梁光烈 1999 年 12 月至 2002 年 11 月任南京軍區司令員，2002 年 11 月至 2007 年 10 月任總參謀長。陳炳德從 1993 年 12 月至 1999 年 12 月在南京軍區任職，歷任軍區參謀長、軍區司令員，2007 年至 2012 年陳炳德升任總參謀長。在長達 10 年的時間裡，江派通過梁、陳二人控制著總參謀部，尤其牢固的控制著總參情報部。

在梁光烈、陳炳德先後控制總參謀部期間，二人在總參情報部內部培植了眾多黨羽親信，因梁、陳都出身南京軍區，又稱其為「南京系特務幫」，楊暉是南京系特務的主要代表人物。

南京系特務頭子楊暉

楊暉，中共軍方高級別特務，出生於 1963 年，1978 年進入中共軍隊，曾入讀「南京外國語學校（主要培訓中共特務學校之一）」、南斯拉夫貝爾格萊德大學、中國社科院研究生院、中國人民解放軍國防大學戰略班。楊暉曾先後在中共駐南斯拉夫使館、前蘇聯使館、俄羅斯使館、哈薩克斯坦使館任職。

2001 年，楊暉任總參三部（即總參謀部技術偵察部）副部長，從 2005 年至 2007 年暫離總參兩年，而後再次回總參任職，2011 年在總參情報部長的位置上調任南京軍區參謀長。楊暉前後在總參謀部共任職將近 10 年。

陳光標是中共軍方的「商幹特務」，亦稱「商業圈高級別特務」，他與特務頭子楊暉和楊暉馬仔劉鵬輝的關係不一般。陳光標發跡於南京，被軍方江派南京系特務幫吸收，他的級別與賴昌星差不多，屬高端商業領域特務，極具情報與政治滲透價值。為了讓陳光標在上層商業圈發揮作用，並在關鍵時為中共站台，中共特務機構在他身上投入大筆金錢，一手打造出陳的富豪形象。

中共特務分三大類

中共特務系統中，大體有三種情報人員：密工、商幹、掛靠。

「密工」：是專職特務，在行政編制內有工資拿，這種人在圈子裡被叫作「密幹」或「密工」，全稱叫「祕密工作者」。這一類人基本上是受過專業培訓的職業特務。

密工主要來源基本分三部分：一是各院校國際關係專業的畢業生，例如位於南京板橋的解放軍國際關係學院，和北京海淀的國際關係學院；二是一些公安、政法院校的畢業生；三是少數地方大學外語專業的畢業生，如南京外國語學校。這些被中共選中的人，都有一個共性，那就是「政治過硬」。

「商幹」：是半在編的，在圈子內被稱為「商幹」。所謂半在編，就是因為這些人的名字上了中共特務系統的電腦，人員雖然已經進入特務系統的行政編制，但卻不拿工資，屬於特務機構發展的幹部人員。這些為所在特務單位蒐集各種各樣的信息資料，並按質量等級換取報酬。

遠華案的主犯賴昌星，就是總參情報部（也有說他是國安部的人）的正處級「商幹」特務，有工作證、有拘捕權，還有總參情報部的全國特別通行證，可以自由進出軍事與情報禁區。這類人並不指望從出賣情報中獲得多大利益，而是更看重作為特務幹部而享受的特權，為自己的不正當生意提供權力保護，和從常規管道得不到的商機。

「掛靠」：就是社會上俗稱的「線人」，這種人是最多的，他們完全不在行政編制內，但利用與特務機構的特殊關係獲得生意上的、經濟上的便利，從而得到金錢利益，並將部分經濟獲益返回給特務機構裡的個人作為保護費。

陳光標是總參二部商幹特務

　　陳光標與賴昌星一樣，都是中共特務系統發展的典型「商幹」特務。絕大多數的商幹特務都沒有在軍隊服過役，不具備任何軍事背景，因而外界對於這些缺乏軍人氣質的人，並不會引起太大的警覺和防範。

　　像賴昌星與陳光標這樣的生意人，人際關係廣泛，在社會上活動能力強，往來各個團體之間，尤其是混跡於各個政治派別間，因此是中共特務機構發展的重點情報人物。通常的手法是許諾賦予其生意上的特權，換取這些人加入特務組織為其效命。這是如總參與國安部等特務機構發展商幹特務的標準操作手法。

　　從陳光標讓人眼花繚亂的各種頭銜上就可看出他對特務機構的價值，其中雖不乏摻雜著水分，但也能看他在社會上的活動範圍之廣，接觸各色人物之多。

　　陳光標的頭銜有：江蘇省第十屆政協委員；南京市第十四屆人大代表；南京市白下區第十六屆人大常委；十屆全國工商聯執委；中國致公黨江蘇省委委員；中共江蘇省委研究室特約研究員；南京大學名譽校董；南京中醫藥大學董事會副董事長；中國國際商會常務理事；中國國際再生資源專業委員會副主席；世界華人青年聯合會副主席；中國海峽兩岸博愛基金委員會副主任；中國南亞商務理事會常務理事；東盟國際友好促進會副會長；中國電力促進會副會長；江蘇省光彩事業促進會副會長；江蘇省紅十字會副會長；江蘇省慈善總會副會長；江蘇省進出口商會副會長；江蘇省法律援助基金會副會長；江蘇省兒童少年福利基金會副理事長；江蘇省青年商會副會長；江蘇省私營個體經濟協會副會長；江蘇黃埔投資集團董事長；江蘇黃埔再生資源利用有限公司董

事長。

陳光標歸屬上海局 巧妙接受軍事特務培訓

真實的陳光標是依靠軍方的支持，以倒賣軍火起家，積累巨額財富。他的公司在江蘇參與過大量的強拆，但從中央到地方媒體對此隻字不提，只是一味的頌揚「陳大善人」，在這背後都有軍方特務系統出面消音、歌功的作用。

在 2010 年或更早些時候，楊暉出任總參情報部長期間，陳光標曾進入中共國防大學學習三個月之久。外界盛傳，因為陳送國防大學兩輛豪車保時捷，因而得以進入國防大學將軍班學習。但真正的原因是，陳光標要接受近一步的特務專業培訓，總參情報部在背後導演了這齣戲。

總參情報部下設五個局：廣州局、北京局、天津局、上海局、瀋陽局。而這些局都是以駐這個城市的某某辦公室的名義出現，比如說廣州局，就是廣州市人民政府第幾辦公室，北京局就叫北京市人民政府第幾辦公室。陳光標歸屬上海局管轄，同為歸屬上海局的還有楊暉的鐵桿親信劉鵬輝綽號「京城小神仙」，因涉入黃光裕案現已逃亡海外。

商幹特務擁有商業特權

劉鵬輝曾透露其真實身份是總參情報部的情報人員隸屬上海局，並稱，凡是商人，只要加入總參情報部的組織體系，都歸他和時任總參情報部長楊暉指揮，加入的這些人就算犯了殺人放火

的事，總參情報部都能將其擺平。陳光標與楊輝、劉鵬輝的關係複雜，內幕甚深。

　　劉鵬輝曾揚言，誰敢擋發財路，總參可以通知公安部、安全部，把他們安個罪名抓起來，就像總參三部隨時可監聽對手的電話那樣。條件是，每年要向他和楊暉上交「組織會費」6000萬元，並安排公司20％的股份給他們。黃光裕、陳光標就是這樣做的，賴昌星也曾公開說他為中共的情報事業做了「大貢獻」。

第三節

郭文貴在美國
又被追債 100 億

紐約董克文律師（中）在紐約舉行記者會，說明他所代理的大陸十企業告郭文貴一案。（大紀元）

河南發家時拉下石發亮 弟弟死於詐騙案

不過近半年來，王岐山一直遭受逃往美國的大陸商人郭文貴的爆料攻擊。

因郭文貴而落馬的中共國安部副部長馬建這樣評價郭：「我覺得郭文貴比較陰險狡詐，他在跟一些領導幹部的接觸中，不惜利用一些不正當的手段，抓住領導幹部的把柄，比如安排色情服務和安插眼線等方式，並利用這些把柄迫使這些領導幹部為他服務。」

除了漸為人知的北京市長劉志華下台內情外，《財經》還報導了郭文貴發家時在河南的石發亮。

1999 年 10 月，石發亮開始主持河南省交通廳全面工作；

2000 年 5 月左右，石被任命為河南省交通廳黨組書記、廳長。知情人士稱，2001 年，石發亮被做局，受美色誘惑，房間裡被郭文貴安裝了攝像頭。

事後，石發亮指令河南中原高速公路股份有限公司購買裕達國貿大廈西塔 16、17、18 層，而且價格為裕達置業確定的每平方 1.4 萬元，不許還價。

2002 年，石發亮落馬，後被判處無期徒刑，但此案的受益者郭文貴卻全然無事，非常蹊蹺。

郭文貴一直稱他爆料是為了給弟弟報仇，不過他弟弟郭文奇的死跟他詐騙別人的錢有直接關係。

媒體報導說，1989 年，經郭文貴父親郭金福介紹，湖北省武漢市劉某、王某到中原油田聯繫購買汽油，找到郭文貴。郭文貴以送禮、辦「三證」為由，騙取劉某等共計 7150 元，後因詐騙罪被判有期徒刑三年，緩刑四年。

判決書顯示，當時在刑警拘傳郭文貴時，郭文貴用手卡住刑警寧某的脖子，並指使其妻岳慶芝外出喊人，其八弟郭文奇手持菜刀衝入室內，砍傷刑警寧某。寧某掏出手槍將郭文奇擊傷，經搶救無效死亡。

有媒體從權威管道獲悉，郭文貴及其相關人員涉嫌多宗犯罪，包括挪用資金、騙取貸款、騙購外匯、非法拘禁、銷毀帳目和會計憑證、侵犯隱私等，其中所攫取的巨額資金部分通過地下錢莊轉往境外。

郭文貴的阿聯酋國籍 傳郭文貴遭三路人馬追殺

　　自由亞洲電台 5 月 26 日刊登一篇署名特約評論《郭文貴有無性命之憂》。文章說：「郭文貴每月花費百萬美元僱請保鏢，如此不惜工本無疑是深切憂慮性命危險。」

　　文章說：「最近郭文貴有性命之憂話題是郭文貴自己挑起的，他在 5 月 19 日的每日視頻中突然宣布，他如果遭到暗殺將由他介紹的律師和女助手繼續爆料。據網路上諸多分析文章指出郭文貴發布性命危險原由，最明顯原因是郭文貴住所附近布滿了監視者和可疑之人。然而即使所說情況真是郭文貴目前的處境，這也絕不是一天之間突然出現而是時日不短的現象。」

　　不過隨後網路有文章稱，的確有三股力量在追殺郭文貴。郭文貴席捲阿聯酋某酋長國 30 億美元跑路美國後，引發各方關注。據信，包括阿聯酋在內的三路人馬已經向郭文貴發出絕殺令。

　　本《新紀元》周刊第 534 期（2017 年 6 月 8 日）封面故事之一《潘石屹告郭文貴 郭在美國欠債英國找錢》中，談到「在布萊爾的引薦下，郭文貴認識阿聯酋阿布達比的王儲等要人，募集 30 億美元資金，成立了阿中基金（ACA），並成為該基金的管理人」。

　　網上消息稱，中共十八大以前，郭文貴曾以中國國家安全部的「祕密」身份前往阿聯酋，與某酋長國祕密接觸，協調推進大陸貪腐集團巨額贓款的洗錢事宜。

　　在該酋長國，郭文貴受到官方超出規格的禮遇。雙方最終達成的協議包括，該國向郭文貴提供 30 億美元資金，由郭以其財團名義進行資本運作，郭承諾在短時期內讓該資金翻倍，而超出 60 億美元的收益則歸郭個人所有。

　　作為這項協議的「附加條款」，郭文貴要求加入阿聯酋國籍。

根據後來的公開資料顯示，阿聯酋授予郭文貴國籍的理由是：對阿拉伯聯合酋長國有巨大貢獻。

但習近平執政後，郭文貴身後的貪腐集團成員逐一被定點清除，郭為阿聯酋進行資本運作變得越來越難。事實上從 2008 年股災之後，最高層已注意到中國金融資本市場的不正常現象。眼看前景不妙，面對阿聯酋的一再催逼，郭文貴攜款出逃美國。

文章說：「阿拉伯人的錢不是這麼好拿的，郭文貴在美國至少面臨著國際上三股勢力的追殺。一是阿聯酋官方的追殺，二是以色列摩薩德的追殺，三是郭文貴債主的追殺。」

郭文貴在美被追債逾 100 億人民幣

紐約董克文律師事務所 7 月 7 日在法拉盛舉行記者會，宣布接受北京五辰律師事務所委託，將代表十個中國原告，向郭文貴追討總數超過 100 億人民幣的債務。

這十個中國原告，包括方正東亞信託有限責任公司、北京藍盾創展門業有限公司、北京京雄消防安全系統有限公司、華正陽泉碳纖有限公司、北京聯益合創科技股份有限公司、北京毛勒橋梁設施技術有限公司六家公司，及張成風、董偉、畢國清、楊磊四位個人。

一個月前，董克文律師事務所已經宣布代理北京城建五建設集團公司、北京中仙偉業不鏽鋼裝飾中心、河南紅旗渠建設集團公司、江蘇南通四建集團公司等九家中國公司，向郭文貴追討 2.72 億元工程欠款。

第四節

王岐山猛攻
官方首次對郭文貴案發聲

7月3日，王岐山召開 12 萬人參加的會議，呼應習近平，再度發出「清剿令」，意味著新一輪官場清洗即將展開。（Getty Images）

王岐山開 12 萬人會議 發「清剿令」

7月3日，中紀委書記王岐山罕見出席一個有關監督執紀問責的電視電話會議。此次會議在全國省市縣紀委設 3000 多個分會場，12 萬多名紀檢監察官員參加。

這也是中共 18 屆中紀委六次全會後，中紀委就「扶貧領域」監督執紀問責召開的最高規格會議。實際上，會議用時很短，只開了 20 分鐘，會上，王岐山的講話只用了 10 分鐘。

也就是說，王岐山藉這個會議在全國 12 萬紀檢監察官員面前高調亮相，含義很清楚：王岐山依舊是這 12 萬反腐隊伍的統帥。

此前，王岐山從 5 月 13 日開始曾隱身 40 天，直到 6 月 22 日中紀委官網報導稱，王岐山 6 月 20 日至 22 日在貴州省檢查紀

檢監察工作。王岐山之所以選擇貴州現身,並稱習近平深刻洞察
黨內出現種種問題的根本原因在於黨內政治生活不嚴肅、不健
康,因此制定了新形勢下黨內政治生活若干準則,由此展示王岐
山與習近平依舊關係密切。

就在王岐山考察貴州期間,習近平6月21日至23日到山西
考察調研,習要求對不嚴不實、弄虛作假的嚴肅問責,對挪用、
貪污扶貧款項的嚴肅處理。僅僅10天之後,王岐山圍繞「扶貧
執紀」又開大規模專門會議,呼應習近平在山西座談會的要求;
再度展示二人的密切關係及在政治上的同步行動。

王岐山在講話中特別提到,要嚴肅查處當中的貪污挪用、截
留私分,優親厚友、虛報冒領,雁過拔毛、強占掠奪問題;對膽
敢向扶貧資金財物「動乳酪」的,要嚴懲不貸。

2016年底,中共民政部長李立國和第一副部長竇玉沛被審
查,負責扶貧的民政部腐敗窩案曝光,為中共官僚體系從上到下
徹底腐敗的一個縮影。

親北京的港媒對此解讀稱,12萬人規模的高規格會議背後必
有重要訊號;這次會議是在發出「清剿令」。這意味著新一輪官
場清洗即將展開。

7月3日,王岐山召開電視電話大會的當天,曾慶紅的馬仔、
中共國務院國資委副主任張喜武因「嚴重違紀問題」被立案審查
及降職;中共武警河北省總隊原司令員李志堅被立案審查,李志
堅曾任中共武警新疆生產建設兵團指揮部主任等職。

7月1日,據財新網統計,2017年前半年,中紀委拿下33
名副部級貪官,比2016年全年拿下的副部級官員還要多。習、
王反腐越來越加速。

王岐山添「打虎猛將」　曾替習清洗中辦

人們注意到，在 12 萬人的扶貧監督電視電話會議上，參加會議的有六名中紀委副書記：趙洪祝、楊曉渡、吳玉良、劉金國、楊曉超、李書磊，還有中紀委駐中央辦公廳紀檢組長徐令義等人。

這是徐令義首次以中央紀委領導身份現身會議和媒體。目前除趙洪祝兼任中共中央書記處書記，是副國級外，其他中紀委副書記都是正部級。消息人士向媒體透露，徐令義已升任為正部級的巡視專員。

港媒稱，徐令義升任正部級巡視專員，顯示他已與副書記平級，相信是為他繼續晉升副書記或更高職位的過渡安排。

現年 59 歲的徐令義，是習近平浙江的舊部。習近平 2002 年到 2007 年主政浙江時，徐令義先後任浙江省委宣傳部副部長、省文明辦主任、省委副祕書長、信訪局局長等職。習近平 2007 年秋天升任中共政治局常委後，徐令義 2008 年奉調入京，任信訪局副局長，後轉任文明辦。

2014 年底令計劃案發後，習近平開始大規模地清洗令計劃安插在中辦的馬仔，同時於 2015 年 3 月首次向中辦派駐紀檢組，組長就是徐令義。官媒當時報導稱，徐令義被選中的其中一條原因就是「深得中央高層的信任」。

紀檢組進駐中辦一年後，調查處理或決定處理 103 人，其中受重處分 15 人、輕處分和組織處理 38 人、1 人被移送司法機關、49 人被函詢。

徐令義替習近平當局清洗中辦的同時，還曾任第十一巡視組組長，對北京、重慶、江西、雲南等省份進行了巡視「回頭看」，

其中北京、重慶、江西都曾是江派窩點。

時評人士周曉輝曾刊文說，徐令義共查處了 103 起案件，違反政治紀律、政治規矩的占 60%，有的案件影響惡劣。無疑，這樣的成果對於消除令計劃等留下的隱患，起到相當重要的作用。

繼召開有 12 萬紀檢官員參加的電視電話會後，據中紀委網站 7 月 5 日消息，中紀委近日將對全國紀檢監察系統人員進行集體和個人表彰，發布了相關人員公示公告。擬表彰的包括北京市紀委第一紀檢監察室等 98 個單位及 50 個個人，另有 288 人為中紀委嘉獎對象。

這也從一個側面顯示，無論外界爆料如何攻擊王岐山，王繼續在有效管控著中紀委，該抓的就抓，該獎勵的就獎勵。同時，這也是十九大前王岐山對這一屆的反腐工作做一個總結。

貴陽召開全國司法體制改革推進會 習做指示

等到了 7 月 10 日，人們才突然明白為何王岐山要去貴州視察：這天，全國司法體制改革推進會在貴陽召開，中共政治局委員、中央政法委書記孟建柱在會上傳達習近平重要指示並講話，中共國務委員、公安部長郭聲琨，中共最高法院院長周強，中共最高檢察院檢察長曹建明出席會議。

習近平在指示中強調，司法體制改革在全面深化改革、全面依法治國中居於重要地位，對推進國家治理體系和治理能力現代化意義重大。全國政法機關應「堅定不移推進司法體制改革」。會議稱，「更加積極主動擁抱大數據、人工智慧時代」，「和法律制度完善結合起來，全面落實司法責任制和相關配套改革」。

看來，王岐山真的要把人工智慧大數據用在反腐上，讓官員不敢腐，同時推行司法責任制，誰辦的案子誰就得禁受住時間的考驗。

官方首次回應 新華社批郭文貴海航爆料

面對郭文貴對王岐山的攻擊，官方一直保持沉默，直到 7 月 10 日凌晨 1 時，新華社罕見發文反擊。這算是官方對於郭文貴的爆料的第一次回應。

新華社以「真相調查」方式撰文指稱，郭文貴對海航集團的爆料是透過收買民航系統員工，非法收集獲取航空公司內部客戶資料訊息後，進行深度加工、歪曲解讀，「以達到顛倒黑白、混淆視聽的目的」。

報導引述一名現年 47 歲、曾在中國大陸民航空管部門任職 20 多年的宋軍說，郭文貴在 2015 年 8 月透過即時通訊軟體 WhatsApp 和他連絡，說可以幫他辦理英國移民，但希望他幫忙打聽中國大陸境內公務機乘客的出行訊息。

宋軍說，從 2015 年 12 月到 2017 年 3 月間，他透過朋友取得部分海航客戶的飛行日期、起落站、航班號碼、機型、機號等內容，提供給郭文貴祕書王雁平。報導說，這些訊息涉及 146 人的 561 項飛行信息。

對於郭文貴指控海航高層在公務機淫亂、奢華，6 月遭到逮捕的宋軍全盤否認。他指稱，他提供的只是乘客身份、航班起降時間等訊息，但郭文貴卻胡亂編造，看到隨行人員有女性就說是淫亂，看到經常搭乘就說是有公司股份。

報導指出，郭文貴不僅對準海航集團收集信息，也透過多種

管道想辦法收集查詢部分中東、美國等地政要和知名人士與其親屬的個人訊息與相關隱私。

假和尚加總參大校騙了郭 2000 萬

7月11日，被稱為習陣營新媒體的澎湃新聞發表文章稱：「假和尚冒充中央領導親戚稱可疏通關係，詐騙郭文貴 2000 萬。」這個假和尚名叫趙立新，冒充「軍隊首長」，是中央領導的親戚，其大校軍服是花 3 萬元買的；而葛長忠冒充「總參大校」。兩人在 2015 年以假身份，認識了幫郭文貴提供海航乘客信息的民航總局空管局原管制員宋軍。

2015 年，逃亡海外近一年的郭文貴，為了達到擺平官司、逃避制裁、回到國內的目的，以「撈人」為名，不惜重金，企圖繼續採取慣用的手段，俘獲官員，圍獵權力。

被撈的人是郭文貴的楊姓女祕書。2016 年 5 月 18 日，她在被監視居住期滿後，取保候審。郭文貴就以為真是趙立新這位中央領導親戚幫的忙，於是支付了 2000 萬人民幣。

為了讓趙立新幫忙讓他回國，郭文貴還專門到英國和葛長忠見面。

發現受騙後，郭文貴在境外即時通訊工具 WhatsApp 上和宋軍聊天時氣憤地表示：「我出了洋相，丟死人了，我長這麼大就沒見過這樣的騙子。」

官方定性郭文貴江湖騙子

　　澎湃新聞這篇獨家報導出來後，新華社轉載了。有位名叫 Dajun Zhang @ 的評論說：「新華社這篇報導的看點是，它完全不同於以前財新等媒體對郭的定位，郭曾被財新等媒體描述為權力的獵手，這篇報導將郭文貴描述為（冒牌）權力的獵物。郭的高層背景和戰神能力不見了，只剩下被真權力和冒牌權力愚弄的分。新華社在懟財新？新華社這篇不鹹不淡的報導到底隱藏了怎樣的殺機？」

　　華府中國問題專家石藏山評論說：「這個點評說得到位！新華社假裝不知道郭背後的馬建和老領導，把郭塑造成一個江湖騙子，規避了體制內鬥的必然性和中共本身的邪性。實際上，郭文貴和賴昌星一樣，甚至比賴昌星更厲害，他本身就是國安體系的一個正規特工。所以調查海航、抹黑王岐山，不是郭一個人在戰鬥，而是整個官僚在和他戰鬥。這一點上，財新當然更清楚也更堅定（支持王）」。

　　《新紀元》周刊和海外很多媒體都曾報導，郭文貴的老領導就是曾慶紅和江澤民。

　　對習近平、王岐山來說，當前最重要的是保證十九大能在表面上「順利」召開（因為郭文貴一再叫囂讓十九大開不成），讓王岐山繼續留任政治局常委，不被郭文貴的爆料所改變。因此官方出面認定郭文貴只是個無賴加騙子，就很重要了。

　　看來習、江生死搏殺還得延續到加時賽，更多精彩留給了未來。

中國大變動系列 **058**

郭文貴事件背後 王岐山擊退政變

作者：王淨文 / 季達。**執行編輯**：張淑華 / 韋拓 / 余麗珠。**美術編輯**：吳姿瑤 。**出版**：新紀元周刊出版社有限公司。**地址**：香港荃灣白田壩街5-21號嘉力工業中心A座16樓03室。**電話**：886-2-2949-3258 (台灣) 852-2730-2380 (香港)。**傳真**：886-2-2949-3250 (台灣) / 852-2399-0060 (香港)。**Email**：newepochservice@gmail.com。**網址**：shop.epochweekly.com。**香港發行**：田園書屋。**地址**：九龍旺角西洋菜街56號2樓。**電話**：852-2394-8863。**台灣發行**：高見文化行銷股份有限公司。**地址**：新北市樹林區佳園路二段70-1號。**電話**：886-2-2668-9005。**規格** ：21cm×14.8cm。**國際書號** ：ISBN978-988-77341-9-2。**定價** ：HK$128 / NT$400 / KRW$20,000 / US$29.98。**出版日期**：2017年8月。

新紀元
NEW EPOCH WEEKLY

www.ingramcontent.com/pod-product-compliance
Lightning Source LLC
Chambersburg PA
CBHW020456270326
41926CB00008B/625